立命館大学人文科学研究所研究叢書第21輯

ポピュリズムのグローバル化を問う

揺らぐ民主主義のゆくえ

中谷義和
川村仁子
高橋　進
松下　冽
編

法律文化社

刊行の辞

　立命館大学「人文科学研究所」は「地域・グローバル研究」を重点プログラムのひとつとしている。これは，世界の現況を展望しようとすると，現代が「グローバル化」のなかの転換期にあたるだけに，その動態の分析と理論化が求められるとする認識に発している。

　本学「人文科学研究所」付置の「グローバル化とポピュリズム研究会」は，"ポピュリズム"と呼ばれる現象が現代世界を席巻していると判断し，その動態と構造を明らかにすることを課題としている。本書は，このチームの積年の共同研究の成果である。

　グローバル化とかかわって本学「人文科学研究所」は，既に，一連の研究書を公刊している。そのひとつに，『新自由主義的グローバル化と東アジア――連携と反発の動態分析』（2016年12月，法律文化社）がある。今回の「ポピュリズム」を主題とする本書は，いわば，その姉妹編の位置にあり，「人文科学研究叢書第21輯」として公刊される。この２つの研究書は「新自由主義」と「ポピュリズム」を表題の一部としている。これは両者が強く結びついていて，グローバル化にかかわるキータームであるとする認識に負っている。

　ポピュリズムがグローバルな"うねり"となり，民主主義に重大な課題を提起しているだけに，本書がこの課題に応えるための一助となり得ることを期待している。本書についても，前書と同様に諸賢の批判的検討をお願いする次第である。

2017年１月20日

立命館大学「人文科学研究所」所長

小関　素明

まえがき

　1970年代に新自由主義的社会経済関係のグローバル化が緒についたとされる。この世界的趨勢を受けて「ポピュリズムのグローバル化」も起こっている。これは形態と運動を、あるいは理念を異にしつつも、南欧と北欧の政党制の変容に、また、米国のトランプ政権の成立にも認め得ることであるし、イギリスのEU離脱（「ブレグジット」）もポピュリズムの潮流において捉えられている。そして、今年（2017年）にはオランダの総選挙を皮切りにフランスの大統領選とドイツの連邦議会選が予定されている。この一連の選挙においてもポピュリスト政党の躍進が予測されている。すると、かつては、「ポピュリズム」という言葉は中南米諸国の権威主義的開発国家と結びつけて使われる場合が多かったが、今や、この地域に限らず、東南アジアやアフリカを含めて広く適用されるに及び、「ポピュリズムの時代」であるとすら呼ばれている。本書は、こうした世界を席巻しているポピュリズムの動態の分析と理論化を課題とし3部から構成され、12本の論文と2つのコラムを収めている。

　「民主主義」の理念と運動は「修辞」性を帯びるだけに、常に、多義性を宿すことになるし、その運動も多岐化せざるを得ない。この点は「ポピュリズム」にも妥当することである。とりわけ、今日のポピュリズム（「ネオポピュリズム」）が「グローバル化」状況を背景としているだけに、その性格を強くせざるを得ない。これは「ポピュリズム」という言葉が分析概念というより、分析対象であることによる。第Ⅰ部（「ポピュリズムとは何か」）の2つの論文（第1・2章）がポピュリズム概念の系譜学的検討を踏まえて、民主政の視点から、その含意の分析を試みているのも、そのためである。

　第Ⅱ部（「ポピュリズムと民主主義の危機」）は個別「国家」を異にしつつも、主として、資本主義国の新自由主義的社会経済の再編過程と政党制の変容という視点からポピュリズムの実態を分析する5本の論文を収めている。いずれもポピュリズム運動の歴史的経緯と「国民国家」の組成を、また、社会経済の構

造と国際環境の変化を踏まえてポピュリズムを分析するとともに，この運動と理念を「民主主義」の視点から問うという点では課題を共通にしている。これは，第3章のイタリアの，また，第4章のフランスの論述に認め得ることである。この視点は西欧北西圏のベルギーと北欧諸国のポピュリズム分析にも共有されていて，第5章では多言語・多民族国家の「合意型民主主義」体制におけるポピュリズムの台頭について論じ，第6章では北欧のポピュリズム分析の視座を設定したうえで，デンマーク，ノルウェー，スウェーデンを事例としつつポピュリズムを比較分析している。そして，ポピュリズムが移民問題をひとつの共通の政策としているだけに，「排除と包摂」の言説が分析の対象とならざるを得ない。この点とかかわって，第7章はアメリカにおける「非合法移民」と国境管理政策を踏まえて，この「移民の国」における「人民」の言説をネイティヴィズムと結びつけて論述している。

　第Ⅱ部が自由民主的国家におけるポピュリズムの分析を主軸としているのにたいし，第Ⅲ部（「民主化とポピュリズムの台頭」）は体制転換を経た，ないし，その過程にある諸国のポピュリズムを対象としている。すなわち，第8章はロシア政治史を踏まえてポピュリズム現象が国内的・国際的危機と強固なナショナリズムに支えられた「強い国家」の構築という課題を背景としていることを明らかにしている。そして，第9章はラテンアメリカのポピュリズムをペルー，ベネズエラ，エクアドルについて検討したうえで，「新自由主義型ネオポピュリズム」と「急進的ポピュリズム」とに類別し，さらには，ポピュリズムと民主主義との緊張関係の指摘に及んでいる。また，第10章と11章は東南アジアを対象とし，第10章は「権威主義体制」後の民主化の過程にあるフィリピンとタイという2国のポピュリズムに注目し，社会的「包摂」という視点から両国における民主化の契機を指摘し，第11章はインドネシア・バリ州に焦点を据え，観光開発をめぐる統合と分離との対抗関係においてポピュリズムについて検討している。そして，「おわり」にあたる終章では，日本のポピュリズムの「基層」を明らかにすることを試みている。なお，2つの長文のコラムは，ポピュリズムの理念的位置と政治的土壌を明示している点で，また，「ダーイシュ現象」に「オリエンタリズムの言説」と「ある種のシステム」を読み取っ

ている点で示唆的でもある。

　以上のごく短い紹介からもうかがい得るように，本書はポピュリズムの分析視座を提示するとともに，そのグローバル・シンドローム化を個別の「国家」ないし「地域」における発現形態について検討していると言える。研究領域と分析概念を異にしているだけに，論述が必ずしも体系的に構成されているとは言えないが，これはポピュリズム現象を多角的に照射しようとする意図に負うことである。また，いずれの論文もポピュリズムの理念と運動の多様性に両義性を認めている。これは，ポピュリズムが民主主義の現代的課題を提起していることの反映でもある。

　確かに，ドイツとイギリスやオーストリアの，あるいは，スイスとオーストラリアなどのポピュリズム分析を欠いているという難点を留めている。これは適切な執筆者を得ることができなかったことによる。だが，本書の行論には，グローバルな徴候とされるポピュリズム概念の検討を起点とし，体制を異にする国家と地域について，その動態を個別に分析することでポピュリズムに民主主義の現代的課題を読み取ろうとする意識が底流している。以上に鑑みると，本書はポピュリズムの理念と実態の分析の書であると言える。それだけに，今後のポピュリズム研究の地平を拓くための"たたき台"となり得ることを期待している。

　　2017年1月20日

　　　　　　　　　　　　　　　　　　　　　　　　　　　　編者一同

目　次

刊行の辞
まえがき

第Ⅰ部　ポピュリズムとは何か

第1章　ポピュリズムの政治空間　　　中谷義和　3

1　はじめに──「ポピュリズム」論の系譜　3
2　ポピュリズムの政治空間　11
3　ネオポピュリズムの両義性　20
4　結　び　24

第2章　デモクラシーの影のなかに　　　川村仁子　27
──グローバル・ポピュリズムの可能性

1　はじめに──ポピュリズムの両義性　27
2　ポピュリズムのメカニズム　31
3　グローバル・ポピュリズムは存在するのか？　37
4　おわりに　43

コラム①　近代世界システムのイデオロギー空間における
　　　　　ポピュリズムの位置　　　山下範久　48

vii

第Ⅱ部　ポピュリズムと民主主義の危機

第3章　南欧におけるポピュリズムの展開とデモクラシーの危機　　　高橋　進　53
　　　──イタリアを中心に

1　グローバル化した21世紀のポピュリズム　53
2　ポピュリズムの定義と特徴　54
3　イタリアにおけるポピュリズム政党の誕生と特徴　56
4　南欧からの変革の風──新しい左翼かポピュリズムか？　70

第4章　フランスのポピュリズム　　　國廣敏文　81
　　　──統合と排除の狭間で

1　はじめに　81
2　ポピュリズムの特徴　82
3　フランスを取り巻く政治・社会状況　84
4　ポピュリスト政党＝ＦＮの現状　87
5　フランスにおけるポピュリズムが問いかけるもの　93
6　フランスにおいて台頭するポピュリズムをいかに克服するか　95
7　結びにかえて　97

第5章　合意型民主主義におけるポピュリズム政党の成功　　　松尾秀哉　102
　　　──ベルギーを事例に

1　合意型民主主義におけるポピュリズムの成功　102
2　合意型民主主義国家におけるポピュリズム政党の特徴　103
3　ベルギーにおけるポピュリズム政党の系譜　107

　　　　4　なぜN-VAは成功したのか　110
　　　　5　考察と結論——ベルギーの言語問題とN-VAの成功　114

第6章　北欧のポピュリズム_____渡辺　博明 119
　　　——反税から反移民へ

　　　1　北欧諸国とポピュリズム　119
　　　2　ポピュリズムへのアプローチ　120
　　　3　北欧政治の特徴　121
　　　4　各国におけるポピュリスト政党の動向　122
　　　5　比較考察　131
　　　6　北欧のポピュリズムとそのゆくえ　135

第7章　国境を守るのは誰か？_____南川文里 139
　　　——アメリカ合衆国の移民管理とポピュリズム

　　　1　はじめに——ポピュリズムのアメリカ　139
　　　2　現代アメリカの移民をめぐる課題　140
　　　3　21世紀におけるネイティヴィズムの構図　143
　　　4　国境危機と対峙する「人民」——ポピュリスト言説の構成　146
　　　5　誰が何を守るのか——ポピュリズムにおける国境と人種　150
　　　6　おわりに——移民政策の主体としての地域？　152

第Ⅲ部　民主化とポピュリズムの台頭

第8章　ロシアにおけるポピュリズムの展開_____溝口修平 159

　　　1　はじめに　159
　　　2　ポピュリズムの定義　160
　　　3　ロシア政治の展開　161

4　ロシアのポピュリズム　　165
　　5　まとめにかえて　　173

第9章　現代ラテンアメリカのポピュリズム　　　　　松下　冽　177
　　　――新自由主義とグローバル化を共鳴板として
　　1　ラテンアメリカ・ポピュリズム再考　　177
　　2　ポピュリズムの定義と特徴　　183
　　3　新自由主義型ネオ・ポピュリスト政権
　　　　――フジモリ政権の事例　　188
　　4　急進的ポピュリスト政権　　193
　　5　社会運動とポピュリズム　　197
　　6　結びに　　199

第10章　東南アジアのポピュリズム　　　　　　　　山根健至　204
　　　――フィリピンとタイにおけるポピュリズムと政治的包摂
　　1　東南アジアの民主化とポピュリズム　　204
　　2　ポピュリズムの両面性　　205
　　3　フィリピンとタイにおけるポピュリストの登場　　206
　　4　ポピュリズムの背景――格差と政治的周縁化　　211
　　5　包摂と覚醒――ポピュリズムの帰結と民主政治　　214
　　6　ポピュリズムの遺産　　219

第11章　復活する地方アイデンティティ
　　　：統合と分離　　　　　　　　　　　　　　　井澤友美　223
　　　――インドネシア・バリ州におけるポピュリズムの考察
　　1　「ポピュリズムの王女」メガワティ・スカルノ・プトゥリ　　223
　　2　民主化とメディアの自由化　　230
　　3　アイデンティティの強化に見る統合と分離　　234
　　4　おわりに――ポピュリズムとアジェグ・バリを越えて　　237

目　次

コラム② 創られたダーイシュ現象と
　　　　 ポピュリズムとの乖離 ………………………… 鈴木規夫 242

終　章　日本のポピュリズム ……………………………… 中谷義和 245
　　　　──政治的基層
　　　1　はじめに──「グローバル・ポピュリズム」への視点　245
　　　2　日本のポピュリズムの特性　250
　　　3　日本型ポリアーキーとポピュリズム　256
　　　4　結　び　259

あとがき
事項・人名索引

第Ⅰ部

ポピュリズムとは何か

第1章
ポピュリズムの政治空間

中谷　義和

1　はじめに——「ポピュリズム」論の系譜

「ポピュリズム（Populism, *Populisme*, *Populismus*, *Populismo*）」という"妖怪"が世界を徘徊していると，あるいは，民主政にとりついていると指摘されてから久しくなる。その「グローバル徴（症）候群」化は社会経済関係の越境化や文化と政治の「グローバル化」を背景としている。だが，個別「国家」の政治的・社会経済的関係の接合形態は時空間を異に多様であるだけに，「ポピュリズム」現象も共通性と個別性を帯びざるを得ない。

「ポピュリズム」という言葉はアメリカにおける「人民（の）党（People's Party）」（1892年，ネブラスカ州オマハで結成）の理念と運動を表現するための用語に発し，20世紀への移行期に中西部農民層を中心に台頭した「労農連合」型政治運動であるとされた。この言葉は，その後，帝政ロシア期のミールを基盤とするナロードニキ運動や戦間期東欧の農民運動に，さらには，1930年代の「社会信用党」などのカナダ中西部の農民運動にも援用され，展開期の資本主義に対する農本主義的「反動」（ないし「反作用」）であると理解されていた。だが，アルゼンチンの「ペロン主義（Peronism, 1943-55年）」やブラジルのヴァルガス政権（1930-45年）に，あるいは，メキシコの「国家コーポラティズム」体制にも適用されることで中米と南米の権威主義の運動と体制を指すことにもなった。この用例からすると，「ポピュリズム」とは工業社会への移行期の政治・社会現象であって，伝統的農村共同体の崩壊過程で浮上する農民を中心と

する「反資本主義的反動」であると、あるいは、工業化と都市化の過程で社会的に周辺化した人々を支持基盤とする途上国の権威主義的運動であると見なされていたことになる。だが、「ポピュリズム」の現代的用法に即してみると、工業化と都市化を経た欧米の自由民主政の理念と体制における「不満と不安」の政治的表現であるとされ、積極的にも消極的にも理解されている。これは、ポピュリズムとは官僚制に「硬化」した代議制政治の"解毒剤"であると、あるいは、民主政の「復興運動」であるとされる一方で、「自由民主政」の反動的"病理"にほかならないと見なされていることにもうかがい得ることである。こうした意見の「不一致」ないし対立的位置づけは、ポピュリズムという理念と運動が主体や時空間を異に発現形態を多様にしつつも「民衆」の不満と不安を触媒とし、「国民（人民）」を共通の言説としているという点で「同質異形性」を帯びていることによる。

「ポピュリズム」研究者のカノヴァンは、「ポピュリズム」の類型を「農本的ポピュリズム」と「政治的ポピュリズム」に類別したうえで、後者に「反動」と「民主」の両面性を認めるとともに、政治家の所作を挙げている（Canovan 1981：13）。これは、政治家が「人民」という表徴をもって有徳的"庶民"の共感を喚起しようとする「政治スタイル」（せりふと所為）のことを指している。すると、ポピュリズムとは歴史的現象であっただけでなく、今日のポピュリズム（「ネオポピュリズム」）が選挙民と政治家との「共鳴と共振」運動として浮上していることに鑑みると、ポピュリズムを「被説明項」とし、その理念と運動の「脱時空間性」と「間欠性」の政治的性格を明らかにすべきことになる。

社会経済の移行期に浮上する「民衆運動」が"ポピュリズム"という呼称で包括されてきたことにもうかがい得るように、「軸心の細いイデオロギー」として浮上しているにせよ（Freeden 1996：chaps. 13, 14）、それが訴求力を持ち得るのは近代の基軸的政治イデオロギーの基底的概念である「人民（国民）」という言説に依拠しているからである。すると、「ポピュリズム」という言葉は体制原理や特定の理念というより、政治の様態ないし動態を規定する用語であって、「領域」規模の「人民（国民）」を言説とする「政治戦略」であることになる。だが、「人民（国民）」とは「領域」において区画化され、「国民」と

いう抽象によって包括された「住民 (inhabitants, residents)」の総体を指すにせよ，その政治的・社会経済的カテゴリーの内実は時空間を異に多様である。それだけに，ポピュリズムという言葉は未規定性ないし不特定性を留めているし，「修辞」性を帯びることでシンボル効果を持ち得ることにもなる。ポピュリズムは対内的には「人民」を，対外的には「国民」を政治的表徴とする修辞と運動であって，これが「反復発生（パリンジェネシス）」性や「脱時空間性」を帯び，「権威主義的体制」すらもポピュリズムとして正当化され得るのは，「国民国家」における政治的表現形態と結びついているからである。ポピュリズムが現代のラ米や西欧諸国に限らず，アフリカやオーストラリアの，さらには，南アジアの一部の政治的特徴であるとされていることに鑑みると，この現象に通底する「家族的類似性」の内実と差異を，また，「自由民主政」の理念や体制との連関を問い，その発現形態の社会経済的・政治的条件を明らかにすべきことになる。

　イデオロギーとは社会的観念形態であり，現実の影像でもある。それだけに，特定の政治企図によって虚飾されたり，屈折した「鏡像」という性格を帯びざるを得ない。また，順行的であれ逆行的であれ，現状批判に発しつつも，イデオロギーが社会規模の運動となるためには，一定の社会的共感を呼び得る必要がある。この点では，少なくとも，現代の西欧「資本主義国家」における政治の正統性が「自由民主主義」を基底価値としていることに鑑みると，その論理と原理に依拠しない限り，訴求力を持ち得ないことになる。ポピュリズムを明示的に標榜する政党が，いわんや，その体制が存在しているわけではないにせよ，それが訴求力と動員力を潜勢しているのは，「自由民主主義」を主軸とする政治と社会経済の編制原理において，また，「国民国家」という「国家存在（ステイトフッド）」において「人民（国民）」という標徴を修辞とすることで一定のイデオロギー効果を発揮していることになる。ポピュリズムが「人民（国民）」を修辞とすることで，積極的意味のみならず「擬似民主的」ないし「反民主的」性格を帯びているとすると，ポピュリズムを「被説明項」とし「自由民主主義」との相関性を問い，社会的「誘意性（ヴェイランス）」を帯び得ることを政治学的に説明すべきことになる。というのも，「ポピュリズム」が西欧民主政の「一般的病理 (normal pathology)」であり (Mény and Surel 2002：1-21)，「時代精神（ツァイトガイスト）」とし

て「グローバル化」している状況に至って，その理念と運動に民主政（主義）の"逆説"が読み取られてきたからである。これは，「民主主義」の運動が「人民」という表徴に依拠せざるを得ないにせよ，その概念が普遍性を帯びた概念であり，未規定を留めているだけに，そのシンボル操作が順行性と逆行性を帯び得ることを意味する。これは「改良」が「改悪」を呼び，「動」が「反動」に転化したり，反動の"呼び水"となるに類することであって，歴史において繰り返されたことでもある。90年代の「グローバル・ポピュリズム」論に先行する戦後のポピュリズム論は，大略的には，次の２つの局面を経ている。

(1) 冷戦ポピュリズム

1950年代から60年代にかけて「ポピュリズム」論が急浮上している[1]。歴史の脈絡からすると，この時代は戦後「冷戦」の始期にあたり，ファシズムの亡霊を呼び出すことで「全体主義」の脅威が喚起された局面にあたる。これは，「マッカーシズム（McCarthyism）」の"嵐"がアメリカ社会を席巻していて，この「右翼急進主義」の分析に焦点が据えられたことにうかがい得ることである（Kornhauser 1959；Bell 1955；Lipset 1963）。その課題は，ソ連型「全体主義」との対抗において多元主義社会を維持するためには，「立憲的自由主義」の規範性を再確認し，既存体制を「保守」すべきであるとする意識に発している。この課題の認識から，「右翼急進主義」の台頭は伝統的農民型急進主義というより"陰謀"に訴える「反民主的大衆運動」であると，あるいは，「大衆社会」の"疎外"状況が扇動的リーダーとの情緒的一体感を呼ばざるを得ない「アメリカ政治のパラノイド形態（スタイル）」であると理解されている（R. ホーフスタッター）。この位置づけは「ステイタス・ポリティックス（「社会的地位の政治機能」）」という分析装置をもって，移民社会＝アメリカにおいて「社会的緊張」が高まると浮上せざるを得ない社会的"病理（宿痾）"であると，あるいは，アメリカの政治文化に底流する「反知性主義（anti-intellectualism）」の表現であるとされている。この脈絡においてコンハウザーは，変動期の民衆"反乱"に扇動的政治家との垂直的結合を求める社会心理学的契機を認め，こうした運動を「ポピュリスト民主政」と呼んでいる。だが，「民衆」の潜在的不満や不安

を心理的触媒として支配層に対する"反抗"が浮上することは政治の一般的現象である。また，それが一定の組織性を帯び，社会運動となり得るには政治動員の「主体」の企図が社会的共感を呼び得ることが求められる。それだけに，「権力ブロック」内部の対立や企図が民衆運動として表面化し，それが「権力の再バランス化」を呼ぶことも多いし，さらには，「カタルシス効果」をもって支配的体制を再構築することでコンフォミティを強化し，体制の安定を期そうとする政治力学が作動することも看過すべきではあるまい。というのも，「権力」内闘争は民衆の支持をめぐる対抗関係として顕在化するだけでなく，民衆の不満に捌け口をつけることで，あるいは，政治の回路に対抗勢力を条溝化することで体制の安定化や新秩序の形成が期されるからである (「包摂効果」)。

(2) 新興国ポピュリズム

ファシズム期のイタリアからアルゼンチンに亡命したジェルマーニ (G. Germani, 1911-79) は，アルゼンチンのペロン独裁やブラジルのヴァルガス政権を始めとするラ米の権威主義的ナショナリズム運動に「ポピュリズム」の契機を認め，その研究の糸口をつけている。また，60年代にアフリカと東南アジアで独立運動の高揚をみるに至って，「近代化 (modernization)」論の視点から途上国における民衆の運動と政党制の分析が潮流化しだしている。「ロンドン経済政治学院 (LSE)」が1967年5月にポピュリズムの理論化をめぐる国際的研究会を開催したのは，こうした状況を背景としている。この研究会には8カ国の研究者が参加し，「ポピュリズムの類型」と「本質的諸相」をテーマとし，ロシア，米加，ラ米，アジア，アフリカの「ポピュリズム」の歴史と動態に関する報告を踏まえて，その構成要素について検討している。そして，ポピュリズムの「定義へ向けて」と題するセッションにおいては議論が交差しつつも，その明示的規定を得ることができないまま，このセッションの司会を務めたバーリン (Isaiah Berlin) は報告者のホール (George Hall) の「急激な経済的・社会的・文化的ないし政治的変化に対する反作用の結果」であるとする指摘を引用し，これが「ポピュリズム」運動の「最善の規定」であるとすることで，このセッションを結んでいる。[2]

確かに，社会の移行期や転換期に社会的不満や不安が内攻し，社会心理学的には，アノミー状況の鬱積が「大衆の情緒的反乱」として"爆発"することは，ル・ボン（G. Le Bon, 1841-1931）やオルテガ（José Ortega y Gasset, 1883-1955）が指摘したことである。また，リースマン（David Riesman, 1909-2002）は政治社会学的アプローチをもって，戦後アメリカの中産階級が自律性を失い「他人指向」化していると指摘しているが，こうした「権威主義的人格」もポピュリズムのメンタリティを呼ぶ心理的土壌となる。というのも，周辺化した住民の"疎外"状況は帰属感の模索を呼び，政治動員の契機となり得るからである。この状況においては，「自由民主政」を支配的レジームとしている場合といえども，社会的不安や不満が「大衆迎合」型のカリスマ待望論を呼びだすことにもなる。「ポピュリズム」が民衆と政治との乖離の克服という民主的契機と大衆の慈恵主義的（家父長的）操作という権威主義的契機の両義性を帯びているとされるのは，ポピュリズムが改革と保守（ないし反動）という「傾向と対抗傾向」との両翼的相貌を帯び得るからである。また，「人民（民衆）」という修辞に訴えることで政治権力に接近しようとする政治勢力が登場することにもよる（サプライサイド型政治戦略）。この2つの事例に鑑みると，移行期ないし変動期には不満と不安が社会的に内攻するが，これを触媒とする政治の運動と修辞を「ポピュリズム」と呼んできたことになる。すると，「ポピュリズム」とは，変動期という一定の局面において浮上する政治現象であって，「権威」への追従と「権力」による支配という政治における「指導－被指導」という点で擬似民主的民衆運動であると理解されていることになる。

（3）ネオポピュリズムの陰影

「大衆迎合的」という標識をもって「ポピュリズム」（ないし「ポピュリスト」）と呼ばれる政治現象が規定される場合が多い。だが，この規定は，政治過程が「大衆」の支持と動員を一般的現象としていることに鑑みると，包括的であると言えても，ポピュリズムの「政治空間」の明示的規定であるとは言えない。というのも，"上からの"「動員」という「政治企図」は"下からの"呼応や「参加」という"共鳴版"を必要としているだけに，対立的契機を構成してい

るわけではなく，両者の鍛接化は政治戦略のレベルに属することにほかならないからである。これは対抗政党のみならず，支配政党の社会経済関係の再編の企図についても妥当することである。また，「ポピュリズムのグローバル化」論が1980年代に緒に就き，90年代に急浮上したことに鑑みると，「国家性」と「国民性」を異に顕現形態に違いを認め得るにせよ，ポピュリズムのグローバル化は「ネオリベラリズム」を再編原理とする政治経済システムの「グローバル化」を背景としていることになる。これは，越境規模の社会経済関係の連接化が深化するなかで，その波動がグローバルな規模で波及したことによる。というのも，新自由主義的経済社会関係の再編は産業・経済構造の変容を呼び，そのインパクトを受けて社会的不満を高くしただけでなく，大量の「移民」と難民を衝撃波として「ユーロ懐疑主義」を，さらには，自国第一主義的"孤立主義"外交の論調を強くすることにもなったからである。「ポピュリズム」は，こうした社会経済諸条件の変化と「政治的企図」とが重畳化するなかで，そのグローバル化を呼ぶことになったと言える。

「グローバル化」とは「内部」の"外部化"と「外部」の"内部化"を，換言すれば，「国民国家」を組成している諸関係が越境規模で相互依存性を強めていることを意味する。それだけに，個別「国家」の「関係」間接合形態と支配的イデオロギーの再編が求められることになる。というのも，新自由主義的「経済人」化は社会経済関係の市場原理主義的再編と結びついて階層分化と経済格差を深化させることになったし，社会経済関係の「脱国民化」は，「イスラムの恐怖（Islamophobia）」に認め得るように，ナショナリズムを喚起することで排外主義を煽ることにもなったからである。これは，内／外の両次元における垂直的・水平的関係の構造変化が反作用を呼ばざるを得ないことを意味する。

ポピュリズムは「国民的－人民的」表象を政治空間としている。だが，「人民主義（populism）」と「民衆主義（popularism）」とは「民主政治」の基軸的構成要素であるにせよ，同義とは言えない。というのも，「国民（的）国家」規模の「民主政治」が「人民主義」を政治理念とせざるを得ないにせよ，「代表（議会）制統治」は「民衆」のための政治という修辞によって，その必要条件

を満たし得るし，満たさざるを得ないからでもある。

確かに，「民主政治」は「人民主権（popular sovereignty）」を統治の「正統性」原理とし，「民衆主義」を政治の規範的要件としている。だが，「民衆」は社会カテゴリーと信条や利害を多様にしているだけに，議会による統一意思の形成とは，ひとつの擬制に過ぎない。だが，「規模と参加」という二項対立を技術的に解決しようとすると，「間接民主政」という機制に依拠せざるを得ない。この視座からすると，「間接民主政」は民主政の消極的対応策のように見えるが，被代表者（有権者）が議会の民主的機能をもって自らの限定的範囲を超えるレベルで意見や利害の分布状況を知り得るという点では積極的意味を持っている。それだけに，「人民」という表徴をもって，「国民」の一体性や超時空間的実体性が表象されると，「国家主義」的権威主義や「全体主義的専政」論を呼びかねないことにもなる。

今日のポピュリズムは「人民（国民）」を修辞とする政治戦略であり，「領域」内住民を内／外の両次元で二分し，「内集団（イングループ）」の同調心と共感を喚起することで訴求力を発揮する。これは「自／他」の区別をもって，あるいは，「生産者中心主義（producerism）」をもって政治腐敗やエリート政治を批判するという点で道徳主義的論調を強く帯びていることに，また，ナショナリズムを喚起することで移民集団を排除するという排外主義の傾向を帯びていることにもうかがい得ることである。こうしたポピュリズムの言説は西欧型民主政の政治理念から遊離しているわけではないにせよ，「民主政」が「自由主義」と結びついて「立憲主義的自由民主政」を体制原理としていることに鑑みると，ポピュリズムは内／外の両次元で同位性を強調することで「異質性」を排除するという言説に訴えるという点で，また，プレビシット型戦略をもって「執行（行政）権」主導型の反議会主義の言説に傾くという点でも「立憲主義的自由主義」原理との乖離を宿していることになる。これは，「人民」と「民衆（庶民）」とを同視することで「反エスタブリッシュメント（既得権益体制批判）」の修辞とし，また，「人民」を「国民」と同視することで排外主義の修辞としていることに認め得ることである。すると，「国民－人民的（national-popular）」という言説が「象徴効果」を帯び，ポピュリズムの訴求力の構成要素をなし

ていることになる。この点で，アメリカにおける「ポピュリズム」が西欧の「ポピュリズム」に照応しているとは言えず，リベラリズムとの対抗という脈絡で語られる場合が多い。これは「ティーパーティ運動」の経済理念が「リバタリアニズム」を共鳴板としていることに，また，宗教的には，黙示録的「原理主義〈ファンダメンタリズム〉」派を支持層としていることにも表れている。だが，"トランプ旋風"で表面化したように，ネイティヴィズムを喚起することで「アメリカ的なるもの」の回復を政治動員のスローガンとしていることにもうかがい得るように，「アメリカ国民」という表徴が政治動員のイデオロギー的触媒の役割を果たした。この"旋風"の修辞とトランプ大統領の誕生は，世界の政治経済に占めるアメリカの地位の低下と民衆の不満を顕示するものともなった。

　ポピュリズムと呼ばれる言説が多義性を帯びざるを得ないのは，その理念と運動が「人民主権 (popular sovereignty)」論を基礎としていて，「人民」が「庶民」と「国民（民族）」に転釈されることで反エリート主義と排外主義の修辞として現れるからである。この理論は「国家権力」の構成主体を「人民（国民）」に求めるだけに，ポピュリズムという言葉で「反自由主義的憲政型ポピュリズム (illiberal constitutional populism)」と「民族的ポピュリズム (national populism)」という二重の意味を表象し得ることにもなる。

2　ポピュリズムの政治空間

　政治には民心を喚起し得るだけの言説や修辞が求められる。ポピュリズムは「人民-国民」という言説に「庶民」という表徴を含ましめることで「修辞効果」を帯び，訴求力と動員効果を発揮する。これは，「国民国家」の集合的政治主体である「人民 (people, peuple)」を「庶民」に引照することで社会的有意性を帯び得ることによる。「人民」が「国家」構成の基本的要素であることは，アメリカの「独立宣言」(1776年) が「人民」を政治の主体であると闡明し，「合衆国憲法」にも継承されていることにも明らかである。また，「日本国憲法」も同様であって，「人民」を「国民」に翻案しているにせよ，「前文」において「主権が国民に存する (sovereign power resides with the people)」ことを

明定している。これは，地球規模の「人類」を政治的に「圏域」化し，特定の空間の「住民」を「国民」として「国家」において包括していることを意味する。

(1)「自由民主政」の原理

ポピュリズムの修辞と運動が時空間を異に様態を多様にするにせよ，「人民主権 (popular sovereignty)」ないし「主権人民 (sovereign people)」の原理を自らの修辞としている。これは，「主権」が独立不羈の国家権力の属性であって，「人民」に帰属すると見なされることで対内的統一性と対外的自律性の法源とされ（「主権」概念の"ヤヌス性"），内的強制と外的排除の政治機能を帯び得ることによる。

ホッブズが『臣民論 (*De Cive*)』(1642年) において，「王」は人民を代表すると指摘しているように，あるいは，ヘーゲルが『法の哲学 (*Grundlinien der Philosophie des Rechts*)』(1821年) において「国家の人格性はただ一人の人格，すなわち君主としてのみ現実的なのである」と指摘していることに鑑みると（ヘーゲル 1967：531），「主権」はひとつの人格と意思において具体化されねばならないことになる。この点で，君主の「二つの身体」というメタファーは「政体」における「主権」の象徴的代表性と人格的具象性という「君主」の政治的性格の巧みな表現である（Kantrowicz 1957）。このメタファーが「人民主権」論に援用されると，「人民」という政治的人格を表象し，この集合的人格に統治の「主体」を措定することで「前政治的共同体」は民主的「政治共同体」に転化し得たことになる（Morgan 1989：83, 153）。これは，「人民主権」論が前政治的・文化的共同体を基礎に，その政治体制を構築するという企図と結びついたことを意味する。換言すれば，西欧政治思想史の脈絡からすると，「自然権」を媒介原理とし，「国民(ネーション)」の認識を基礎に共同体の住民を政治的に「国民化」し得たことになる。

「立憲主義的自由民主政 (constitutional liberal democracy)」は「国家」の「組成主権 (constituent sovereignty)」を"人民"に求め，「民主政」と「自由主義」との複合原理を体制の基軸的構成原理とすることで「対立〈内〉統一」を期し

ている。というのも、この体制は政治支配の正統性を「人民主権」に据え、この人格的擬制に政治的「権威」の淵源を求めることで「民主政」の原理を措定しているからである。この点では、ルソーの「一般意思」は「主権人民」の擬制において成立し得る概念であるし、ロックの「革命権」も「象徴的権力」であるにせよ、主権的「集合体」を前提としている。だが、「人民」とは全称的表（標）徴ではあっても、それ自体が具象されるわけではない。だから、ルソーも「制（改）憲権力 (constituent power)」を"人民"に留めつつも、この権力によって創出される「統治権」（「被組成権力, constituted power」）は「一般意思」に服すると見なし得たのである。これは、「主権」が、形式的には「人民」に帰属しつつも、実質的には「国家」の「権力機構」や「権力核」によって具象されざるを得ないことを意味する。これは人民の「権力」とは"空の空間"(カラ)であるだけに (Lefort 1986 : 279)、その"座"(ローカス)を埋め、人民の「意思」を具象するためには政治的代表を媒介とせざるを得ないだけでなく、「権力核」がこの政治的「公共圏」を占めることを意味する。すると、民主政治といえども、代表制を媒介とすることで「人民」の主権的意思を「国家意思」に翻案することで統合の機制を敷くとともに、ヘゲモニー的「権力核」が「国家意思」の擬制をもって「国家権力」を行使することになる。だが、「国家意思」とは、個別局面における擬制的・暫時的表現に過ぎないから、「人民主権」の理念をもって、必要な場合には民主政を「救出」(リデムプション)するという余地を留め得ることになる。

　他方で、「自由民主政」は"リベラリズム"を別の基軸的原理としている。というのも、「自由民主政」は、原理的には、社会経済的カテゴリーの思想と信条が異質的構成にあることを前提とし、「権力」からの「自由権」を立憲主義の基本原理としているからである。これは、社会が同質的構成にはないことを、また、選挙という代表者の選択が社会の異質的構成を前提としていることを意味する。すると、社会や個人の「即自的多様性 (diversity-in-itself)」を主張すると「政治的共同体」の結合の契機が欠落することになるが、他方で「即自的統一性 (unity-in-itself)」を強調すると「自由」の契機が看過され、「人民」の名による"強制"の契機が浮上せざるを得ないことになる。立憲主義的「自由

民主政」は「人民」を権力の源泉に措定しつつも，「多様性」と「統一性」という両要素の「矛盾内統一」の原理に立っていることを意味する。換言すれば，両者の弁証法的綜合過程に「民主政」の展開像が設定されていることになる (Abts and Rummens 2007)。これは，「自由」とは関係論的概念であって「民主政」を拡大適用することで，その深化を期し得ることを意味する。だから，民主政に「未完の革命」という意味を付与し得るのである。

(2) 「人民」と「国民」

「住民」が「群衆 (crowd)」や「大衆 (mass)」という無定形の人的集塊であり，「烏合の衆 (rabble)」に過ぎないとも見なされると，「国家」が管理すべき統治の客体にとどまらざるを得ない。だが，西欧近代の「市民革命」を転機として，貴族に対置される「平民 (plebs)」の社会的・経済的上層部が，さらには，その後の普選運動を経ることで一定年齢の「住民」が市民権を持つことで「庶民」も「デモス」化し，理念的には政治の主体に転化した。これは，「制憲権力」の形式的主体として「人民 (people, *peuple*)」の概念を措定し，この法的・政治的抽象に「主権」を帰属させたことになる (「人民」概念の卵嚢に宿る「民主化」の契機)。換言すれば，社会経済的カテゴリーを捨象し，「人民」という政治的人格を表象するとともに，「現在」が「過去」の継承であり，「未来」へと伝承されるという間世代的擬制において「人民」と「国民」の概念は一体化したことになる。これは，シェイス (Sieyés, Emmanuel J., 1748-1836) が『第3身分とは何か』(1789年) において「国民」と「人民」とは同義であるとしていることに，また，フランス「人権宣言」(1789年) が「あらゆる主権の原理は，本質的に国民(ナション)に存する」と謳っていることにも明示的である。この脈絡において，「領域」内住民の「人民」化と「国民」化が起こり，フランスと英米の言語圏とでは同義語とされていることにもうかがい得るように，「人民」と「国民」の概念との互換性をもって「人民－国民－国家」の三位一体化の範式が設定され，「人民 (国民)」主権が統治の正統性に定礎されたことになる。これは，フランス憲政史の脈絡からすると「国民主権」論と「人民主権」論の対抗を留めざるを得なかったにせよ，「人民 (国民)」という擬制的人格に主権

的意思を帰属させ、他の「国民」との比定において自らの「国民存在(ネーションフッド)」を同定したことを意味する。だが、「人民」と「国民」という言葉はシンボル操作という点では互換的であるにせよ、「想像の共同体」の紐帯という点で「人民」の概念が時空間における「国家権力」の組成主体を含意しているのにたいし、「国民」という概念は間世代的なエスニックな契機の共通性を含意しているだけに、「国民」の自律性は「領域」規模の「人民」の自治論と結びつくことで「民族」の自律性や「自己決定」の原理にも敷衍されることになった。「国家」における社会経済関係の統一性は、こうした「国民－人民」の概念に発している。だが、「人民」という表徴は時空間と表象主体を異に多様な含意を帯びざるを得なかったし、現況でもある。というのも、「人民」とは政治的抽象であるだけに、政治的指導層や社会運動の主体によって多様に表象され、その具象化にはヘゲモニーの契機も介在するし、政治的「象徴効果」も帯びざるを得ないからである。すると、「人民」と「国民」は同一コインの両面性を帯びているだけに、同位性のシンボルをもって「自／他」を区別することで内／外の両次元において「内包性」と「排外（除）性」の論理に訴え得ることになる。また、「人民－国民」とは全称的名詞であるだけに、ポピュリズムが訴求力を帯び得るのは、「人民」を「庶民」化することで自らの修辞とするとともに、「国民」をもって他の「国民」から区別するという修辞に訴え得ることに負う。だから、ポピュリズムは「反エリート主義的権力主義」と「排外主義的国民（民族）主義」の二面的統一性として現れるのである。これは、「人民－国民」が政治的「公共圏」の擬制的人格であり、「国民国家」の政治的紐帯であるだけに、為政と統治を「正当化」しようとすると、その意思を拠りどころとせざるを得ないことによる。

(3)「人民」と代表制

「代議制（間接）民主政」において「人民」とはだれのことであり、だれがその意思を代表（弁）しているかとなると、論争を呼ばざるを得ない問題である。さらには、カリスマ的リーダーの扇動による民衆の"反乱"が"専政"に転化しかねないという危惧感は政治理念に根強く底流している難問でもある。

これは，たとえば，『ザ・フェデラリスト（*The Federalist*）』（1788年）の「憲政」観にもうかがい得ることである。というのも，「フェデラリスト」たちは「純粋民主政（pure democracy）」（直接民主政）に「徒党型多数専政」の危険を読み取り，その対応策を政治と社会の多元主義的構成の理念と結びつけることで，「共和政」型大共和国（「連邦国家」）の政体原理を指定しているからである（ハミルトンほか 1999：第10，51篇）。これは権力の機能的分割論と「連邦－州」関係における空間的分権論を「立憲主義」の隅石としたことにうかがい得ることである。この機制は「斉一性」(ユニフォミティ)（モニズム）ではなく「多様性」(ダイバシティ)を権力機構と社会の編成原理としているだけに，「多元主義（pluralism）」論の淵源とされることになった。この原理は「市民的(シヴィック)ナショナリズム」の精神的土壌となっただけでなく，多様性の社会経済的条件を維持することが「徒党型専政」を回避するために必要であるとする認識は移民の波と領域の外延化による要件の充足の論理とも結びつくことになった。アメリカ資本主義はこうした条件に恵まれることで，あるいは，確保することで，その展開を期し得た。汎米主義や"例外主義"という論理と心理はこうしたアメリカ資本主義の展開の過程を背景としている。これは，「多元的」構成というアメリカ社会の記述的規定と「多元主義的」組成という目的論的規定とが不可分の関係にあることを意味する。

　代表制は「人民主義」と「民衆主義」との緊張関係を宿している。というのも，「民主政」は「人民の権力（power of the people）」という政治理念を基底価値としているだけに，代表制民主政には，少なくとも，「人民による（by the people）政治」を「人民のための（for the people）政治」に翻案することで両者の統一を期すことが求められるからである。これは，「人民」とは表象空間であって，その具象空間が「代表」であるという「代表（representation）」制の二重性に発している。この二元論的緊張関係は相対的安定期においては潜在的であるにせよ，社会的変動期には顕在化せざるを得ない。というのも，代表制が機能し得る局面においては間接民主政の「民衆主義」(ポピュラリズム)の機制が作動することで政治的諸課題は既定の手続きにおいて対処されているにせよ（「プラグマティックな民主政」観），移行期や変動期においては民衆の不満や不安を背景として直接民主政の「人民主義」(ポピュリズム)の契機が浮上し，「人民の声（*vox populi*）」にお

いて民主政の再生という「救済型民主政(リデムティブ)」論が浮上するからである。これは，社会関係や国際関係の再編期には既存体制や行政処置に対する疑念が浮上し，心理的同一化が崩れることで「再同一化(リアイデンティフィケーション)」の必要に迫られることを意味し，それだけに，「民衆」という表徴が訴求力を帯び得ることになる。

　政治的「代表（representation）」とは，社会的「意思」の"再現（表象化）"を含意し，間接民主政においては「人民（国民）」の意思が代表機関によって具象されることを意味するが，選挙民と代表者との相互関係については「主人－下僕（master and servant）」と「信託者－受託者（truster and trustee）」という2つの「代表者」像が成立し得る。前者は代表者（被選挙民）を「公僕」とし，「主人」（選挙民）の「従者」であるとする理解に傾くだけに，代理主義的為政者像と結びつく。これにたいし，後者は統治を「人民」の付託と見なし，代表主義的為政者像に統治の正統性が求められるだけに，選挙はエリート選択の「仕組み」とされ，被選挙人の「民衆」型リーダー像と結びつく（「エリート選択型民主政」観）。この機制において，選挙民の意向を反映し得ない選挙制度が敷かれていたり，政治腐敗が表面化すると，あるいは，既成政党が選挙民の意向を代弁し得ないと不満や不信は「改革」の期待と結びついて「人民主義」の契機が浮上し，カリスマ的リーダーの待望感を強くせざるを得ない。

　代表制の二重性に発する緊張関係は，たとえば，アメリカ史に色濃く認め得ることである。アメリカの「市民的(シヴィック)共和政」は基底価値の一元性を前提とする社会的価値の多元的体制であり，この体制原理が「制度信仰」として根強く底流しているし，入植期以来の「人民主義」の言説は「アメリカ的信条」として民衆の強い共鳴板となり得る。「人民主義(ポピュリズム)」と「民衆主義(ポピュラリズム)」の緊張関係はアクセントを異に赤い糸のごとくアメリカ史に底流している。ポピュリズムがネイティヴィズムの琴線に触れ得ることは，ニューディール期のH. ロング（Huey Long）の亜ファシズム的平等主義運動に，また，1960年代の社会的動揺期に浮上したG. ウォレス（George C. Wallace）の州権主義的黒人差別運動（白人至上主義のバックラッシュ）に，さらには，1992年と96年の大統領選における「ペロー旋風」にも例証し得ることである。こうしたアメリカの第3党の運動は政治の分極化を呼びかねないだけに，民主・共和両党の自己確認の外的契機となるこ

とで体制を保守する触媒の役割を果たしてもいる。だが、ポピュリズム運動はアメリカに限られるわけではなく、同時代史的には、たとえば、1950年代の「プジャード運動（*poujadisme*）」（仏）にも認め得ることである。

（4）代表制の政治機能とポピュリズム

　社会の統一性の必要から「人民」の意思を議会における"力関係"において決済せざるを得ないにせよ、あるいは、議会が社会的構成の質的差異の数的決裁の場であるにせよ、「人民」の意思自体は可視的ではなく、せいぜい、投票と議席によって統計化されるに過ぎない。だが、社会的カテゴリーの構成と価値観は多様であるし、可変的でもある。議会制民主政はこうした社会の多様性と可変性を前提としているだけに、同質性が前提とされると、「代議制議会」は不要視されかねない。また、議会多数派といえども、選挙民の相対的多数の意思の反映に過ぎない場合が多い。すると、議会制民主政とは「他者性（otherness）」の相互承認を原則としていて、議会における競合に多様な市民のアイデンティティが反映されるべきであるし、「開放性」と「説明責任」の原則をもって議会と社会との不断の相互作用を期すべきであるとする原理に依拠していることになる。というのも、社会は流動的であるだけに、その同質性（化）を民主政の機能要件とし、政治的代表者が「人民」の全面的「受託者」であると、あるいは、人格的体現者であると見なされると、政治と社会との媒介回路が遮断され、審議や参加という民主政の契機が不要視されるだけでなく、選挙型代議制を媒介とする「一般意思」の発見とその高次化という代議制民主政の手続きが「非民主的」障害として排除され、「立憲民主政」は"専政"に暗転しかねないからである。また、同質性の強制は社会の自律性の欠如と結びついて、その停滞や退化を呼ばざるを得ないことにもなる。

　権力空間が選挙によって埋められる必要にあるという点で、制度的には「空位」であるにせよ、内乱期は別としても、少なくとも「通常国家」においてはヘゲモニー政党がこの政治空間を占めるということ、これが一般的である。また、選挙は選挙民の政治的"審問"機能であるだけに、候補者や政党の個人的選択が迫られることになり、大量の棄権は政治的正統性の危機を呼ぶことにも

なる。それだけに，移行期や社会経済的不安定期においては，ヘゲモニー政党が「人民」の名において体制の保守を強権的に期そうとすると「国家」の"権威主義"化が起こる（合意導出型権威主義的ポピュリズム）。また，代表制は公式的選挙制度のみならず，利益集団媒介型の非公式的代表制を補助的制度としているし，多極共存型権力分有体制も敷かれている。そして，政府機構は，典型的には，一元型（議院内閣制）と二元型（大統領制ないし首長制）に大別され得るが，前者は，議会内多数党（ないし政党間提携）が「首相」を選出するシステムであって，行政府と議会との結合関係が強い制度である。それだけに，行政府が議会機能を代位する傾向を強くすると，首相の大統領化が起こる。そして，後者は「国家元首」を大統領としていることにも負い，議会との対抗関係が強まったり，議会の機能が不全化する局面においては「デクレ（décret）」に，あるいは，反議会主義的レファレンダムやプレビシットという直接民主制（政治の「垂直的契機」）に訴えられがちとなる。というのも，議会が選挙民の多様な意見の場であるのにたいし，大統領（首長）は「人民の意向」を一元的に収斂することで直接的代表者として現れるからである。

さらには，政治の市場モデル化と有権者の「観客」化のなかで政治が「劇場」化し，政治家が「俳優」化すると「聴衆型民主政（audience democracy）」像が成立し，選挙民と代表者との，とりわけ，首相（大統領）との「擬似直接性」が演出され，カリスマ型政治を呼び得る条件も生成する（Manin 1997：220-228）。この点では，マスメディアの演出効果やインターネットの疑似直接対話も重要な契機となる。すると，「統治機構」内対立関係が強まったり，支配政党のヘゲモニー機能が弱まり「政策」（「アウトプット」）が人民の意向に応え得なくなると，「民衆」の不満は鬱積し，首相や大統領の行政的指導力やカリスマ的政治指導者の「改革」に期待が寄せられることになるだけでなく（カリスマの「創造性」），「ポピュリスト型政治家」は「改革」の必要や「不安」を訴求力とすることで既存体制を再編し，あるいは，外交方針を再設定するための「政治戦略」とし得ることになる（「政治のヘゲモニー機能」）。ポピュリズムの「擬似民主的権威主義」はこうした背景に発している。

3　ネオポピュリズムの両義性

(1)「人民主義(ポピュリズム)」の言説

　アイデンティティが「集団」規模で共有されるためには，何らかの規範が制度化され，帰属感が扶植される必要にある。これは「集団」規模の「同定」化の過程であって，この過程において社会経済関係は慣習化する。「アイデンティティの政治」概念からすると，「政治的動員」は既定のアイデンティティの「脱構築」と「再構築」の，あるいは，「脱同定 (de-identification)」と「再同定 (re-identification)」の再帰的過程である。その政治的駆動力は「国家装置」の「政治的企図」に発するのみならず，「政党」やマスメディアの政治的機能にも服している。というのも，後者は機能を異にしつつも，政治と社会との媒介機能の位置にあるからにほかならない。

　ポピュリズムの体制や理念自体が存在しているわけではなく，「国民（的）国家」における民衆の運動と「政治戦略」という双方向性を帯びた運動として浮上している。これは「代表」の象徴性と具象性という「間接（代表）制民主政」に内在する不可避性に負いつつも，両者の緊張関係が民主政（化）の契機となり，その駆動力となり得る。ポピュリズムの発現形態は西欧と南米やアフリカと中東とでは，あるいは，アジアとでは様態を異にしているにせよ，"人民（国民）"を言説としている点では共通性を帯びている。この言説に「庶民」という，また，「民族」という修辞を含ましめることで訴求力と糾合力を持ち得るのは，「国民（人民）」という標徴が「国民（的）国家」の存在論的価値の琴線に触れ得るからである。換言すれば，「国民（人民）」という概念は"庶民"と"民族"という概念に翻案されることで，「外集団(アウトグループ)」や他「国民」を比定するための「言説効果」を帯びることになる。この修辞は政治の民主化を呼び得るという積極的意義を内在しているにせよ，「人民（国民）」という政治的抽象を特定の社会カテゴリーに単純化ないし「図像」化し，"差異"の認識を「同定」の論理に転化することで「自／他」を区別し，社会を敵対的集団に類別すると，移民労働者や民族的・宗教的少数者を，あるいは，思想的異端者や

他の「国民国家」を排除(排斥)しようとする方向に傾くかぎり,消極的意味しか持ち得ないことになる。

「国民(民族)国家」はナショナリズムを精神的・情緒的紐帯とし,「自由民主政」を統治の基本的原理とすることで自らの社会経済関係を凝集化している。それだけに,前者が他国民を,後者が「異端」や少数派を"排除"するという修辞が社会的・政治的誘意性を帯び得ることになる。ポピュリズムが民主政の「復権」と「病理」という逆説的現象として浮上するのは,こうした脈絡に発している。

「(ネオ) ポピュリズム」は「人民」を「庶民」に翻案し,これを修辞とすることで重層的社会諸カテゴリーを糾合し得る「政治戦略」となり得るが,その戦略は特定の経済的階級や社会的階層というより,「庶民」という未規定の社会カテゴリーを対象としている。「利益集団自由主義 (interest group liberalism)」が権力実体の分析概念であり,多元的社会の操作的「記(叙)述的^{ディスクリプティブ}概念」でもあるとされている。このパラダイムは「規定的^{プリスクリプティブ}」にはプルーラリズムという規範論にも発している。すると,「(ネオ) ポピュリズム」の修辞との違いが問われざるを得ないことになる。次に,「(ネオ) ポピュリズム」として,どのような一般的特徴が挙げられているかを列記しておこう。

(2) 修辞の特徴

第1に指摘しておくべきことは,多くの論者が「ネオポピュリズム」にシュミット (Carl Schmitt, 1888-1985) の「政治神学」の残像を読み取っていることである。[4] これは,宗教的善悪論や審美的美醜論を,あるいは,勝敗というゲームのルールを政治の世界に転用し,「友/敵」二元論(「二項対立型マニ教的言説」)をもって「同位主義的民主政 (identiarian democracy)」像が提示されることを意味する。というのも,シュミットは「多元主義的政党国家」に「国家主権」の蚕食の危機を,また,自由主義的議会主義に「真の民主政」の夾雑機能と「討議」原理の"幻想"を読み取り,「人民」の同質化と多元(主義)的社会の「一元」化の必要をもって「非同調的」集団を排除すべきであるとする固有の「民主政」像を提示しているからである。これは為政者を「主権者」と

し，その主意主義的「決断（決定）」を規範とすることで「独裁者」の主観を強制することを意味する。したがって，「自然権」原理を基底価値に据え，この地平から政府の構成とその制約性を導く「古典的自由主義」とは理念を異にしていると言える。こうした「反議会主義的大統領独裁」論は多様な意見を封殺し，「政治の終焉」論と結びつくことになる。ポピュリズムが自由主義の言説をもって反自由主義の修辞に訴えることで「対面性」(コンフロンテーション)を回避しようとすると「反政治主義的政治主義」の論調と呼応し得ることになる。

確かに，議会制民主政は議会と社会との「同位性」を制度論的擬制とすることで統治の機制を敷いているにせよ，社会の「同質性」を前提としているわけではない。議会は社会的に多様な意見を反映するための機関であって，その機能は内外情勢と世論の変化を踏まえつつ，自由な審議を媒介として民主政の"高次化"を期すことを前提としている。この点で，ポピュリズムは「人民」という修辞をもって政治における「友敵関係」という実態を照射しているにせよ，「自由民主政」という政治の組織体系における"自由"の契機が軽視されると「権威主義」の傾向を帯びざるを得ないことになる。というのも，「民主政」は「権力」(マイト)と「権利」(ライト)との緊張関係を作動要件としているからである。

第2に，前者の特徴と結びついて「ネオポピュリズム」の修辞に「反エリート主義的エリーティズム」と「反政治的政治主義」を認めることができる。というのも，純朴な「人民（庶民）」と不埒な「エリート（権力集団）」というポピュリズムの規範的二分論は既成体制や支配的政党に対する民衆の「反権力感」の受容器となり，政治的糾合力となり得るからである。これは，複合的社会を二分論をもって単純化し，混迷状況からの脱出策を求める民衆の期待を触媒にしようとする「政治家のポピュリズム」と呼応し得ることになる。この「政治企図」は，また，いわゆる「無党派層」と呼ばれる選挙民を糾合しようとする「戦略」として政治効果を発揮し得るにせよ，「自由民主政」が"敵対"(エネミー)というより"対抗"(ライト)を前提としていることを踏まえると，二分論をもって"排除"の論理に転化しかねないことになる。

第3に，「（ネオ）ポピュリズム」は"ハートランド"への帰属感や「愛国心」という情感に訴えることで排外主義的運動を扇動する。血縁と地縁関係が

心象風景化することで「生育地（homeland）」が「心のふるさと（ハートランド）」になるということ，これは「住民」に一般的な自生的感情であろう。「国民」とはこうしたネイティヴィズムをナショナリズムの培養器とし，「国家権力」が「国民（人民）」を「国家」に凝集することで，この関係論的"容器"にアイデンティティの生命を吹き込んでいる。それだけに，ネオポピュリズムがナショナリズムに訴えるとき，強力な吸引力を発揮し得ることになる。これは，ポピュリズムの運動がエスノナショナリズムに訴えることで"ゼノフォービア"や"ユーロスケプティズム"を喚起していることにもうかがい得ることである。この点で，（ネオ）ポピュリズムは，「生育地（カントリー）」という純朴な愛着心（「心的エネルギー（カテクシス）」）を排外主義に転化し得ることになる。こうした「ネオポピュリズム」の台頭に「グローバル化」の影を見ないわけにはいかないのは，「グローバル・ポピュリズム」と呼ばれているように，前世紀の1990年代に社会経済関係の越境化が深化し，そのインパクトを背景としているからである。

（3）「グローバル化」のインパクト

　政党が階級と階層を，あるいは，イデオロギーや宗派を政治の回路に条溝化（キャナライズ）することで代表機能が相対的に安定している局面においては「人民」の内実が問われたり，代表制が争点化することは少ない。だが，社会経済関係の構造的変容期や移行期には社会的不満や不安が内攻し，索敵の心理がポピュリズムの「政治的企図」を呼び，新しいカリスマの登場を求めることにもなる。「グローバル化」が越境規模の社会経済関係の再編過程であるだけに，政治家の「企図」と民衆の「対応」とが呼応することでポピュリズムの"波"をグローバル化することになった。

　現代の「グローバル化」は資本主義社会の分節構造の市場原理主義的再編の企図に発し，国際的再生産構造の変容を求めることになった。個別「国家」は自らを組成している「関係」の接合形態や政治文化を異にしているだけに，グローバル化との対応形態も多様化せざるを得ない。また，グローバル化とはIT革命を媒介とする時空間の圧縮過程でもあって労働力移動や交易関係の深化を呼ぶことになったし，「競争国家」化の方向を強くすることにもなった。

グローバル化は内的関係の複雑化と外的要因の国内化を呼んだが、これは対応と決定の迅速化の必要から行政権中心型国家編成と強力なリーダーシップを求めることにもなった。「ポピュリズム」の"グローバル化"は、こうした社会経済関係のグローバル化と国際的分業体制の再編過程を背景としている。

4 結 び

　新自由主義的「グローバル化」には地球規模の「統合」と「分岐」の力学が作動しているだけに、「対抗運動」と「対抗イデオロギー」を呼ばざるを得ない。ポピュリズムの理念と運動は、こうした動態の反映であって、その訴求力は「利益（関心）」の代表制に課題を提起していることにある。というのも、「エリート選択型民主政」モデル（政治家と選挙民との"分業論"）は「利潤」とのアナロジーにおいて「権力」を政治の作動因であるとしているだけに、選挙民の受動性モデルであるし、「利益集団自由主義」モデルは職能代表制に利益媒介モデルを措定しているからである。この点で、ポピュリズムは経済的不満や不安を既存の「政党制」批判と、また、外的要因を国内困難と結びつけることで吸引力を発揮するという特徴を帯びている。それだけに、記述的にも規範的にも政治過程の批判的分析対象として新しい課題を提示していることになる。だが、他方で、社会経済関係の越境化は「民主政のグローバル化」の意識を覚醒し、「グローバル民主政」像の模索を呼ぶことにもなった。

　「国民（的）国家」型社会経済関係の変容に生態系の危機が複合しているという点で、現代はひとつの転機ないし移行期にあたる。「ネオポピュリズム」は、こうした移行期としての現代の、ひとつの反映であり、西欧「自由民主政」の「歪んだ鏡像」でもあるとされていることを踏まえると、「ポピュリズム」の訴求力である「対抗（confrontation）」の契機を民主政の展開と結びつけ得る実践的・理論的営為が求められていることになる。

【注】
1)「ポピュリズム」という言葉は戦間期におけるファシズムの台頭を背景として使われ

ていたが，戦後における初出は1954年のシカゴ大学ロースクールにおけるシルズ（E. A. Shils）の「ポピュリズムと法の支配（Populism and the Rule of Law）」と題する報告であったとされる。Allcock, J. B., "Populism: A Brief Biography", *Sociology* 5 (3), Spring 1971, pp. 371-387, at 384 (n. 4). また，シルズは次において「ポピュリズム」の特徴を「人民の意思の至高性」と「人民とリーダー層との"直接的"関係の優位性」に求めている。Edward Shils, *The torment of society: the background and consequences of American security policies*, Glencoe, Ill: Free Press, 1956, pp. 98-104.

2) この研究会には，いまだ少壮の歴史学者であったホーフスタッター（R. Hofstadter, 1916-70）も参加している。この研究会の報告の模様は次に所収されている。"To define populism", *Government and Opposition*, 3 (2), Spring 1968, pp. 137-179. 次も参照のこと。G. Ionescu and E. Gellner, eds., Populism: Its Meaning and National Characteristics, London: Weidenfeld and Nicolson, 1969. また，ホーフスタッターの「ポピュリズム」論については次を参照のこと。Gary Morotta, "Richard Hofstadter's Populist Problem and his Identity as a Jewish Intellectual", in John Abromeit, *et al.* eds., *Transformations of Populism in Europe and the Americas: History and Recent Tendencies*, Bloomsbury, 2016, pp. 105-115.

3) ダールは，「だれが"人民"であるかを正統に決定する方法」となると，「民主政について論じている偉大な政治哲学者といえども，まったくと言っていいほどに無視している問題である」と指摘している（Dahl 1970 : 60）。

4) シュミットの批判的検討については次を参照のこと。John P. McCormic, *Carl Schmit's Critique of Liberalism: Against Politics as Technology*, Cambridge University Press, 1997.

【参考文献】

A. ハミルトンほか（1999）『ザ・フェデラリスト（1788年）』斎藤真・中野勝郎訳，岩波書店。

ヘーゲル（1967）『法の哲学（1821年）』藤野渉・赤澤正敏訳，中央公論社。

Abts, Koen and Rummens, Stephen (2007) "Populism versus Democracy", *Political Studies*, 55, pp. 405-424.

Bell, D. ed. (1955) *The New Right*, Criterion Books（ダニエル・ベル編『保守と反動——アメリカの右翼』斎藤真・泉昌一訳，みすず書房，1958年）．とくに，この書に所収の R. ホーフスタッター「えせ保守主義者の反抗」。

Canovan, Margaret (1981) *Populism*, New York: Harcourt Brace Jovanovich.

——— (1999) "Trust the People! Populism and the Two Faces of Democracy", *Political Studies*, 47 (1), pp. 2-16.

——— (2002) "Taking Politics to the People: Populism as the Ideology of Democracy", *Democracies and the Populist Challenge*, eds. Mény, Y. and Surel, Y., Palgrave, pp. 25-44.

Dahl, Robert A. (1970) *After the Revolution? Authority in a Good Society*, New Haven and

London: Yale University Press.

Freeden, Michael M. (1996) *Ideologies and Political Theory: A Conceptual Approach*, Oxford: Oxford University Press.

Kantrowicz, E. (1957) *The Kings Two Bodies: a Study in Medieval Political Theology*, Princeton: Princeton University Press(エルンスト・H・カントーロヴィチ『王の二つの身体——中世政治神学研究』小林公訳, 平凡社, 1992年).

Kornhauser, W. (1959) *The Politics of Mass Society*, Glencoe, Ill., Free Press(ウィリアム・コーンハウザー『大衆社会の政治』辻村明訳, 東京創元社, 1961年).

Lefort, Claude (1986) *The Political Forms of Modern Society: Bureaucracy, Democracy, Totalitarianism*, Cambridge: Polity Press.

Lipset, S. M. (1963) *Political Man: The Social Bases of Politics*, New York: Anchor(S. M. リプセット『政治のなかの人間——ポリティカル・マン』内山秀夫訳, 東京創元新社, 1963年).

Manin, Bernard (1997) *The Principle of Representive Government*, Cambridge University Press.

Mény, Y. and Surel, Y. (2002) "The constitutive ambiguity of populism", *Democracies and the Populist Challenge*, eds. Mény and Surel, New York: Palgrave, pp. 1-21.

Morgan, Edmund S. (1989) *Inventing the People: The Rise of Popular Sovereignty in England and America*, New York and London: W. W. Norton & Company.

第2章

デモクラシーの影のなかに
―― グローバル・ポピュリズムの可能性

川村　仁子

1　はじめに――ポピュリズムの両義性

　「わたしたちは憑かれた世界に生きている……いま生きているこの社会の仕組みが確かなものなのかどうか疑い，近づく未来に漠たる不安をいだき，文化の沈滞と衰退を感じる……これはもはやたんなる抑圧感といったものではない。観察と判断に基づく熟慮のはての予感なのだ……眼前にみるのは，かつては堅固なもの，犯すべからざるものとみえたもろもろの事柄が，ほとんどすべて，あやふやなものになってしまった事実である」。これは，『中世の秋』や『ホモ・ルーデンス』で有名なオランダ人歴史学者のホイジンガによって書かれた『朝の影のなかに』の冒頭の言葉である（Huizinga 1964：15-16＝ホイジンガ 1975：19）。1935年に出版されたこのエッセイのなかでホイジンガは，彼がピュアリリズム（puerilism）と名付けた，適切なこととそうでないことを見分ける感情や他者の意見への配慮に欠け，他者や個人の尊厳を無視し，自分自身に対する過大な関心をもつ大衆の精神状態が，しだいに判断力と批判意欲を減退させ，集団に画一的な一つのまとまった考え方を押し付け，世界を「おもちゃ」にしてしまうことを危惧した（Huizinga 1964：178）。
　ナチスが政権を掌握し，悲劇の足音が大きくなる戦間期のヨーロッパでのこのような状況と現在の類似が指摘される理由の一つが，ポピュリズムの広まりである。ヨーロッパ，ロシア，アジア，北米，南米の各国内政治において，それぞれポピュリズムと呼ばれる政治現象が起こっていると指摘されるな

か，その内容および現れ方はさまざまであり，また，評価も分かれる（高橋・石田 2013）。ポピュリズムは政治現象であるだけではなく，イデオロギーでもあり，常に社会の状況に応じた政策・主張と結合するゆえに（Canovan 2002：32），一致した定義を見出すことはむずかしい。特にデモクラシーとの関係において，ポピュリズムを政治に人民の声を反映させる新たな手段として捉えるのか，あるいはデモクラシーが腐敗したものとして捉えるのかという，ポピュリズムの両義性の問題は常に議論の対象となっている（Canovan 1999：9-14；Mudde 2004：557-562）。

　ポピュリズムの両義性は，ポピュリズム（populism）ということばからも考察することができる。ポピュリズムは，「大衆的な（popular）」や「人民（people）」という二つの混同されがちなことばと結びついている。この二つのことばの違いは，「大衆的な」という形容詞と「人民」という実態的なものを表す単語という文法的な差異ではなく，その語源に基づく。「大衆的な」の語源は「popularis」という語であり，「人民に献身的な，忠実な」ということを意味する。また，「人民」の語源は「populus」という語であり，「建設された国家の住民の総体」という意味を持つ（Slama 2011：63-70）。ポピュリズムということばの定義のむずかしさはこの語源的な定義の間の関連性を探り当てることにある（Bled *et al.* eds. 2013：308）。

　例えば19世紀のフランスの政治用語集には，ポピュラリズム（popularism）という単語が掲載されており，1836年のフランスアカデミーの辞書では「人民の愛情を得るために，人民に低俗かつこびを売るように追従すること」と説明されていた。1856年に出版された『世界フランス語辞典（Le dictionnaire national ou dictionnaire universel de la langue française）』では，この定義に「システムとして構築された大衆性」という意味が加わった。しかし，このポピュラリズムということばはあまり受け入れられず，その後も『大ラルース辞典（La Grande encyclopédie Larousse）』に掲載されるものの，20世紀の辞書からは消え去ってしまった。一方，ポピュリズムということばが登場した1963年の『大ラルース辞典』では，ポピュリズムということばが二つの観点から解説されている。一つは歴史学的な視点からツァーリズムと闘うロシアのナロードニキ（人

民主義）運動を支えた人民の支持として，もう一つは文学的視点から1929年にフランスで設立された民衆の日常をテーマとする文学の学派である民衆主義としてである（Bled *et al.* eds. 2013：309）[1]。この背景には，1896年7月21日の『タイムズ』に，アメリカの大統領選挙で，民主党が人民党（People's Party）のブライアン（William Jennings Bryan）を立候補として指名したことが，「なかば社会主義的なポピュリストの闘争」と報じられた経緯がある。そして，その翌年にはフランスでプレサンセ（Francis de Pressensé）が『政治と議会（Revue Politique et Parlementaire）』という雑誌のなかで，ブライアンをアメリカのポピュリズム運動の扇動者として批判した（de Pressensé 1897）。その後1929年8月29日の『仕事（L'Oeuvre）』という雑誌で，レモニエ（Léon Lemonnier）によって「ポピュリズム」ということばが再び使用されるようになった（Lemonnier 1929：69）。

　このような語源的なポピュリズムの考察から，二つの特徴を挙げることができる。一つはロシアとアメリカの政治的・歴史的起源に基づく，危機に瀕した社会において反資本主義的や反エリート主義を掲げる反腐敗運動のレトリックのもと，民衆によって支持された既存のシステムへの辛辣な批判運動としての特徴である。もう一つは，フランス文学の学派に由来する民衆に眼差しを向けるという特徴である。また，その形式においてポピュリズムは，既存の法や制度の枠内に組み込まれることによって改革派的な権力争いに資するものがある一方，他方では法や制度の枠外において革命主義的，あるいはラディカルな行為によって実現されるものも含まれる。前者は国民国家の協力と介入を求めるが，後者は社会主義的な集団主義を促進する。この点からも，ポピュリズムは肯定的または否定的な両義性をもつといえる（Bled *et al.* eds. 2013：309）。

　1960年代以降のポピュリズム研究を踏まえると，さらに幾つかの共通する特徴を挙げることができる。一つは，ポピュリズムは理論や中心的な価値なきイデオロギーあるいはそのイデオロギーに基づく運動であり，そこに一貫性はない。ポピュリズムは常に敵を想定し，その敵に対する論争のなかで自らを定義づける。ここでの敵とは，政治を支配してきた階級，官僚，ビジネス・エリートであり時には外国人や移民でもある。ポピュリズムは，それらに対峙する自

らを「普通の人々」、「社会の多数派」の代表であると称して、メディアなどを効果的に利用しながら支持獲得を目指す政治的指導者や集団による運動となる。二つ目は、「敵」を生む背景となっている既存の政治や制度のあり方それ自体、および資本主義やエリート主義のみならず近代的な知性主義、合理主義のあり方そのものへの攻撃性である。そのなかで政治的指導者は、既存の政治制度や政党などの中間機関、および既存の手続きでは反映されていない、あるいは無視されていると形容される「普通の人々」の意志の直接的実現の約束や、既存の政治では取り上げられなかった問題の主題化を行う。三つ目に、国民概念とは必ずしも結びつかないロマン主義化され理想化された世界 (heartland) を目指す「人々」の一体感を形成する (Ionescu and Gellner 1969：1-4；Taggart 2004：274；Priester 2012：3-9)。

このように、ポピュリズムの定義や評価が定まらず、時にはカメレオン的と形容されるとはいえ (Taggart 2004：275)、論争的な言説を用いて、支配階級や官僚、ビジネス・エリート、移民をはじめとする「敵」とみなされる者たちとそれらを育む既存の政治体制や制度を批判することで、彼らに抑圧されていると感じている「社会の多数派」の支持を獲得しようとする政治の動きがポピュリズムと呼ばれ、ヨーロッパ、北米、南米、アジア、アフリカの各国内政治に広がっているという状況が存在する。これまでのポピュリズム研究においては、このような各国内におけるポピュリズムの台頭を指して「グローバル・ポピュリズム」と捉えられてきた (de la Torre 2015：s. 2)。では、国境を越えたグローバルな領域におけるポピュリズムという意味でのグローバル・ポピュリズムは存在するのだろうか。確かに、反資本主義や反グローバリゼーションを掲げるイデオロギーや社会運動は、グローバルな領域にも存在する。しかしそれらはポピュリズムと呼ばれることはまれである。グローバルな領域におけるポピュリズムは存在するのか、存在するとすればどのようなものなのであろうか、また、どのような状況下で生じるのだろうか。本章では、社会における政治やイデオロギーの機能に着目しつつ、グローバル・ポピュリズムの存在の検証からポピュリズムの輪郭を明らかにしたい。

2　ポピュリズムのメカニズム

(1) イデオロギーとしてのポピュリズム

　グローバル・ポピュリズムについて検討する前に、まず、ポピュリズムが起こるメカニズムについて分析したい。ポピュリズムは、上記で確認したような特徴をもつ政治現象である。政治とは統治をめぐるコミュニケーションであり、これまでの歴史のなかで、社会の中心的な役割を担うものとして捉えられてきた。ここでいうコミュニケーションとは、単なる会話や伝達行為を意味するのではない。コミュニケーションとは、情報、伝達手段、相手の理解の三層の異なる選択過程を互いに結合したものである（ルーマン 1993：219）。社会秩序の維持をはじめ、あらゆる問題が政治に委ねられ、それらを解決することが政治に期待される。政治が統治する対象は、政策や社会の状況によって変化してきた。政治は社会で起こる状況を観察し、政治の対象とするかしないかの判断を行ってきた。そして、社会全体での政治の役割は「集団を拘束する決定」を行うことにある。特に国内政治においては、「集団を拘束する決定」を行うさいに、意思決定を行う機関である議会、法に従った統治の実務を担当する政府、それらをとりまく世論の三者の関係が重要となる（ルーマン 2007b：44）。これらは高度に共鳴し合いながら相互依存の関係を築いている（ルーマン 2007b：45）。

　近代以降、決定に拘束される者が直接的であれ間接的であれその決定に参加すること、すなわち、デモクラシーによって行われる決定であることに正統性が与えられてきた。そしてこのデモクラシーには「選択できること」、すなわち選択肢が複数存在することが不可欠である。政治ではその作動の方向付けのため「他でもありうる」という他の選択肢が必要とされ、例えば複数政党制というのは、意思決定における選択肢をめぐるコミュニケーションとして捉えることができる。世論と議会が共鳴する場である選挙では、候補者あるいは政党によって政治的な選択肢が示される。それを有権者が選択することで、議会の代表者や政権の担い手が選ばれるのである。さらに、統治をめぐるコミュニ

ケーションは，経済や法といった他の分野のコミュニケーションや，他の分野が政治の可能性について過大評価しかつ政治に要求することに対し敏感に共鳴する。なぜならば，政治以外の経済や法といった他の分野においても，集団を拘束する決定に対する要求が構造的に生じるからである。政治的なコミュニケーションは，それらの要求を実現可能なものと不可能なものに区別しなければならないのだが（ルーマン 2007b：133），政治は自己の能力以上のことが可能であるというコミュニケーションをとりやすい。選挙の際に候補者や政党が掲げる政治的な選択肢も，実現可能であるか否かよりも，社会の状況や世論に敏感に共鳴し，彼らの要求に応じた選択肢を提示できるか否かが重要になる。また，世論も候補者や政党に対して過大な要求を行う。このような方向付けにより，政治が社会に対して全責任を負うという幻想を形成するのである。しかし現実的には，政治の実践は集団を拘束する決定をめぐるコミュニケーションである。それゆえ，政治が社会全体をコントロールすることはできない（ルーマン 2007b：156）。

　一方，ポピュリズムは政治的な現象であると同時に政治的イデオロギーという特徴を有している（Canovan 2004；Priester 2012：4）。ここでいうイデオロギーとは社会の中での論争的かつ社会全体の統一性の定式化を試みるコミュニケーションをいう（Baechler 1976：60）。自らの価値の一般化と，それが現実化されるように方向付けられた体系的なコミュニケーションである。従って，イデオロギーのコミュニケーションには「自己」と「他者」，「我々」と「彼ら」，「味方」と「敵」という二項対立が表れる（ルーマン 2009：1143）。そして，論争的なコミュニケーションの対象自体に制限はなく，そのコミュニケーションが有効である限り，内容の真偽や実現可能生についてはあまり考慮されない。コミュニケーションの内容自体が有効であれば，真実か真実でないかということに関心は払われない（ルーマン 2007a：61）。ただコミュニケーションの内容が実効されることで安定が得られるために，要求を実現する実行者の存在を前提とする（ルーマン 2009：1151）。イデオロギーは社会全体をただ一つの観点でのみ考慮するコミュニケーションであるが，社会のあらゆる複雑なコミュニケーションからテーマを見出し主題化する役割を果たすことで，既存の体制に対す

る「オルタナティヴ」という象徴を形成する（ルーマン 2009：1158）。

このようなイデオロギーのコミュニケーションは，あらゆる人格に帰属する。また，そのコミュニケーションは代弁者としての組織に帰属することもある。代弁者としての組織の一般的なものとしては政党が挙げられる。環境問題や人権問題，労働問題といった多様な分野における社会団体や NGOs（Non-Governmental Organizations），その他の抗議活動グループも含まれる。さらに，イデオロギーのコミュニケーションはマス・メディアの助力で効果が増幅する（ルーマン 2009：1157）。そして，論争的なコミュニケーションは，通常の筋道では処理することができない場合において生じる場合が多い（ルーマン 2009：1148）。代弁者としての組織は共鳴能力のあるスクリプト（例えば「雇用問題」）を用いることで，特定のコンセンサスを取り付ける力をもちにくい問題解決策（例えば「移民排斥」）へと先鋭化し，社会全体におけるあらゆる問題を図式化したかたちで主題化する（ルーマン 2009：1150）。

以上のように分析できるイデオロギーとしてのポピュリズムが生じる背景には，二つの失望が存在している。一つは，既存の政治への失望である。政治の機能は集団を拘束する決定を行うことであり，近代以降，民主的手続きを経た決定に対して正統性が与えられてきた。人々の既存の政治に対する過大評価と，既存の政治による能力以上のことが可能であるというパフォーマンスによって，政治が社会に対して全責任を負うという幻想が形成されてきたが，現実的には政治が対応できることは限られている。特に，グローバリゼーションが進展した今日においては，既存の政治が対応できることは限られてしまう。国家が対応できない分野において，民間の制度やノウハウをいかに取り込むことができるかがグローバリゼーションの課題になっている。

二つ目は，国内政治の代表制度への失望である。デモクラシーには複数の選択肢が必要とされる。このとき，実現が技術的に可能でない提案も選択肢となりうる。これまで，候補者や政党が提供してきた選択肢を有権者が選ぶというかたちで代表制が成り立っていた。しかし，その選択肢に「普通の人々の声」が反映できない，あるいは，反映されないという認識の広がりによって，「普通の人々」の望む選択肢が存在しない，または，選択肢があっても選ぶことが

できない状態が生じる。そのなかで，「普通の人々の声」を代表すると称する候補者や政党が提示する二項対立の「分かりやすい」選択肢が，人々に魅力的に受け取られるのだ。これらのような失望に対してポピュリズムは，既存の政治とは異なるコミュニケーション，つまり，社会のあらゆる複雑なコミュニケーションから論争的なテーマを見出し主題化し，社会全体を「敵」か「味方」かの観点のみから捉えることで，既存の政治への不満を煽り，それに対する分かりやすい「オルタナティヴ」を提示するのである（ルーマン 2009:1158）。

（2）ポピュリズムへの憂慮の正体

もしポピュリズムが，「普通の人々」の既存の政治に対する失望を受け，「普通の人々」によって支持された既存のシステムへの辛辣な批判を掲げ，「普通の人々」の声を政治に反映させようとするイデオロギーに基づく運動であるならば，ポピュリズムはデモクラシーが抱える諸問題への一つの回答となるのだろうか。しかし，そうであるならば，なぜ私達はポピュリズムに対して不安を感じるのであろうか。このポピュリズムへの憂慮は，古代より続くデモクラシーへの警戒と類似点している。

近代以降，「集団を拘束する決定」に対して正統性を付与してきたデモクラシーであるが，古代から常に警戒すべき対象とされてきた。古代ギリシアの哲学者であるアリストテレスは『政治学』の六つの政体論のなかで，「民衆(demos)」による「支配 (kratos)」であるデモクラシーを多数によって行われる政治制度の堕落形態であると説明した。彼は「一人，あるいは少数者，あるいは多数者が一般の利益を目当てにして統治するなら，それらの国制は正しい。しかし，いずれも私的利益を目当てにする国制は逸脱したもの」であり，デモクラシーはこの多数のものが私的利益を目当てにする国制のことであると評価した（アリストテレス 1961：138）。近代以降もこのような考え方は続き，例えばカントは『永遠平和のために』のなかで，「デモクラシーは語の本来の意味で必然的に専制的な政体である。専制政体においては，公的な意志は私的な意志として行使される。代議的でない統治形態は逸脱した統治形態である」と論じている（カント 1985：171）。また，『ザ・フェデラリスト』でも，「デモク

ラシーとは全市民がみずから集会し，統治することであり，この政治制度では感情や利益を同じくする人々によって統治が行なわれる。共通の感情や利害関係は派閥を生み，多数による専制と少数派の切捨てへと転化する危険性がある。このことが社会に混乱を生じさせる」，としてデモクラシーを警戒し，一般市民によって選出された少数の市民に政治を委ねる共和主義に基づく政治の必要性を説いた（ハミルトンほか 1999：60-61)。[3] 権力の担い手よりも，権力そのもののあり方が注目され，無制限や絶対的な権力はたとえ人々の手にあっても，民主的議会の多数派のうちにあっても，寡頭的政治集団にあっても，一人の王の手のなかにあっても，個人に脅威をもたらし，共通善を害するものであることに変わりはないとされた。そして，どうすれば権力が自らの利益のための手段として恣意的に用いられることを防ぐことができ，社会の安定のため共通善のために用いられるようにすることができるかが政治の重要課題とされてきた。ゆえに，単に政治に関わることができる人の数が増えたからという理由からではなく，デモクラシーのもとでの多数による専制への危惧から，有徳な代表者による政治が好まれる傾向にあった。このように，デモクラシーのもとでの多数による専制への恐れから，アテナイのデモクラシーのように，一人ひとりが政治へ直接的に参加するのではなく，徳，知識，能力の高い代表者を選挙によって選び，その選りすぐられた代表者が直接政治に参加するという，代表制に基づくデモクラシーが好まれた。

　デモクラシーが多数による支配となる可能性は，代表制を否定するルソーの「一般意志」という概念からもうかがえる。一般意志とは人民全体の意志であり，共通の利益の実現を目指すものであるとされる（ルソー 1954：47-48)。ルソーが言うには「各人が，すべての人々と結びつきながら，しかも自分自身にしか服従せず，以前と同じように自由である」ために社会契約を結ぶ（ルソー 1954：29)。社会契約によって，各々の身体やすべての力は一般意志の下におかれ，人民という名の「一つの精神的で集合的な団体」が作り出される（ルソー 1954：31)。その団体を構成するのは投票者であり，「集合的には人民（Peuple）という名をもつが，個々には，主権に参加するものとしては市民（Citoyens），国家の法律に服従するものとしては臣民（Sujets）とよばれる」（ル

ソー 1954：31)。そして，人民は一般意志の形成に参加することによって自由を得るのである。それゆえルソーは，人民には政治への能動的関与が求められ，国務が普通の人民の関心ごとに組み込まれた社会を理想とする。人民は，一般意志の形成に積極的に参加する限りにおいて主権者であり，一般意志とは，人民全体の意志なのである。これは個々人の私的な利益（特殊意志）の総和である全体意志とは区別される。一般意志は共通の利益の実現を目指すのである（ルソー 1954：47）。一般意志は常に正しく，誤ることはない（ルソー 1954：48)。ゆえに，「一般意志は決して代表されるものではない。人民自らが承認したものでない法律は，すべて無効であり，断じて法律ではない」（ルソー 1954：133）と主張するのである。また，ルソーにとって法とは一般意志そのものであり，立法権は人民に属す。ここで彼は，立法権と執行権を性質的に異なるものとし，「執行権は，立法者，あるいは主権者としての人民一般には属し得ず」，その担い手を政府とすると説明する。政府とは「法律の執行と市民的および政治的自由の維持とを任務とする一つの仲介団体で」あり，「この団体の構成員は，行政官，あるいは『王』すなわち『支配者』とよばれる。そして，この団体全部が『統治者』という名をもつ」のである（ルソー 1954：84)。政府は人民の同意の所産であり，一般意志に従う限りにおいて正統であるとみなされる。ここから，一般意志に反する政府は変更可能であるという革命権が導かれるのである。

　個々人の私的な利益の総和ではなく，人民全体の意志とされる一般意志であるが，実際には多数者の意志として，他の意志をもつ人々を拘束する（ルソー 1954：149)。特に，国民国家の形成以降のナショナリズムのもと，一般意志は国民の意志として捉えられてきた。国民とは「共通の法律の下に生活し，同じ立法機関によって代表される共同生活体」である（シェイエス 1950：28)。多数の個人が互いに手を結び一つの国を形成し，公共的な必要性を認め合うことで，共同の法と共同の代表をもつ国民概念が生まれる。国民国家では，個人の意思は共同意思の唯一の構成要素ではあるが，権力は個人一人ひとりではなく，国民という集合体にのみ属する。すなわち国民とは集団ではなく団体であり，単体である。ただし，国民がその権力の一部を代表者に委任したとして

も，国民は意思をもつ権利を失うことはない。この点において国民の一般意志は「実質的な共同意思でなく代表的な共同意思」となり，それは常に合法であるとみなされる（シェイエス 1950：83）。このように，国民国家の登場以降，ルソーの『社会契約論』における人民ではなく，国民が一般意志の帰属先となったのだ。この国民の一般意志が，理念上は少数意見も考慮した，「すべての国民のためになる」決定であるとみなされたとしても，実際は多数の意志，ひいては政治を担う代表者の多数派の意志として表れる。しかし，いったん一般意志が形成されると，それらは常に「誤らない」，「合法的」なものとなり，「集団を拘束する決定」となる。そこで，国民の一般意志に「普通の人々」の声が反映されないという感覚が生まれるのだ。

　以上のように，我々がポピュリズムに対して抱く憂慮は，古代よりデモクラシーのもとでの多数による専制というかたちで認識されてきた危惧と共通する。そして，「多数による専制」を回避するための政治制度こそが，「普通の人々」の声が政治に反映されているという感覚を得ることを阻み，結局はポピュリズムへの扉を開くというデモクラシーの自己記述の循環を生じさせる。

3　グローバル・ポピュリズムは存在するのか？

（1）グローバリズムのパラドクス

　では，グローバルな領域において，ポピュリズムは存在するのだろうか？　グローバリゼーションという用語が使用されるようになったのは，1960年代であるといわれている（スティーガー 2010：1）。冷戦の終結以降，アメリカ主導によるネオ・リベラリズム的市場経済の世界規模での拡大と，それに対抗する勢力との拮抗の文脈のなかでグローバリゼーションという現象は注目され，多義的に捉えられてきた。例えば，D・ハーヴェイは『ポストモダニティの条件』において「グローバリゼーション」を「時間と空間の圧縮」と論じ，D. ヘルドとA. マッグルーは『グローバル化と反グローバル化』のなかで「社会的相互作用の超大陸的なフローとパターンの規模と範囲が広がっているだけでなく，そのインパクトも強まっていることを表すもの」（ヘルド，マッグ

ルー 2003：1）と定義づけた。現象としてのグローバリゼーションの起源に関しては，コンピュータ通信の劇的な発達（情緒通信革命）による国境を越えた人々のネットワークが形成された1990年代とする説，航空交通の一般化によって国境を越えた個人レベルの交流の増加が生じた1960～70年頃とする説，社会と経済のシステム化を引き起こした産業革命以降とする説，大陸間の交易が確立した15世紀の大航海時代を起源とする説，古代の諸民族の大陸間移動からとする説などが存在する（スティーガー 2010：24-25）。これら5つの時代区分は，グローバリゼーションの程度が進展する契機として理解することができる。そして，グローバリゼーションという現象に呼応して，その方向性を示す思想としての一面と，その実現化を求めるイデオロギーとしての一面を合わせもつグローバリズムが生じ，さらなるグローバリゼーションを牽引している（スティーガー 2010：113-114）。

　これまで，グローバリゼーションという現象が，主に経済的側面から捉えられてきたため，その方向性を示すグローバリズムは市場原理の再評価を行うことで，政府の介入を最小限にとどめたグローバルな自由市場での競争による経済成長を目指すネオ・リベラリズムのことであると捉えられてきた（ジョーンズ 2012：126-127）。18世紀のアダム・スミスの『諸国民の富』によって，市場は政府が介入するのではなく需要と供給のバランスによる「神の見えざる手」によって調整され，独占ではなく自由な競争こそが経済的利益をもたらすというリベラリズムが打ち出された。しかし，19世紀末からのヨーロッパにおける経済の停滞と1929年の世界恐慌以降の保護主義貿易への偏重とその結果としての経済のブロック化が，第二次世界大戦を導く一因となった。このことへの反省から，大戦の終結を待たずにリベラリズムに基づく戦後の経済秩序の確立が模索され，戦後はブレトンウッズ・ガット体制を通してモノとサービスの自由貿易，資本の自由な循環，投資の自由化を実現すべきであるという，ネオ・リベラリズムに基づく国際経済体制が形成される。1995年には，自由，無差別，多角的通商体制を目標とする世界貿易機構（WTO）が設立され，IMFと世界銀行が開発途上国に融資を行うさいにも条件として，国営企業の民営化や，市場の開放と自由化といったネオ・リベラリズムに基づく政策を融資先に求める

ことで，途上国にもネオ・リベラリズムに牽引されるグローバリゼーションの波が及ぶことになった。このことが，各国内でのポピュリズムの一因ともいわれている。

しかしながら，今日のグローバリゼーションは，もはや経済的現象だけではなく，政治的，社会的といった，より包括的な現象として理解されている。それゆえに，ネオ・リベラリズムが説く自由な市場経済の原理だけでなく，①多様性の確保，②デモクラシー，③法の支配，④人権の尊重，⑤経済的・社会的正義の実現などが，グローバリズムの基本原理として現れつつある[4]。しかし，これらグローバリズムの基本原理のほとんどが，西洋を起源とするものであるゆえに，グローバリズムは単なる西洋的価値の押しつけに他ならないという批判も同時に存在する。グローバリズムが多様性の確保をその基本原理の一つとして内包しつつも，自由市場経済，人権，デモクラシー，法の支配，社会的・経済的正義という共通の価値の普遍化あるいは画一化を求めるがゆえに，常にパラドクスが生じる可能性があるのである。

例えば，自由市場経済は，文化的価値の破壊や南北による経済格差の悪化，環境破壊，国際的な労働力搾取を招いているとして批判の対象となっている。ネオ・リベラリズム的政策を推進する WTO の会議開催を阻止するために，1999年11月にはシアトルで，消費者保護，労働者保護，環境保護，人権保護のための活動家や NGO を含む 4～5 万人が参加した大規模な反 WTO 運動が行われ，デモ隊とシアトル警察の衝突により逮捕者も出る事態に至った。2000年4月にはワシントン DC で，9月にはプラハで IMF と世界銀行の総会に対する 3 万人規模の反対運動が起こり，2001年の世界経済フォーラムや EU 首脳会議，G8 でも時には暴力化する反対運動が起こり死傷者もでている。また，デモ活動以外にも，「世界経済フォーラム」に対抗して，ネオ・リベラリズムを含むいかなる形態の帝国主義による支配に反対するための討議の場としての「世界社会フォーラム」が開催されている。そして，このような活動もネットやメディアなどの情報通信技術の発展によるグローバリゼーションと結びついている。

(2) グローバル・ポピュリズムの可能性

　多様性の確保をその基本原理の一つとして内包しつつも，ネオ・リベラリズム，人権，デモクラシー，法の支配，社会的・経済的正義という共通の価値の普遍化あるいは画一化を求めるがゆえに，常にパラドクスが生じうるグローバリズムが招く上記のような運動は，グローバル・ポピュリズムと呼ぶことはできるのだろうか。例えば，WTO や IMF，サミットなどでの反対運動は，画一的なグローバリズム，特にネオ・リベラリズムや既存の国際政治・経済秩序に対する反動としての性格を有している。したがって，ポピュリズムとみなすことはできるのだろうか。確かに，このようなグローバリズムに対抗する活動は，反ネオ・リベラリズムのレトリックのもと，民衆によって支持された既存のシステムへの辛辣な批判運動としての特徴をもち，民衆へ眼差しを向けるという各国内でのポピュリズムの特徴も有している。時には法や制度の枠外において自らの要求の実現を目指す点もポピュリズムと共通している。しかしそれらはポピュリズムとはみなされず，マルティテュードやグローバル市民社会（global civil society）として評価され，グローバル社会での活躍が期待されている。

　マルティテュードとは，グローバリゼーションが進展するなかで，国民国家ではなくグローバルな資本主義体制としての〈帝国〉が主権をもっており，その支配下にいながらそれらに対抗する主体としてのすべての人々のことを指す。本来ラテン語のマルティテュード（multitude）とは「多数」や「群衆」，「大衆」を意味するが，ハートとネグリはこれを，画一的な〈帝国〉に対して，多様性と差異性を持ち合わせる多数性によって抗うものとして捉え，それらに現在の世界秩序を変革する希望を見出している（Hardt and Negri 2005）。

　また，グローバル市民社会とは，国内における市民社会の概念をグローバルな空間においても適用する概念であり[5]，政治，社会，経済など広範な分野における，民間の国際組織（企業や NGOs など）や個人を中心とした，国境を越えた統治（governance）に関わるコミュニケーションのネットワークからなる（Keane 2003：1-4；Kaldor 2003：812）。役割の程度に関しては議論が分かれるが，グローバリゼーションの進展とともに，グローバル市民社会は，①現代国家の構成要素，②グローバルな市場関係の表現，③社会運動が占める政治的・

倫理的空間あるいはネットワークとして定義することができる（Coleás 2002：49）。グローバル市民社会あるいはグローバル共同体（global community）と呼ばれる公共空間あるいはネットワークが形成され（Kaldor 2003：1-4；Domingo 2010：102-103），国家以外の行為主体が国家や国際機構と協力することで，グローバル・ガバナンスの一翼を担っている（Slaughter 2004：8-11）。現代のグローバル市民社会は二つの特徴を有する。一つは，国家の権力の抑制および権力の再配分を求める市民運動が行われる多元的な異議申立ての空間あるいはネットワークとしての市民社会である。この空間は国際的なデモクラシーの重要な要素の一つとなる。公式の政治的な意思決定の外で自己組織される，「能動的な市民」としての個人が，自らあるいは他者の環境改善のために積極的に政治に関わるような空間を意味する。二つ目は，市場を中心とするレッセ・フェール（自由放任主義）的社会としての市民社会である。国家の権力を制約したり，国家の役割を代替したりする非営利のボランティア団体や，特に，国際的な職業組合（例えば，国際的な放送連合あるいは世界医師会や国際看護師協会など），NGOsなどの民間組織によって，グローバリゼーションの急速な進展に伴う経済の自由化と民営化の促進と，その結果生じている国境を越えた，あるいは世界の特定の地域の問題への対応が行われている空間として捉えられる（Kaldor 2003：8-9）。

　このようなマルティテュードやグローバル市民社会の動きとポピュリズムとの決定的な違いは，「多様性」と「個人性」に求められる。ポピュリズムは常に「敵」を想定し，その「敵」に対する論争のなかで自らを定義づける。そして，「敵」か「味方」かという二項対立の文脈のなか，「敵」とみなす側にも，「味方」とみなす側にも一つのまとまりとしての「画一性」と「集団性」を求める。ポピュリズムのコミュニケーションにおいては価値の多様性が否定されるのだ。そこには個人の動機となる論理性や一貫性は必要とされない。集団を先導するスローガンされあればよいのである。グローバル市民社会での動きが求めるものは多様性であり，また，ポピュリズムのようにエリート主義や知性主義の否定でもない。むしろ，グローバル市民社会ではビジネス・エリートや知的な専門家集団による運動や組織が中心となる。彼らは既存の秩序形成にお

いて見過ごされている，あるいはこぼれ落ちた点を主題化するという認識は持ち合わせているものの，「普通の人々」の代表と称するわけではない。加えて，グローバルな領域においては国民国家の「国民」に対応するような統一的な政治基盤が未だ存在せず，むしろ，「国民」という枠にとらわれない「個人」が多様な人格によってグローバル市民社会に参加している。経済の自由化の促進や，デモクラシーの樹立，環境保護，難民支援などの人権保護といった自らが関心のある分野での，国家や国際機構のパートナーとしての機能や，特定のテーマに関する国際会議（例えば，環境問題に対するリオデジャネイロの環境開発会議，貧困問題に対するコペンハーゲン会議，人口問題に対するカイロ会議，気候変動に関する諸会議など）におけるグローバルな世論の形成，国連や他の国際機構でのオブザーバーとしての政策提言や意見具申といった役割を担っているのである（Czempiel 2002：105）。

では，グローバル・ポピュリズムはどのようなかたちで現れうるのであろうか。ここでもやはりデモクラシーが重要な鍵となる。グローバリズムの基本原理にもデモクラシーが含まれていることからも分かるように，近年では各国内へのデモクラシーの拡大だけではなく，グローバルな領域におけるデモクラシーに関する試みが存在する。例えば F. カニンガムや A. ピーターズは，情報技術の発展にともない能動的市民の参加の最大化を目指す参加型デモクラシー，審議を集団的意思決定に正統性を付与する必要条件とする審議型デモクラシー，選択肢の提示，情報公開，説明責任，異議申立ての制度を確保することにより正統性を得られるとする機能的デモクラシー，といったものが新たなデモクラシーとして模索されていると指摘している（カニンガム 2004：183-210, 211-240, 243-271；Peters 2009：263-264）。このようなグローバル・デモクラシーの試みが制度化されればされるほど，グローバル・ポピュリズム，あるいは国境を越えたポピュリズムのネットワークが形成される契機が生じる。なぜならば，グローバルな領域でデモクラシーに基づく決定メカニズムを設定することは至難の業であり，たとえ形成されたとしても国内政治以上に集団を拘束する決定と「普通の人々」の声との隔たりが大きくなると予測できるからである（Dahl 1999：17-40）。そうなれば，国内の状況と同じようなポピュリズムを

生む条件が整うことになる。

　実際に，国境を越えた枠組みでのデモクラシー制度を有する EU では，その政策決定過程におけるデモクラシーの赤字やアカウンタビリティの欠如といった問題が指摘されてきたことにより，「EU 市民」概念の形成や EU 議会の権限強化を中心とした，民主化改革が実施された（Zweifel 2002：12；Bono 2004：175-177）。しかし，国境を越えたレベルにおけるデモクラシーがより制度化されたことで，人々の意志が反映されやすくなったと同時に，加盟国内の人々の声と EU の決定との隔たりが，国境を越えたレベルにおいても認識される機会も多くなった。その結果，各加盟国内で反 EU を訴えるポピュリスト政党が躍進するだけではなく，EU 議会の選挙において反 EU や移民排斥を掲げる国内のポピュリスト政党間でのネットワークが形成され，議席を伸ばしている。特に，2014年の EU 議会選挙では，フランス国民戦線代表のマリーヌ・ルペン（Marine Le Pen）とオランダ自由党を率いるゲールト・ヴィルダース（Geert Wilders）の間で，ブリュッセルの「モンスター」と彼らが呼ぶ EU を内側から倒すというスローガンのもと，欧州懐疑同盟（euroskeptic alliance）としての選挙協力が行われた。選挙の結果，オランダ自由党は 4 議席と伸び悩んだものの，フランスでは国民戦線が23議席を獲得し第一党となり，EU 議会選挙全体でも EU 市民の 4 人に 1 人が，反 EU や移民排斥などを訴える政党に投票した（Mudde 2015；Grabbe 2014：80）。

4　おわりに

　本章では，グローバルな領域における国境を越えたポピュリズムの存在の検証から，ポピュリズムの輪郭を明らかにすることを試みた。ポピュリズムの語源やこれまでのポピュリズム研究から，ポピュリズムと呼ばれる現象に共通する特徴を見出したうえで，第 2 節では，イデオロギーとしてのポピュリズムの論争的かつ既存の政治の「オルタナティヴ」としての性質を明らかにし，ポピュリズムに対する憂慮の正体としての「多数による専制」への危惧に焦点を当て，そのような現象が現れるメカニズムについて検討した。第 3 節では，グ

ローバリゼーションを牽引するグローバリズムが抱える画一性と多様性というパラドクスのなかで，既存の国際政治の「オルタナティヴ」として民間の行為主体によるグローバル市民社会の動きが注目されているが，それらが「多様性」を有していることからグローバル・ポピュリズムとはみなされないことを確認した。そして，グローバル・ポピュリズムが存在しうる条件として，グローバル・デモクラシーの発展が鍵を握っていることを，EU 議会選挙の事例を用いて論じた。

　デモクラシーが最良の政治制度であるとみなされ，「人民の人民による人民のための」政治という理想と，「普通の人々」の声が反映されないと感じる政治という現実の溝が埋まらない限り，ポピュリズムは常にデモクラシーに寄生し続ける。ポピュリズムの問題点はデモクラシーの課題であり，両者の関係は互いが相手の尻尾に噛み付いて輪となった 2 匹のウロボロスのようなものである。これまで，デモクラシーの再検討のなかで，一人ひとりの政治参加，政治的役割を強調することのみが注目されてきたが，デモクラシーによって形成される権力そのもののあり方こそ，問い直す必要があるのではないか。無制限や絶対的な権力はたとえ我々の手にあっても，議会の多数派のうちにあっても我々自身に脅威をもたらす可能性がある。いかに権力が恣意的に用いられることを防ぎ，多様な社会のために用いられるようにできるかを考えることこそが，今後よりいっそう求められるのではないだろうか。

【注】
1) 1897年以降，『社会の将来性（Le Devenir Social）』という雑誌でイザイエフ（A. Issaieff）が，ロシアの経済的状態を「ナロードニチェストヴァ（narodnitchesvo）」つまりポピュリズムということばを用いて説明した。もうひとつは，クローゼ（Paul Crouzet）が『文学と人民会議（Littérature et Conférences Populaires）』という雑誌において，教会芸術と大衆芸術になんら差異はないことを解説するために「キリスト教のひらめき（le génie du christianisme）」という常用句から「ポピュリズムのひらめき（le génie du populisme）」という造語を行ったさいに使用した（Bled *et al.* eds. 2013：309）。
2) 例えばイタリア人作家のウンベルト・エーコはポピュリズムを，「メディアを使った民衆への呼びかけを基盤とする新しい政治形態」と定義し，「技術的に強固に武装された実験」と呼んでいる（エーコ 2013）。
3) アメリカ建国当時，ヨーロッパの人々は，選挙権拡大のスローガンとして用いられて

いたデモクラシーに対して，多数による専制という悪いイメージをもっており，政治制度として評価していなかった。そのなかでトクヴィル（Alexis-Charles-Henri Clérel de Tocqueville）は，アメリカは今後主権国家として栄えていくだろうと予測し，デモクラシーの採用をその理由とした。トクヴィルは『アメリカにおけるデモクラシー（De la démocratie en Amérique）』において，アメリカのリアリティを理論化し，デモクラシーを支えるのは人々であり，人々が構成している市民社会であると考えた。そして，序文において，デモクラシーで一番大切なのは人間の精神，知的な営みをどう評価するかであるとし，知力と富の重要性を主張した。知力と富を生み出すのは「人々（people）」であると説いたのである（トクヴィル 1972：9-25）。
4) このような基本原理は，EU のような地域的な統治機構のなかでも根本的価値とされている。
5) 国内の市民社会論には二つの潮流がある。一つは，「市民社会＝政治的社会」とする，アリストテレス（Aristoteles）の「政治社会（koinoniapolitike）」から発展した概念として，もう一つは，「市民社会＝経済的秩序における個人による社会」と捉えるものである。これはヘーゲル（Georg Wilhelm Friedrich Hegel）やマルクス（Karl Heinrich Marx）の市民社会論から発展したものである（Kaldor 2003：7-8）。

【参考文献】
アリストテレス（1961）『政治学』山本光雄訳，岩波書店。
エーコ，ウンベルト（2013）『歴史が後ずさりするとき――熱い戦争とメディア』アマディ，リッカルド訳，岩波書店。
カニンガム，フランク（2004）『民主政の諸理論――政治哲学的考察』中谷義和・松井暁訳，御茶の水書房。
カント，エマニュエル（1985）『永遠平和のために』宇都宮芳明訳，岩波書店。
シェイエス，アベ（1950）『第三階級とは何か』大岩誠訳，岩波書店。
ジョーンズ，アンドリュース（2012）『グローバリゼーション事典』佐々木てる監訳，明石書店。
スティーガー，マンフレッド B.（2010）『グローバリゼーション』櫻井公人ほか訳，岩波書店。
高橋進・石田徹（2013）『ポピュリズム時代のデモクラシー――ヨーロッパからの考察』法律文化社。
トクヴィル，アレクシス（1972）『アメリカにおけるデモクラシー』岩永健吉郎・松本礼二訳，研究社。
ハミルトン，A. ほか（1999）『ザ・フェデラリスト』斎藤眞・中野勝郎訳，岩波書店。
ヘルド，D./マッグルー，A.（2003）『グローバル化と反グローバル化』中谷義和・柳原克行訳，日本経済評論社。
ルソー，ジャン＝ジャック（1954）『社会契約論』桑原武夫・前川貞次郎共訳，岩波書店。
ルーマン，ニクラス（1993）『社会システム理論（上）』佐藤勉監訳，恒星社厚生閣。
―――（2007a）『エコロジーのコミュニケーション』庄司信訳，新泉社。

―――（2007b）『福祉国家における政治理論』德安彰訳, 勁草書房.
―――（2009）『社会の社会 2』馬場靖雄ほか訳, 法政大学出版局.
Baechler, Jean (1976) *Qu'est-ce que L'Idéologie?*, Paris: Gallimard.
Bled, Jean-Paul. et al., eds. (2013) *Dictionnaire Historique et Juridique de l'Europe*, Paris: Presses Universitaires de France.
Bono, Giovanna (2004) "The European Union as an International Security Actor: Challenges for Democratic Accountability", *The Double Democratic Deficit*, eds. Born, Hans and Hänggi, Heiner, Burlington: Ashgate, pp. 163-181.
Canovan, Margaret (1981) *Populism*, New York: Harcourt Brace Jovanovich.
―――(1999) "Trust the people! Populism and the Two faces of Democracy", *Political Studies*, Vol. 47, No. 1, pp. 2-16.
―――(2002) "The people, the masses, and the mobilization of power: The paradox of Hannah Arendt's 'populism'", *Social Research: An International Quarterly*, Vol. 69, No. 2, pp. 403-422.
―――(2004) "Taking Politics to the People: Populism as the Ideology of Democracy", *Democracies and the Populist Challenge*, eds. Mény, Y. and Surel, Y., New York: Palgrave Macmillan, pp. 25-44.
Colás, Alejandro (2002) *International Civil Society? : Social Movements in World Politics*, Cambridge and Malden: Polity Press.
Czempiel, Ernst-Otto (2002) *Weltpolitik im Umbruch: Die Pax Americana, der Terrorismus und die Zukunft der Internationalen Beziehungen*, Munchen: C. H. Beck Verlag.
de la Torre, Carlos (2015) *The Promise and Perils of Populism: Global Perspectives*, Lexington: University Press of Kentuchy.
de Pressensé, Francis (1897) "La politique extérieure du mois", *Revue politique et parlementaire*, 10 févrie, Paris.
Dahl, Robert A. (1999) "Can International Organizations be Democratic? A Skeptic's View", *Democracy's Edges*, eds. Hacker-Cordon, Casiano and Shapiro, Ian, Cambridge: Cambridge University Press, pp. 17-40.
Domingo, Rafael (2010) *The New Global Law*, Cambridge: Cambridge University Press.
Grabbe, Heather (2014) "Populism in the EU: New Threats to Open Society?", *Challenges and New Beginnings: Proorites for the EU's New Leadership*, European Policy Centre (http://www.epc.eu/documents/uploads/pub_4955_grabbe.pdf, last visited, 17 October 2016), pp. 79-83.
Hardt, Michael and Negri, Antonio (2005) *Multitude: War and Democracy in the Age of Empire*, London: Penguin Books.
Huizinga, Jan (1964) *In the Shadow of Tomorrow*, New York: W. W. Norton & Company, Inc.（ホイジンガ『朝の影のなかに』堀越孝一訳, 中央公論新社, 1975年）.
Ionescu, Ghita and Gellner, Ernest (1969) "Introduction", *Populism: Its Meanings and National Characteristics*, eds. Ionescu, Ghita and Gellner, Ernest, New York: The

Garden City Press, pp. 1-5.

Kaldor, Mary (2003) *Global Civil Society: An Answer to War*, London: Polity Press.

Kane, Thomas (2008) *Emerging Conflicts of Principle: International Relations and the Clash between Cosmopolitanism and Republicanism*, Burlington: Ashgate Publishing Company.

Keane, John (2003) *Global Civil Society?*, Cambridge: Cambridge University Press.

Lemmonnier, Léon (1929) *Manifeste du Roman Populiste*, Paris: La Centaice.

Mudde, Cas (2004) "The populist zeitgeist", *Government and Opposition*, Vol.39, No.4, pp. 542-563.

―――― (2015) "Populism in Europe: a primer", (http://blogs.lse.ac.uk/eurocrisispress/2015/06/21/populism-in-europe-a-primer/, last visited, 17 October 2016).

Peters, A. (2009) "Dual Democracy", *The Constitutionlization of International Law*, Klabbers, Jan *et al.*, Oxford: Oxford University Press, pp. 263-341.

Priester, Karin (2012) "Wesensmerkmale des Populismus", *Aus Politik und Zeitgeschichte*, 5-6, pp. 3-9.

Slama, A. G. (2011) "Au nom du peuple: de «populaire» à «populiste»", *Le Débat*, N° 166, pp. 63-70.

Slaughter, Anne-Marie (2004) *A New World Order*, Princeton: Princeton University Press.

Taggart, Paul (2004) "Populism and representative Politics in Contemporary Europe", *Journal of Political Ideologies*, Vol. 9, No. 3, pp. 269-288.

Zweifel, T. D. (2002) *Democratic Deficit? : Institutions and Relation in the European Union, Switzerland and the United States*, Lanham: Lexington Books.

コラム❶ 近代世界システムのイデオロギー空間における
　　　　　ポピュリズムの位置

山下　範久

　世界システム論の枠組みにおいて，分析対象としてのポピュリズムは，さしあたってジオカルチュアの水準に置かれることになるであろう。フランス革命を象徴的画期として近代世界システムには政治的正統性の構造的変化が生じた。ウォーラーステインはそれを，政治的変化の常態性と主権在民思想の標準化と要約しているが，その結果として近代世界システムに，三つの新たな制度が析出した。すなわちイデオロギー，社会運動，社会科学である。ポピュリズム──特にグローバル化以降の現代のポピュリズム──はこの三つのいずれにもかかわるが，ここでは特にイデオロギーとのかかわりでポピュリズムの位置づけについて述べたい。

　近代世界システムのイデオロギー空間は，政治的変化の常態性という新しい正統性の前提に基づいて，基本的に三つのイデオロギーのあいだの緊張関係として図式化される。三つのイデオロギーとは保守主義，自由主義，社会主義である。保守主義は，フランス革命以前の状態への回帰を求める立場，自由主義はフランス革命が開始した変化の継続を求める立場，社会主義はフランス革命が約束した変化を直ちにすべて実現することを求める立場である。ウォーラーステインは19世紀を通じて，保守主義はフランス革命以前への回帰を諦め，より遅い変化を求める立場に軟化し，社会主義もフランス革命の理想の即時の実現を諦め，より速い変化を求める立場へと軟化したと指摘する。結果，いわば前者は保守的な自由主義，後者は進歩的な自由主義に変質し，中央に巨大な自由主義の帯域が占めるイデオロギー空間が成立した。広く両翼を抱え込んだ自由主義は，啓蒙主義の嫡子として，一方で進歩の必然性に訴えつつ，他方で技術的合理性の担い手たる専門家による変化の実行というプログラムのなかに，（保守主義的な）より遅い変化と，（社会主義的な）より速い変化の要求を調停する「適切な速度の変化」の枠組みを打ち立てた。

　自由主義は，より具体的には議会制と官僚制を両輪として制度化された。前者は，変化自体の必然性は前提としつつ，変化の速度や順序をめぐるホールセールの調停を行う装置であり，後者はその議会の決定を受けて技術的合理性に即して変化を実行する装置の機能を果たした。自由主義のイデオロギー，議会制，官僚制の三者に対する広い信憑に基礎を置く国家──自由主義国家（liberal state）──は19世紀末から20世紀前半にかけて構築され，第二次世界大戦後から1960年代にその黄

コラム1　近代世界システムのイデオロギー空間におけるポピュリズムの位置

金期を迎えた。

　だが自由主義国家に対する信憑は1970年代以降，加速的に失なわれていく。自由主義国家による「適切な速度の変化」は，実際には，経済成長を前提として分配の水準をどう決めるかの政治であったが，1970年代以降，前提となる経済成長が停滞したからである。ヴォルフガング・シュトレークはこれを，「民主主義的資本主義の危機」と呼び，同名の論文で，1970年代以降，次第に従来の民主主義的な政治の枠組みを資本の論理が越え出ていく過程を描いている。自由主義国家の信憑の低下は，まず表層的に議会制および官僚制に対する信憑の低下となって表れる。議会（あるいは議会政治家や政党）への不信，官僚への不信はポピュリズムの重要な構成要素であるが，それにくわえて，より本質的には，自由主義自体の信憑が低下した。専門家に管理された持続的な変化が社会を良くするという信念に対する疑念が増大し，その結果自由主義が保守主義と社会主義を自由主義の変種として両翼に抱え込む力は低下した。逆に言えば，成長の果実を社会に適切に均霑させることを約束する既存の（議会制と官僚制の推進する）政治を本質的に拒否する立場の訴求力が，イデオロギー空間の両端で増大したということである。結果，従来は分配にも一定の配慮をもった保守的な自由主義者が本物の保守主義者に還り，従来は将来世代における解放の約束を信じてきた進歩的な自由主義者は本物のラディカルに還ることになる。だが，こうした本来の保守主義，本来の社会主義の主張の説得力は自由主義との関係で相対的に高まったにすぎず，なにかポジティブなプログラムとして包括的な説得力を持つわけでない。つまりそれらは既成政治への不信を表明するレトリックとして説得力を持つにすぎない。そしてこれが今日のポピュリズムの土壌にほかならない。

　今日のポピュリズムは左右の両翼から現れうる。言い換えれば，（自由主義国家が進めようとしてきたような）変化の全面的拒絶というレトリックでも現れうるし，（自由主義国家が進めようとしてきたものとは異なる）「自分たちにとって必要な変化」を直ちにもたらすことを求めるレトリックでも現れうる。ただ自由主義国家の失墜は単にその制度的表現である議会と官僚への不信に還元できるものではなく，深層における進歩——漸進的な改良が究極的な解放を必然的に実現するという信念——という座標軸の相対化によって引き起こされたものである。ゆえに，この新たなレトリックの説得力は，単に保守的な自由主義者を保守主義者に変え，進歩的な自由主義者をラディカルに変えるだけでなく，これまで自由主義国家の内部では左方に位置していた主体が右のレトリックを接近したり，逆にこれまで右方に位置していた主体が左のレトリックに接近したりする「ねじれ」を生ぜしめやすくもする。前者はたとえば，福祉を求める立場からグローバリズムに反対して，ナショナルな連帯やローカルな紐帯の価値を積極的に訴えるようなケースで，後者はたと

49

えば経済成長のための規制緩和を求めて，従来型の大企業やそれと結びついた官僚の既得権益を批判するようなケースである。

　自由主義国家の失墜は，政治言説を自由主義国家の権力——議会と官僚——に対する批判へと強力にチャネリングする磁場を生ぜしめつつ，批判の立脚点を支える座標軸自体を崩壊させる。それを背景とするレトリックの増殖として理解される現代のポピュリズムは，自由主義国家の失墜の症状である。この状況に際してポピュリズムのレトリック自体に振り回されるのはせいぜい対症療法の域をでない態度である。必要なのは，経済成長を再定義して民主主義に埋め戻し，従来型の成長を前提に均霑を保証する自由主義に替えるプログラムを提示することであろう。

第Ⅱ部

ポピュリズムと民主主義の危機

第3章

南欧におけるポピュリズムの展開とデモクラシーの危機
——イタリアを中心に

高橋　　進

1　グローバル化した21世紀のポピュリズム

　ポピュリズムは21世紀の政治学の主要な専門用語となっており，グーグルでは500万回以上のヒット数を記録しているという。4000回以上が最近のニュースであり，インターネットでの使用法は非学術的なきわめてルーズな使い方であることを認めたとしても，この広がりは，ミュデが言うように，ポピュリズム概念が世界規模の諸社会で妥当することを示している（Mudde 2015：431）。
　1969年にイオネスクとゲルナーが『ポピュリズム』（Ionescu and Gellner 1969）を刊行したとき，そこに収録された論文が対象とした地域は，北米，中南米，ロシア，東欧，アフリカであり，西欧は取り上げられていなかった。時代としては，19世紀の米国の人民党やロシアのナロードニキ，東欧については19・20世紀のポピュリズムと農民主義，中南米とアフリカが20世紀など，主として歴史的な研究であった。
　しかし，2015年に刊行されたデ・ラ・トーレ編『ポピュリズムの約束と危険——グローバルな視座』（de la Torre 2015）は，第1部を理論編として，代表，媒介，手続，政治動員，人民などの概念とポピュリズムとの関係を検討するとともに，第2部「グローバル・ポピュリズム」では，現代の西欧，米国，アジア太平洋，アフリカ，中南米を対象としており，世界大の，そして右から左までのポピュリズムの拡散と浸透に注目し，グローバルな視座を模索している。
　20世紀末から21世紀初めにはヨーロッパ全体にポピュリズムが台頭した。

ファン・ケッセルは2000〜2013年の間にポピュリズム政党が国政選挙で1議席以上を獲得した国の数を31としている (van Kessel 2015：69)。ただし，ミュデやアルベルタッツィ，マクドネルをはじめ，これまでの西欧の多くのポピュリズム研究者が，ポピュリズム政党を右翼急進主義にのみ認めていたのとは異なり，ファン・ケッセルはギリシャのシリザのような左翼もポピュリズム政党に入れている点は注意しておく必要がある。また，ミュデやムフも最近，ギリシャのシリザやスペインのポデモスを積極的に評価する立場から，「左翼ポピュリスト政党」という言葉を使用している。

ともあれ，1980年代までは民主主義と政党政治が未成熟で，大衆の政治的社会化が不十分な発展途上国の現象と捉えられていたポピュリズムが，現在では成熟した民主主義を持つ西ヨーロッパで一般的な存在となり，政権に参加するようになっているのである。アルベルタッツィとマクドネル編『21世紀のポピュリズム』の副題「西欧デモクラシーの妖怪」が示すように，同書では西欧のオーストリア，イタリア，スイス，ドイツ，スウェーデン，オランダ，フランス，イギリス，アイルランドなど西欧の主要国が網羅されている。本章では，このポピュリズムの具体的な展開をイタリアを中心にしつつ，ギリシャ，スペインについても検討し，南欧におけるその特徴と意味を考察する[1]。

2　ポピュリズムの定義と特徴

1990年代以降ポピュリズム研究は盛んになったが，なお専門研究者の間で一致したポピュリズムの定義はない。しかしおよそ以下のような収斂を示している。おおざっぱに言って，中南米では指導者・動員戦略指向の定義が優位であり，ヨーロッパではイデオロギー・言説指向の定義が優位している。そのイデオロギーは「コアとなる部分が限られた希薄なイデオロギー」(thin-centerd) であり，それゆえ，状況に応じていろいろな政策・主張と結合する (Canovan 2002：32)。

イデオロギーとしては，①人民を主権者と見なし，その主権の行使は，指導者と人民との直接的な一体化を通じて実現されるべきであり，代議制民主主義

に批判的である。②社会を「純粋な人民」と「腐敗したエリート」に二分し，左右のイデオロギーに関係なく既成政党やエリートを「悪」と捉え，その打倒を主張する。この既成勢力・エリートには自分たちを批判するマスコミや知識人，官僚，労働組合も含まれる。これは一種の道徳主義的な政治観であり，マニ教的世界観である（Mudde 2015：433）。エリートと人民の間に本質的な道徳的区別を行う点で，ポピュリズムはエリート主義の合わせ鏡である。エリート主義は人民を非合理で腐敗していると見なし，エリートを純粋と見るポピュリズムと真逆の道徳観である。③人民は同質な集合体であり，異質なものの排除を主張する（石田 2013：52）。だが，「人民」の同質性・一体性を前提とし，「他者」を排除すると言う意味で多元主義を否定する点では，ポピュリズムは明確に反自由民主主義である。「われわれ人民」と「他者」を区別するための境界線は様々な形で人為的に引かれる。その線は文化，宗教，言語，エスニシティ，人種など様々である。人民性（peoplehood）の物語は，経済，政治，建国の物語と結合し，そのアイデンティティを形成する。したがって，右翼のポピュリズムは，ナショナリズムを通じて人種主義や排外主義へ傾斜する傾向を持っている。なお，タガートは，代表政治への敵意，理想化されたハートランド（heartland）への同一化，中核的な価値観の欠如，危機意識への反応，政権では自己規制し短命，カメレオン的性格などの特徴をあげている（Taggart 2000）。これらの議論から分かるように，これまでの西欧におけるポピュリズムは基本的には右翼急進主義を対象としていた。つまり，1980年代以降の極右・急進右翼の台頭の「第3の波」において，西欧で台頭した「新しい右翼」に対する定義・呼称として使用されていたポピュリズム概念が一般化したものである（石田 2013：47-57；水島 2016）。

　また，ポピュリズムの誕生と成功を説明する需要・供給論の立場からは，政治的機会構造論，リーダーシップ論，組織論が有力である（石田 2013：58-64）。本章では，これらの理論を基礎にイタリア，ギリシャ，スペインのポピュリズム政党の実態を考察する。

3 イタリアにおけるポピュリズム政党の誕生と特徴

(1) 戦後システムの崩壊

　上記のような定義と特徴を前提に，次にイタリアにおけるポピュリズムを検討する。イタリアにおけるポピュリズム政党の台頭は，1992年から94年の戦後イタリア政治システムの崩壊，すなわち第一共和政の崩壊と第二共和制の成立が契機である。イタリアではファシズムからの解放直後の反ファシズム連合政権期を除いて，1948年から92年まで保守のキリスト教民主党（DC）を中心とした連合政権が続いた（1976年3月〜79年1月に左右の政治的テロと暴力が拡大し，政治システムが危機に陥る中で，それに対処するために，例外的に共産党が「非不信任」や「国民的連帯」の形で支持する内閣ができた）。1980年代に入ってからのキリスト教民主党の長期低落の中で，首相のポストを共和党（スパドリーニ，1981年6月〜82年12月）や社会党（クラクシ，1983年8月〜87年4月）に譲ることがあったが，キリスト教民主党を中心とする連合政権の枠組みが継続していた。いわゆる一党優位性の政治システムであった（伊藤 2016）。

　この政治システムは，1990年代の内外の政治変動と経済変化の中で崩壊した。経済のグローバル化，欧州統合の深化，冷戦の終結が従来の政治・経済システムを根底から揺るがし始めていた。この危機を克服するために抜本的な政治・経済改革が必要となっていたが，旧来の政治システムはこれに応えることができず，崩壊に至った。その崩壊の政治的要因は次の6つに整理できる。

　①冷戦の終結による共産主義対資本主義のイデオロギー対立の無意味化　②その結果として，旧来の支配政党の正統性の消滅（反共産主義を理由とした腐敗政権の「やむを得ない悪」の不要化）と共産党の社会民主主義化による政権獲得方針への転換　③検察の大々的な構造汚職の追及（「清い手作戦」）による政財官界トップを含む約3000人の起訴，政党幹部の一掃と諸政党の解散による旧政党システムの崩壊（「司法による革命」）　④選挙制度改革による政治改革と政権交代のある民主主義をめざす国民投票運動（「投票による革命」）　⑤シチリア州知事オルランドが結成したレーテに体現される反マフィア運動の国民的な展開

⑥通貨統合への参加のための財政赤字の削減，利権配分の温床の公企業の整理と民営化を実行できる清廉な政府の必要性（高橋 2013：166；伊藤 2016：150-182）。

　この結果，支配政党であるキリスト教民主党，社会党，社会民主党，共和党，自由党は出直しをめざして解散あるいは分裂して新党を結成した。生き残ったのは，権力から排除されていた共産党，ネオ・ファシスト政党ゆえに憲法外政党として連立政権の外に置かれていた極右のイタリア社会運動，そして新興勢力の北部同盟であった。このうち，共産党は解散して，主流派が左翼民主党を，反主流派が共産主義再建党を結成した。ネオ・ファシストのイタリア社会運動は穏健化戦略を展開し，国民同盟に組織替えした（高橋 1998）。その結果，政治的スペクトルの中道から右に大きな空白が生じ，そこにキリスト教民主党に代わる保守勢力として，ポピュリズム政党であるベルルスコーニのフォルツァ・イタリアが参入したのである。以後，イタリアは「ポピュリズムの天国」と言われるほどポピュリズム政党が猖獗を極める状況が続く。

（2）ベルルスコーニの時代──フォルツァ・イタリアと「自由の人民」

　上述のように，ベルルスコーニは第一共和政と有力既成政党の全面的崩壊という政治的空白の中で登場した。彼は1994年3月に予定されていた国政選挙での左翼勢力の政権獲得を阻止するために，フォルツァ・イタリア（Forza Italia：FI，頑張れイタリアの意味）を結成した。この政党はそれまでのイタリアの政党とはまったく異なる特徴を持っており，イタリア政治システムを大きく変化させた。その第1の特徴は，民間有力テレビ3局や出版社，イタリア最大の広告企業などを所有する「メディアの帝王」ベルルスコーニが，自分のテレビ局を選挙運動で自分と FI のために全面的に利用したことである（FI の結成大会を彼のテレビ局レーテ4が生中継）。第2に FI は活動資金を彼個人が提供し，自分の親しい人物を幹部に選抜し，重要政策も自分が決定する「個人政党」であること。第3に絶対的でカリスマ的な指導者として，ポピュリスティックな政治スタイルを取っていること。第4に，企業政党であり，「専門職的選挙制党」であること。政党の結成方法，選挙運動，政策の重点や候補者のアピール

の仕方などは，ベルスコーニが所有するメディア複合企業フィニンヴェストや広告代理店プブリタニアを使って広告戦略の手法で策定し，頻繁な世論調査を基に会社経営と同じようにトップダウンで方針を決定していく組織構造である。その意味で党内には民主主義はない。第5に，これもポピュリズムの特徴であるが，自分自身を出世物語の企業家，政界に対してはアウトサイダー，そして「人民の意思」の解釈者のイメージを創出した。第6に，基盤組織として，政党支部という名称ではなく，サッカーチームのサポーターをモデルに緩やかな組織である「フォルツァ・イタリア・クラブ」を全国各地に組織したことである。

　イタリアの第一共和政のシステムは「政党支配国家」と呼ばれていた。それは，官庁・公企業の上級ポストや就職，仕事の斡旋，役所の諸便宜，福祉施策の受益など国家・自治体・民間のあらゆる面に渡って政党が支配し，選挙の票と交換する体制であった（池谷 1999）。これは，上述の変化の中で機能麻痺に陥り，国民の中に「政党支配国家」と政党そのものへの批判と「反政治」「反政党」感情が急速に高まった。ベルスコーニはこれを利用し，脱政党と脱イデオロギーを掲げ，FI が旧来の政党とは異なることを示そうとした。「フォルツァ・イタリア・クラブ」という緩い組織形態はその表れでもあった。

　また，彼は野党の時も，政権にある時も自分を「アウトサイダー」として位置づけ続けた。腐敗した政界に「イタリアを救うために」出現した救世主，一代で財をなした経済的に有能な成功物語の主人公，「自立の人」，「現実のイタリア」を知っているカリスマのイメージを創出する。同時に，「普通の人の言葉で」「イタリア人的」に語り，自己を「庶民と同じ」に見せ，「普通の人々」の代弁者であると主張する。既成政党や職業政治家を「政治で生きている」「寄生的な人々」と嘲笑する。この「既成勢力」には既存の政党・政治家や官僚，労組，自分に反対する学者やジャーナリスト，公共メディアなどを入れ，「特権階級」のレッテルを貼り，「庶民」と対比する（これらは米国大統領に当選したトランプと似ている）。左翼政党や労組も「既得権益集団」と見なし，仲間内だけを擁護し，「普通の人々」を見捨ててきたと非難する。それに対して，自分は弱者，庶民，「見捨てられてきた人々」の見方であり，主権者である

「人民の意思」の「誠実な解釈者」であると主張する。司法への批判も人民主権論を根拠に国民の選挙で選ばれた首相を，国民の選挙で選ばれていない裁判官が裁くのは左翼の「赤い陰謀」であり，民主主義に反すると主張する。このように，FIのポピュリズムは権力を憲法や法で制限するという立憲主義の思想を否定し，人民主権の名の下に執行権力の専制を擁護する（高橋 2013）。

　ポピュリズムは政権に就くと衰退するという仮説が主張されているが，イタリアの例はこれを否定している。FIは，政権にあっても，反政治，反官僚エリート，政治の非効率という主張を繰り返し，言説及び政策としてポピュリズムを維持し続けてきた。ベルルスコーニ政権による脱税追徴金の減免措置や違法建築の赦免措置は，行政の非効率と恣意性に起因する徴税能力の低さと不公平の是正による税収確保を大義名分とし，地方税である住宅への固定資産税の廃止という大衆迎合的な減税政策を実施したのはその例である。

　ベルルスコーニは1994年3月の選挙で勝利し，政権に就いたが，同年12月に北部同盟が連邦制導入に向けた憲法改革要求が受け入れられなかったことを理由に連合政権から離反したため，第1次ベルルスコーニ内閣は崩壊した。その後をディーニ内閣（非政党専門家内閣）が次の繰り上げ選挙まで暫定的に継承し，96年4月に総選挙が行われた。この選挙ではプローディが率いる中道左派連合「オリーブの木」が勝利し，プローディ内閣が成立した。92年から95年は第一共和政の崩壊から第二共和制の成立までの過渡期であり，「急場の神」として，そして，国民の政治不信をかわし，経済危機を乗り切るための専門能力を国民から期待されて，アマート（法学者），チアンピ（元イタリア銀行総裁），ディーニ（元IMF理事，元イタリア銀行副総裁）によって非政党専門家内閣が3度形成された。

　その後，イタリアでは選挙のたびに現政権が敗北し，中道右派連合と中道左派連合との間で政権交代が起こり，2極ブロックの政党システムになった。しかし，イタリアは第一共和政の時代から多党制の政治文化の国であり，それは選挙制度が比例代表制から小選挙区中心の選挙制度（小選挙区に定数の3分の2，比例区に定数の3分の1を配分）に変えても同じであった。小選挙区で勝つためには中道から左右両極まで，極小政党を含めてできるだけ広範な連合を組

むことができるかが勝敗を分けたのである。中道左派政権は左派の共産主義再建党がしばしば経済・労働政策をめぐって離反し、短命な政権で終わることが多かったが、ベルルスコーニが率いる中道右派政権はほぼ議会任期を全うし、安定していた。

しかし、2010年になると、ベルルスコーニの少女買春や脱税をめぐるスキャンダルと下級審での有罪判決や司法問題（高位公職者の訴追免除法）をめぐる対立から、「自由の人民」（フォルツァ・イタリアと国民同盟、その他の中道勢力が2008年2月に合同して結成した政党）から、元国民同盟のフィーニ等が離脱し、「イタリアの自由と未来」を結成した。その結果、「自由の人民」は議会での絶対多数を失い、政権基盤が弱体化した。2011年6月に実施された原発再開の中止を求める国民投票では、94％の圧倒的多数で政府の推進した原発再開政策が否定された。そして、最終的にはユーロ危機を引き金とするイタリア債務危機に対応しきれず、内外の信任を失い、ベルルスコーニ内閣は辞職した。ベルルスコーニの後を継ぎ、政府債務危機に対処したのは、今回も非政党経済専門家で元EU委員のモンティであった。

モンティ内閣が進めた労働規制の緩和、福祉や年金の削減、増税という経済成長なき厳しい緊縮政策は国民の反発を浴び、政府不信任の危機に陥った。それに対して、以前の非政党専門家内閣と異なり、モンティは自己の内閣を政党内閣に戻る暫定的な専門家内閣とは考えず、「イタリアのためにモンティとともに歩む市民の選択」（Scelta civica con Monti per l'Italia）というグループを自ら結成し、他の中道勢力と連合を組み、2013年2月の前倒し選挙に臨んだ。しかし、下院で10.6％、45議席しか獲得できず敗北した。この選挙では、後述のように中道左派連合が29.6％の第1党で、プレミアム制度によって過半数の340議席（総議席630）、ベルルスコーニの中道右派連合が29.2％で124議席、グリッロの5つ星運動が25.6％で108議席を獲得したが、単独政党としては、5つ星運動が民主党の25.4％を上回り、第1位であった。しかし、選挙制度が異なる上院では、中道左派は113、中道右派は116、5つ星運動は54で、単独過半数の政党はなかった。5つ星運動が他の政党との連立協議を一切拒否したために、2ヶ月に及ぶ連立政権協議を経て、中道左派のレンツィを首相とする中道右派

との大連立政権が発足した。

 その後，ベルルスコーニの脱税裁判への対処問題を発端として，ベルルスコーニの議員資格剥奪とレンツィ内閣支持をめぐって「自由の人民」の党内対立が激化した。ベルルスコーニは，レンツィ内閣による議員資格剥奪の動きを阻止するために，レンツィ内閣からの離脱の脅しをかけた。しかし，「自由の人民」幹事長の A. アルファーノ（副首相，内相）は，レンツィ内閣支持を選択し，ベルルスコーニと袂を分かち，2013年11月に院内会派「新中道右派」を結成した。ベルルスコーニは FI を再結成した。

 ベルルスコーニは2013年8月に脱税に関する有罪判決が確定し，13年11月に議員資格の剥奪が上院で決議され，議員資格を失った。また，反汚職法の規定により，今後6年間，上下両院議員への立候補も禁止された。こうして，「ベルルスコーニの時代」は終わった。その後も FI からの離党と分裂が続き，13年2月の選挙時の「自由の人民」の当選者は下院で97人，上院で98人であったが，2016年3月には FI は下院54人，上院40人へほぼ半減している。

（3）北部同盟——排外主義的なエスノ・リージョナリスト政党

 1991年にボッシを指導者として結成された北部同盟（Lega Nord）は，地域主義政党であり，真正のポピュリズム政党である。その中心思想は北部中心のエスノ・リージョナリズム，排外主義と政治的保守主義であり，それをボッシのカリスマとポピュリズムで接合していた。82年にボッシが結成したロンバルディア同盟は87年の上下両院選挙で1.3％を得て，初めて国会に各1名議員を送った。この党が注目され始めるのは，全国平均で5.5％，ロンバルディア州で18.9％，ミラノで13％を獲得した90年5月の地方選挙での躍進からである。この成功を足場に，91年1月にロンバルディア，ヴェネト，ピエモンテ，エミリア・ロマーニャ，リグリア，トスカーナの7州の地域主義政党であるそれぞれの同盟（lega）が集まって北部同盟を結成した。北部同盟は92年の総選挙で全国平均8.7％（55議席）を獲得し，突然，国政の重要なアクターとなった。北部では20％以上を獲得した選挙区が多数生まれたが，南部では極端に弱く，1％以下であった。

その主張は，反ローマ，反既成政党，反エリート，反南部人，エスノ・リージョナリズム，反移民，反イスラム，多文化主義反対であり，既成政治勢力をマフィアとつるむ特権階級として罵倒する（「ローマは泥棒だ」）。そして，北部諸州はイタリアの中部・南部とは異なる独自の文化・歴史・言語・価値観を持つ民族共同体であり，イタリアを3分割し，連邦制へと変えるべきと主張する。その内容は，勤勉で豊かな北部の人々が生み出した富（税金）がローマの中央政府や南部の汚職と腐敗の政治家・官僚・マフィアなどの犯罪組織によって奪われ，浪費されている。このような政党と官僚による国家の支配・寄生には右から左まですべての政党が加担してきた。北部の富は北部の人々のために使うべきであり，南部は南部で努力し，北部の援助に頼らず，自立すべきである。そのためには，財政権を含む自治権の拡大，連邦制が必要であるというものである。つまり，北部はイタリア統一以来，遅れた怠惰な南部の犠牲者，「被害者」であったと考えている。マジョリティが「被害者」であると主張するのは，現代のナショナリズムの特徴である。従来の南部論では，統一以来そして第二次世界大戦後も北部が南部を経済的・政治的に利用し，低開発状態に置いてきたと捉えてきたが，北部同盟の主張はまったく逆であり，「北部問題」を提起したと言われる。

　北部同盟の具体的政策は，上述のイタリアの連邦制化を中心に，経済面では公企業の全面的民営化，中小企業・職人・商人・専門職人の擁護，減税，多国籍企業からの北部の国内企業保護であり，新自由主義的な面と保護主義的な面の両面を有していた。移民問題では反移民，反イスラムである。

　北部同盟は1994年3月の国政選挙では連邦制の実現を期待して，ベルルスコーニのフォルツァ・イタリア（FI）と選挙連合「自由の極」を結成した。FIは中部・南部では右翼の国民同盟と選挙連合「善政の極」を作り，中道右翼のブリッジ連合で左翼を破り，政権に就いた。北部同盟は下院で得票率8.4%であったが，議席は選挙連合のおかげで118議席を得た。しかし，連邦制への改革を連合政権与党のFIや国民同盟に拒否されると，同年12月に連合政権を離脱し，第一次ベルルスコーニ政権の崩壊の原因となった。政権離脱後，FIに勢力を浸食され，50人以上の国会議員が党を去ってFIに移り，党員の約3分

の1が離党した。

　北部同盟はこの状況に対して、「抗議政党」に復帰するとともに、「パダーニア」（北イタリア地域を指す）独立や独自議会設立など主張と行動を急進化させた。中道左派が勝利した96年4月の選挙では、北部同盟は単独で戦い、下院で得票率で過去最高の10.1％、59議席を獲得した。急進化によってアイデンティティを回復し、活動家の志気は上がり、拠点であるアルプス山麓地域では支持を確保・拡大したが、大都市部の中産階級の支持は次第に離れていった。

　その後、ベルルスコーニとの連合に復帰し、2001年5月国政選挙で3.9％（FI・北部同盟・国民同盟・その他中道の選挙連合「自由の極」が勝利）、06年4月4.6％（「自由の極」敗北）、08年4月8.3％（ベルルスコーニ連合勝利）、13年2月4.1％（ベルルスコーニ連合敗北）で、08年を除けば4％前後であり、1990年代の勢いはない。13年選挙では拠点のロンバルディア州で12.9％、ヴェネト州で10.5％を得たが、他の地域では激減した。その大きな原因は、2012年4月に発覚したボッシ家の公金私用スキャンダルである。これは、ボッシの息子が北部同盟が受け取った政党補助金を私的に使用したという詐欺罪で捜査され、ボッシが書記長を辞任、同年11月にボッシ自身と二人の息子や上院議員がミラノ地検によって起訴された事件である。

　ボッシ辞任後、マローニが書記長を継ぎ、2013年12月の書記長予備選挙でサルヴィーニ（Matteo Salvini）が当選し、書記長に就任した。サルヴィーニの下で14年6月のヨーロッパ議会選挙で6.2％、同年12月の地方選挙ではエミリア・ロマーニャ州知事選挙で19.4％を獲得、第二党となるなど復活の兆しを見せている。14年1月には、中部と南部に北部同盟の相手方として「われわれはサルヴィーニと共に」（Noi con Salvini）を結成し、全国拡大を図ってきた。「イタリアの兄弟たち」（Fratelli d'Italia）や「カーサ・パウンド」（Casa Pound）という極右組織との連携を強め、全体として極右化している。2015年4月の地方選挙ではフォルツァ・イタリアや「イタリアの兄弟たち」と選挙連合を組み、ヴェネト州では北部同盟の知事候補者を当選させた。

　2014年6月のヨーロッパ議会選挙では「ユーロはいらない」をスローガンに掲げ、ユーロ離脱の主張を鮮明にした。ヨーロッパ議会では、フランスの国民

戦線やオーストリア自由党,ベルギーのフラームス・ベラングらとともに,極右の「諸国民と自由のヨーロッパ」(Europe of Nations and Freedom) グループを結成している。

(4) 5つ星運動 (Movimento 5 Stelle: M5S)
① 運動の誕生と展開

5つ星運動は,政治風刺を得意とするコメディアンのベッペ・グリッロが2009年10月に結成した政党である(自らは「政党でも,団体〔associazione〕でもない」と言っている)。その母体は,彼が政治家批判でテレビを追われてから各地で公演活動を展開しつつ,ウェブ事業家のG. カザレッジョとともに2005年に開設・成功した(2008年に『オブザーバー』紙が世界で最も影響力があるブログの第9位にあげた)ブログを通じてメンバーを広げた「ベッペグリッロ友の会」であった。2009年の地方選挙で「5つ星の市民リスト」を作成,シンボルを決定し,初めて選挙に参入した。運動のシンボルである5つ星は,水,環境,エネルギー,交通,開発という,この運動の基本的な価値と目的を表現しており,地域の市民に身近なテーマを掲げている。実際,地域の環境改善,交通問題,公営水道の民営化反対などがメンバーの青年たちによって取り組まれてきた。政党結成以前の運動の最初の頂点は,ボローニャ市の広場での2007年9月のVaffancuro-Day (V-Day: Fack Off Day)の大集会であり,ベルスコーニを主な標的としつつも,既成の政党や政治家全体の腐敗を糾弾し,下級審で有罪判決を受けた者の立候補の禁止や3期以上の国会議員の継続禁止などについて35万人の署名をネットで集めた。2010年の地方選挙では5州で候補者を立て,エミリア・ロマーニャ州が最高で6%,ピエモンテ州で4%の得票率であった。2011年の地方選挙では75自治体で候補者を立て,ボローニャで9.5%を獲得したが,全国的な注目を集めるほどではなかった。

この政党の台頭は2012年5月の地方選挙から始まった。ヴェネト州とエミリア・ロマーニャ州では20%前後の得票率を獲得,パルマ市を含む4市で市長に当選,150人以上の市会議員が誕生した。同年10月のシチリア州議会選挙でも15%と躍進した(Bordignon and Ceccarini 2014:35)。

前述のように，前年の2011年11月に政府債務危機の解決を期待されて就任したモンティ内閣は，緊縮財政と増税を基本にした政策を展開した。個人所得税と付加価値税の引き上げ，不動産課税の再導入（ベルルスコーニ政権下で廃止されていた）など増税による歳入増を図りつつ，年金の受給開始年齢の引き上げ，県の統合などの歳出削減政策を推進した。さらに，タクシーなどの規制緩和を打ち出すとともに，労働者憲章18条「経済的理由による解雇の禁止（再雇用義務）」の廃止と金銭保証によるその解決を可能にして雇用の流動化を進めるとともに，職業訓練や若年雇用推進策を進めようとした。このような庶民の生活と福祉を犠牲にした銀行救済のための政策に対して労働組合は激しく反発し，モンティ内閣への反対運動を展開した。しかし，中道左派の民主党や中道右派の「自由の人民」は政府債務危機からの脱出を最優先し，モンティ内閣の政策を支持した。その結果，既成政党への失望と不信が労働者や若者，庶民に広がった。90年代に政治の刷新を謳って台頭したベルルスコーニのFI（その後の「自由の人民」）や北部同盟は，上述のようなスキャンダルにまみれる中で「特権階級化」「カースト化」「既成政党化」したと見なされるようになっていた。

　このような状況下で5つ星運動は，国民の「反政党」「反既成政党」意識の体現者，新たなポピュリズム政党として登場した。グリッロは既成政治家たちを「カースト」と呼び，政党を否定し，「誰もが政治を運営できるのが民主主義」と唱えた。

　その主張の特徴は，反政党，反既成勢力，反ユーロ，e－デモクラシー，エコロジー，市民主義的でリバタリアン的（小さな国家論）である。それは現在のプログラムの「国家と市民」の冒頭に掲げられた「現在の国家組織は官僚的で肥大化し，高コストで，非効率である」「議会は市民を代表していない」「政党は人民の意思に取って代わり，人民の統制と判断を逃れている」との文言に現れている。プログラムは，国家と市民，エネルギー，情報，経済，交通，保健，教育の7分野の政策を記載している。具体的には，国会議員歳費の削減（国民の平均所得の半額に），国会議員の兼職禁止，政党への国家補助の廃止，議員特権の廃止，県の廃止と小規模自治体の合併，ウェブを通じての市民の直接

参加，省エネの推進，再生可能エネルギーの促進，学校でのインターネットなどの情報教育の促進，幼稚園からの英語教育，大学研究への資金投入，不安定雇用を拡大したビアージ法の廃止，ストック・オプションの廃止，失業補償金など，新自由主義的な面と労働者保護的な面がある (http://www.beppegrillo.it/movimento/pegrillo.it)。際立っているのは，既成政党や政治家の腐敗と政府の非効率への激しい批判，反システム的主張であり，それが緊縮財政に苦しむ国民を引きつけ，その怒りを結集するとともに，若者にとって手軽で身近な「ウェブによる参加」を通じて広まったと考えられる。

この運動・政党の第1の特徴は，ウェブの「オンライン」と各地の集会・出会い (Meetup) という「オフライン」の両方を駆使して，直接民主主義による政治的なイニシアティヴの展開と意見交換を行うことを謳っていることである。第2の特徴は，党代表及び法的代表がグリッロであり，政党のロゴの使用権と所有権をグリッロ個人（とその盟友カザレッジョのサイト運営会社と共有）が持ち，党の本部はグリッロとカザレッジョが運営するウェブ上の"beppegrillo.it"であるという，「個人政党」・「ウェブ政党」であること (Corbetta e Gualmini 2013：12)。第3は，「反政党」とメンバーの水平的関係を謳い文句にしており，中央組織や組織構造の規定も規約もなく（7カ条の"non-statuto"があるだけ），政策については一般的で部分的に具体的なプログラムが決まっているだけで，それ以外の政策や組織方針はウェブ上に提起され，メンバーの投票で決定するとされている (http://www.beppegrillo.it/movimento/pegrillo.it)。その言説は明確にポピュリズムである。グリッロの反エリートのレトリックと政治専門職の否定，普通の人民の有徳性とエリートの腐敗の対比，人民の有徳性が政治的正統性の根拠とされ，「新・若青年と老人」の対比などがその典型である。

② 支持層の特徴

支持層の特徴は，当初は若くて教育程度が相対的に高く，環境への関心が高い層，政治的には左翼と中道左派の支持層を吸収した。その後，中道右派や右翼支持層も獲得し，急速に勢力を拡大した。それは M5S への投票者の政治的位置の自己認識からも確認できる。2010年秋は48％が自分の政治的位置を左翼・中道左派，11％が中道，11％が右翼・中道右派，無回答・不確定が30％で

第3章 南欧におけるポピュリズムの展開とデモクラシーの危機

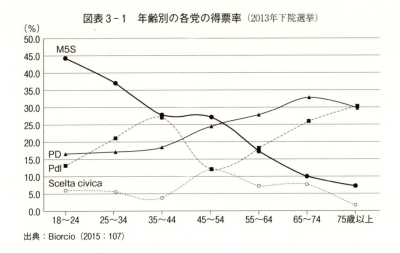

図表3-1 年齢別の各党の得票率（2013年下院選挙）

出典：Biorcio（2015：107）

あったが，2012年5〜9月には，左翼・中道左派33％，中道8％，右翼・中道右派26％に変化しており，中道右派・右派層の増加が顕著である（Bordignon and Ceccarini 2014：48, F3）。データは異なるが同じ傾向がコルベッタ等の研究でも確認されている（Corbetta e Guelmini eds. 2013：110-111, Tab. 3-4, F. 3-2）。また，無回答・不確定が33％と高いことも特徴であるが，その理由はグリッロら指導部の「右でも左でもない」との主張が共感を得ていること，旧来の「左右の判別」を拒否する，あるいは不可能と考える有権者が増加しているからである。

年齢別に見ると，M5S の支持は25〜44歳が30％前後で一番高く，50歳代前半までは20％台強，55〜64歳17％，64歳以上6.5％であり，年齢が上がるに連れて支持率は下がっている。地域的には北部から南部までほぼ同じ20％台の支持率で，人口規模に関係なくほぼ同じ割合の支持を得ている。職業としては，学生，労働者，公務員，民間企業職員，自営業者など20％台の支持，近年，自営業者の支持が拡大し，平均的な有権者像に近接しているといわれている（Corbetta e Guelmini eds. 2013：96-97, Tab. 3-1, 3-2；Bordignon and Ceccarini 2014：46-49）。

2013年2月総選挙での大躍進の背景は，特に若い層での支持を得たことである。図表3-1に示したように，18〜24歳では44％，25〜34歳では38％と他の党

第Ⅱ部　ポピュリズムと民主主義の危機

図表3-2　ヨーロッパ諸国における政党・政府への信頼度

		政党への信頼		政府への信頼	
		信　頼	不　信	信　頼	不　信
イタリア	06年	19	74	29	60
	15年	9	85	16	76
ギリシャ	06年	23	77	42	58
	15年	9	90	37	59
スペイン	06年	24	65	40	48
	15年	7	91	12	84
フランス	06年	12	81	24	70
	15年	5	90	19	74
ドイツ	06年	15	80	27	66
	15年	26	67	50	43
スウェーデン	06年	27	66	46	43
	15年	28	67	49	47
EU15	06年	10		32	
NMS	06年	10		22	
EU28	15年	16	78	31	63

注：EU15 は以前からの加盟15ヶ国，NMS は新加盟国，EU28 は加盟28ヶ国。
出典：Eurobarometer66（2006年9-10月実施），Standard Eurobarometer83（2015年5月実施）から筆者作成。

を断然引き離している。しかし，年齢の上昇と共に支持率は下がり，65〜74歳では13％で，民主党の支持率35％とは20％以上の差がある（Biorcio 2015：107, F. 5-2）。

図表3-2が示すように，欧州，特に南欧における政党・政府不信はきわめて強い。5つ星運動の台頭は，1990年代の第一共和政の崩壊後の政治のポピュリズム化，政治の液状化と反政治の蔓延，2大ブロック政党システムへの不信の表れであり，イタリアにおけるポピュリズム政党の台頭の第二波を表現している。イタリアにおける国民の制度・組織不信はきわめて強く，その不信率は，政党79.8％，銀行78.9％，下院71.6％，上院66.1％，メディアセット（ベルルスコーニが所有する民間テレビ網）65.8％，RAI（公共テレビ）62.9％，イタリア株式市場65.3％，州57.4％，市町村45.7％，労働組合56.3％である。そして，M5S 投票者はその8〜9割がこれらの制度・組織への不信を表明している（Biorcio 2015：40-41, Tab. 2.1）。

このような特徴を持ち，国民の怒りを集めて台頭した5つ星運動であるが，いくつかの重要な問題点を抱えている。その第1は，イタリア政治の重要な争

点である移民問題とEU・ユーロについて当初のプログラムでは曖昧であったが，近年，これらに反対の立場に移行していることである。

たとえば，M5Sの国会議員たちが，移民に対して厳しいボッシ・フィーニ法の改正に取り組んでいたときに，グリッロとカザレッジョはこれに反対を表明した。グリッロはイタリア生まれの移民の子どもたちに，生地主義の原則に基づいて市民権を付与することに反対であった（Bordignon and Ceccarini 2014：37）。また，欧州議会では「ドイツのための選択肢」，スウェーデン民主党，英国独立党（UKIP），チェコの自由市民党，リトアニアの「秩序と正義」，フランスの元FN議員らとともに反ユーロ，反EU，反移民，極右の「自由と直接民主主義のヨーロッパ」グループを形成している。これらのことから，M5Sとそれを指導するグリッロは事実上，ナショナリズムに傾斜しており，ヨーロッパの連帯を通じて問題を解決する方向性を持っていないと言って良い。2014年の欧州議会選挙が近づくと，オンライン上で現在の「中央銀行と官僚のヨーロッパ，ポンコツ議員の欧州議会」を変えるために，それを「民主的，透明にするためにヨーロッパに入る」と言っていたが，ユーロに関しては「ユーロ継続についての国民投票」とユーロ基金の採用という矛盾する提案を行っている（Garnero 2014：163-167）。

第2の重要な問題点は，グリッロの個人所有政党の性格と彼が専制的な決定権を有する組織構造と運営方法である。水平的な構造で直接民主主義といいながら，内部での議論はまったく不十分であり，それを保証する組織構造がない。「政党でもアソシエーションでもない」がゆえに，運営ルールを決める機関もなく，事実上のグリッロの独裁である（Carbonaro 2013：125-132）。ウェブというその根底が見えない道具による政策や選挙候補者決定は，内部に大きな軋轢を生んでいる。上下両院議員や地方議員の離党や除名が相次いでいることがそれを示している（Bordignon and Ceccarini 2014：42-43；Orazi 2014：134-135）。ちなみに，2013年の選挙時の当選者は下院108人，上院54人であったが，2016年2月時点では下院91人，上院35人であり，合計36人が離脱あるいは除名されている。

③ 5つ星運動の全体的評価

　社会学者たちは新しいメディアを駆使し，ネットとオフラインを駆使しての青年らを中心とする動員により，従来政治から離れていた層が積極的・主体的に meetup などを組織し，参加民主主義の活性化に寄与していると5つ星運動を高く評価する傾向が強い。そして，この運動をアラブの春や米英の occupy 運動，スペインのポデモスに至る広場の占拠運動と類似していると捉え，世界で初めてのウェブから生まれた政党の選挙での成功と評価する。これは選挙だけでなく，若い新しい集団的な実践という財産をもたらしており，民主的な過程の再活性化に寄与していると評価する（Orazi e Socci 2014b：144）。しかし，ジャーナリストはグリッロの主張や行動，独裁的な運営に批判的であり，これをポピュリズムと見なしている。そして，グリッロの政治手法だけでなく，グリッロ政治の行く先の不確かさへの危惧と「ウェブ民主主義」の虚構性を指摘している（Carbonaro 2013；Laudonio e Panarari 2014）。政治学者もまたこのポピュリズム政党に批判的と言って良い（Corbetta e Gualmini 2013）。

　しかし，2016年6月のローマとトリノの市長選挙では，グローバル化に「置き去りにされた人々」と政治腐敗に憤る人々の支持を結集し，M5S の市長が誕生した。2016年12月の憲法改正国民投票では，5つ星運動や諸野党の反対運動の結果，改正案が否決され，5つ星運動の動員力の大きさを示した。

　ともあれ，ポスト近代，ポスト民主主義の政治不信の時代に，組織を作らず，ウェブを徹底的に利用したポピュリズム政党が，どのような役割を果たし，どのような運命をたどるのかを見極めるには，今少し時間が必要である。

4　南欧からの変革の風——新しい左翼かポピュリズムか？

（1）ギリシャのシリザ

　ギリシャは1974年の軍政崩壊・民主化後，中道右派の新民主党（ND）政権が続き，その下で81年に EC に加盟した。これにより，政治的安定化と経済成長の軌道に入るとともに，同年の選挙で中道左派のパパンドレウの全ギリシャ社会主義運動（PASOK）政権が初めて成立し，その後は PASOK と ND

の2大政党が政権交代を繰り返していた。しかし，その実態は，国家・公的資源を両政党への投票の見返りとして配分する「大衆的クライエンテリズム」であり，「政党支配民主主義」，「ブロック化された社会」と呼ばれてきた (Vasilopoulou and Halikiopoulou 2014：129)。

その第1の特徴は，膨大な財政赤字と公的セクターの雇用の拡大による支持者への雇用・給与と給付の保障である。その結果，公的部門が肥大化し，2008年には労働人口の21％が公的セクターで雇用されるまでに至った。また，退職前5年間の給与の70％相当というずさんな年金給付制度を作りだした。これは，1990年代までの毎年20％以上のインフレと大幅な通貨切り下げをもたらした。2001年のユーロ加盟により，今度は低金利による住宅投資，消費，設備投資のバブル経済となり，独仏の大銀行も積極的に投資し，2000年〜07年は平均4％の経済成長を遂げ，04年のアテネ・オリンピックも外資流入で成功させた（田中 2016：167-172, 181-182）。しかし，バブルの崩壊でこの矛盾が一気に爆発した。

第2の特徴は，クローズド・ショップ方式による市場競争からのリスクの保護であり，それによるクライエンテリズムである。たとえば，新規の営業許可は政権政党に近い同業者組合だけに付与された。第3は，違法行為の免責，官僚や政治家・経営者の脱税，無許可建築，年金の不正受給，公有地の不法占拠による無断建築の黙認などがまかり通り，国会議員が政治特権を利用して私腹を肥やすなど，上から下まで国民各層によって法治国家は破壊されてきた（村田 2014：349-351）。

このように，ギリシャ社会には大規模に深く腐敗が埋め込まれ，人々が利権と便宜を求めて政治家・官僚と結合し，脱法行為が公然と行われる政治システムであった。ギリシャ政治研究では一般に PASOK と ND はポピュリズム政党として扱われているが（村田 2012；村田 2014），この両党の「ギリシャ的なポピュリズム」は，本章の冒頭で定義し特徴を述べたポピュリズムとは異なっており，1990年代前半までのイタリアと類似の「政党支配国家」の巨大クライエンテリズムと捉える方が適切であろう（Vasilopoulou and Halikiopoulou 2014：129)。

そもそも、ギリシャ政治は伝統的にパパンドレウ家、ヴェニゼロス家、新民主主義党のサマラス家などの名家支配であり、そのような特権階級と大衆との間の巨大な差を埋めるために、いわゆる大衆迎合的な「ポピュリズム政治」が行われてきた。その点では南米型ポピュリズムに近いが、この国の政治においては貧困層は無視されてきており、そこに南米型とは大きな違いがある。

しかし、リーマン危機を引き金とする債務危機と経済危機の中でクライエンテリズムは不可能になっただけでなく、PASOK と ND という旧来の支配政党が EU・IMF・ECB のトロイカによる緊急金融支援と交換に受け入れた諸措置、すなわち過酷な緊縮政策、増税、福祉削減が貧困層と労働者中間層を直撃した。他方での富裕層や特権層の既得権益の温存や脱税容認は、国民大衆の支配政党への不信と怒り、デモと大集会を喚起し、2012年選挙における支配政党の大敗とシリザ（SYRIZA、急進左翼連合）の台頭をもたらした。

シリザは2001年に知識人グループが呼びかけた「左派の統一と共同行動に関する会議の広場」に発する。この「広場」では、年金と社会保障制度の新自由主義的な改革への反対、国民の自由を制限する新テロリスト法への反対、反グローバリズムなどが議論された。このような政党や知識人との共同活動を通じて、名望家支配のギリシャ政治を変革するために、左翼運動・エコロジー連合を中心に左翼から環境派、市民活動家、欧州懐疑主義派までも含む広範な左翼の統一組織として、2004年1月にシリザ（急進左翼連合）が結成された。共産党はこれに参加しなかった。チプラスは2009年にシリザの党首になった。2012年5月の選挙では、シリザは EU 等との緊縮政策協定の破棄、民営化の凍結、低賃金者・年金生活者・失業者への新税免除、年金・社会福祉・賃金回復による、「尊厳と希望の未来」を訴えた。選挙は ND の政府による緊縮政策の受け入れか、シリザの政府による再交渉かが大きな争点となった（Vasilopoulou and Halikiopoulou 2014：135）。シリザは政府の緊縮政策の変革要求の結集点となり、71議席を獲得し、第2党に躍進した。この時は ND が第1党になり（129議席）、PASOK と大連立を組んで政権を維持した。しかし、そのサマラス大連立政権（ND）下で進められた EU、IMF、ECB による超緊縮政策、公務員削減、福祉・年金削減により経済はさらに疲弊し、失業率は30％台、青年の失

業率は50％超という結果をもたらし，他方では特権階級の利権は温存されていた。この緊縮政策により，中間層以下の人々は生存そのものを脅かされていた。旧来システムへの怒りと変革への希望が2015年1月の選挙で現れ，緊縮政策の転換，EUとの債務削減交渉，増税・公務員削減・年金カットの廃止を訴えたシリザの勝利をもたらした。シリザは得票率36.3％で，NDの27.8％を上回り，第1党となり，149議席を獲得，反緊縮を掲げる中道右派の「独立ギリシャ人」（4.8％，20議席）と連立政権を発足させた。

　シリザを単純にポピュリスト政党やEU懐疑派とする見解があるが，筆者はこの立場には与しない。第1にシリザが主張しているのは，ユーロやEUからの離脱ではない。その民主的改革と「社会的ヨーロッパ」の実現であり，そのためのEU改革である。右翼ポピュリストのように国内・国外での敵の設定と社会の分断を戦略としていない。ヨーロッパ・ポピュリズムの重要な試金石である移民問題に関しては，その排除を主張しておらず，ギリシャに難民が押し寄せている今日でも人道的な対応を行っている。シリザはギリシャを支配してきた名家支配を変革し，人民が尊厳を回復する社会と政治をめざしており，その意味で民主化をめざしていると言って良い。

　チプラスは緊縮政策は経済を低迷させ（GDPは6年間マイナス成長で25％減少），ギリシャの債務を増加させているだけで，失敗であり，失業と貧困増大により，ギリシャを「人間の危機」に陥らせており，今必要なことは，債務国に対する大幅な債務削減であると主張する。彼は，第1に，第二次世界大戦後の1953年のロンドン会議でギリシャも含めた西欧諸国がドイツ（当時，西ドイツ）の債務を削減し，ドイツの経済再建を助けたように，共通の希望と繁栄，民主主義をめざすEUとしてギリシャの債務削減を認めること。第2に，米国の連邦準備銀行をモデルにECBが国や銀行への「最後の貸し手」の役割を果たすよう制度を変えること。同時に，実効需要の増大と成長をめざして，ユーロ圏のすべての国の公共投資を促進することが必要だと訴える。つまり，「ヨーロッパ・ニューディール」と将来の金融危機を防止するための措置が緊急に必要であると主張する。EUに関しては，「市場，社会的不平等，国民内部を分断するヨーロッパに反対」「ネオリベラリズムはヨーロッパの大きな脅

威である」「富の再分配，民主主義，エコロジー，市民を軸とした連帯のヨーロッパを望む」「欧州社民の失敗は，ネオリベラリズムへの同意に取り込まれ，袋小路にある事実が示している」と述べ，ネオリベラリズムからの脱却を訴える。また，「緊縮政策を止め，財政契約のような極端な制限からユーロ圏を解放する」必要性も主張している（Pucciarelli e Russo Spena 2014：14-18）。

　ギリシャがチプラス政権の下で政治・社会・経済を改革し，腐敗をなくし，政府債務の削減に成功し，経済成長へと転換することができるか現段階では不明であり，逆にギリシャ危機が再現するという見方が強い。しかし，中東難民危機に直面するEUにとって，ギリシャはトルコとともにその玄関口であり，大事なゲートキーパーである。政府債務と難民問題という2つの危機にあるギリシャが，その解決の鍵となる可能性を持っていることは確かである。

　なお，2012年選挙で突然台頭し（2009年0.3％，12年7.0％），2015年選挙でも約7％を獲得した「黄金の夜明け」はネオナチの極右政党である。移民排斥や同性愛排撃，イスタンブール奪還，反イスラムを主張し，街頭での暴力を繰り返している犯罪組織・暴力集団であるが，債務問題をきっかけにした反EU宣伝と移民の大量流入への国民の不安に乗って，支持を拡大した。この政党が民主主義を認めるポピュリズム政党へ転化するかどうかは，現段階では明確に言えないが，注意し続ける必要はある（村田 2014：363-367；Ellinas 2014）。

（2）スペイン──ポデモス（私たちはできる）

　ポデモスの特徴は，①市民運動から発生したこと，②知識人の呼びかけで誕生したこと，③政策決定へのメンバーの公開・直接参加や資金集めなどインターネットを駆使した運動（クラウド・ファンディングを利用）を展開していることである。このうち，③はイタリアの5つ星運動と似ているが，①と②はまったく異なっている。①と②はシリザに近い。

　ポデモスは，2011年5月の地方選挙期間中の5月15日に始まったマドリードの広場の占拠運動（M15と呼ばれる）に起源を持っている。ギリシャと同様に，リーマン危機を引き金とするバブルの崩壊と経済危機・債務危機の下で，EUなどから支援の条件として課された緊縮政策の結果，賃金・年金や社会福

祉が大幅に削減され，労働規制が緩和され，不安定雇用が増大し，失業率は20％以上で青年の50％が失業という状態であり，「未来なき青年」(Juventud sin Futuro) という青年組織が結成されるほどであった。にもかかわらず，フランコ独裁後の民主化のもとで，交代しつつ政権を担当してきた国民党と社会労働党の２大政党と高級官僚の汚職・腐敗が続出していた。これらに抗議して，「インディグナドス」（怒れる者たち）が「民主主義を返せ，今の政治家は私たちを代表していない」と首都マドリードのプエルタ・デル・ソレ広場を１ヶ月間占拠した市民運動がポデモスの起源である（この占拠運動は，４ヶ月後にニューヨークのウォール街で発生した占拠運動〔オキュパイ〕のさきがけであった）。

　同年11月の選挙では与党の社会労働党が敗北し，国民党が政権に復帰したが，両党の得票率と議席は低下し，共産党が中心の「統一左翼」が勢力を拡大するなど，２大政党への反発の兆候が現れていた。その後の国民党政権が緊縮政策の継続・強化を進めたため，失業率が急増，経済が疲弊し，国民党と社会労働党の支持率は急落した。このような中で2014年１月，２大政党に見切りをつけ，欧州議会選挙に向けて30人の知識人・大学教授・著名人が署名した，EU の緊縮政策への反対とその代替政策の実現をめざす新党結成を求める声明が発表された。この声明への賛同者をインターネットで募集すると１日で５万人以上が賛同し，学生団体や青年団体，政治・社会・文化団体，15日運動 (M15) などが結集し，政党が結成され，選挙運動を開始した。それがポデモスである。

　４ヶ月後の５月の欧州議会選挙では８％（５議席）を獲得し，第４党となった。さらに，2015年５月の統一地方選挙では，ポデモス及びその連携政党が躍進し，首都マドリードや第２の都市バルセロナでポデモス・左派政党と市民団体の連合勢力が市長のポストを掌握した（石田 2016：46-47）。

　2015年12月の国会選挙では，ポデモスは「現状維持か，改革か」を問いかけ，21％の得票率で第３党，69議席を獲得した。国民党（PP）が29％で123議席，社会労働党（PSOE）が22％で90議席，汚職一掃を掲げるカタルーニャの保守の新政党シウダダノスが14％で40議席，統一左翼は４％で２議席を得た。この結果，スペインにおける「２大政党制の終わり」が言われている。

第Ⅱ部　ポピュリズムと民主主義の危機

　ポデモスはマニフェストで緊縮政策の中止，医療・教育への支出削減の中止，公共投資の増加，最低賃金の保障，解雇規制の強化，週35時間制，貧困レベルの家庭に600ユーロ支給，富裕層への増税，再生エネルギー拡大などを主張し，ネオリベラリズム政策からの脱却を柱としている。その理念は「社会運動に価値を置きながら，庶民階級を代表し，社会的権利を守る」というものであり，スペインを変えるには市民社会，社会運動が必要であり，民衆に力を持たせることが必要であると述べている（イグレシアス 2015b：217）。

　ミュデはポデモスを左翼のポピュリズムとして捉えている（Mudde 2015）。確かに，既成の政治階級や特権階級を「カースト」と呼び（Iglesias 2015：147）それに対して「庶民階級」を対置し，「上流の人々」「下流の人々」という表現による寡頭支配への対決の言説はポピュリズム的である。しかし，この政党がめざしているのは，「社会的ヨーロッパ」の実現であり，それに向けてのネオリベラリズムが支配する EU の改革である。それはヨーロッパ・レベルの変革である。また，ユーロ危機，債務危機の下でヨーロッパが南北線に沿って分断され，地中海諸国に対しては低賃金労働力，安い原材料とサービスを義務づけられ，若くて訓練された者が移民を強いられていると，現在の EU のあり方やドイツのヘゲモニーを批判している（Iglesias 2015：177-179）。このように，ナショナリズムへの回帰ではなく，ヨーロッパレベルの変革をめざしている政党は，冒頭で整理した定義に基づけば，ポピュリスト政党と呼ぶことはできない。では，このような新しい左翼をどのように捉えるべきか検討しよう。

（3）左のポピュリズムあるいは南欧からの変革の風

　上述のように，ミュデはポデモスを左翼ポピュリズムと捉え，それへの期待を述べている。ムフもまた，ギリシャのシリザを左翼ポピュリズムと捉え，期待を表明している（Mouffe 2014）。ムフは「民主的政治には『人民』（people），集団意思の創出が必要」であり，右翼のポピュリズムに対抗する唯一の方法は左翼ポピュリズムの発展であり，ネオベラリズム的なグローバリズムと闘う道を提起する必要があるとする。そして，現在の西欧の社会党や社会民主党は，ネオリベラリズムに取り込まれ，人民諸階級を捨て去り，中産階級を代表して

いる。中道右派と中道左派のネオリベラリズム合意を克服するには，何らかの種類の左翼のヨーロッパ・ポピュリズムの創出が重要である。政治は集合行為であり，情熱・感情が重要であるので，感情次元の動員が右翼ポピュリズムと闘うためには必要である。右翼ポピュリズムは恐怖の感情を動員してるが，左翼ポピュリズムは希望の感情を動員しなければならないと述べる。つまり，民主政治における「人民」の取り戻し，政治における情熱を喚起する主体として，「左翼ポピュリズム」が必要と彼らは考えているのである。

　ところで，左右のポピュリズムを区別するものは何であるのか。右翼のポピュリズムは「排除」を原理とし，排除の対象は「異質な人々」であるので，移民・難民や外国人，同性愛者やムスリム，シンティ・ロマ，ユダヤ人，コスモポリタン，「反愛国者」など，ナショナリズムを原理としつつ，無限に広がっていく。他方，左翼のポピュリズムは「包摂」であり，貧困層や移民をはじめ，多様な要素の社会への包摂という普遍的な価値を目的としている（石田 2016：46-48）。また，EUやユーロに対しては，右翼ポピュリズムは離脱とナショナリズムへの回帰，「再国民化」であるのに対して，左翼ポピュリズムは各国主権の回復を主張しつつ，「社会的ヨーロッパ」の実現のためのヨーロッパ・レベルでの連携を追及している。

　それは，シリザやポデモスが属する欧州議会グループが，「欧州統一左派・北欧緑の左派同盟」（GUE-NGL，35議席）というEUの民主的・社会的改革をめざすグループであることから分かる。他方，イタリアのM5Sは，上述のように，GUE-NGLへの加入を拒否され，極右のEU離脱派とグループを結成した。この違いは，EU離脱かその改革かという違いとともに，ナショナリズムに基づく単純な反グローバリズムか，大資本のためのグローバル化ではなく，社会的公正のオルタナティブなグローバル化のために，ヨーロッパ・レベルの変革をめざすのかという原理的な違いから生じているのであろう。

　「左翼ポピュリズム」という呼称が妥当かどうかは別にして，元来，左翼は人民主権を唱え，大衆の変革への情熱を喚起する大衆動員を基本とする。社会民主主義勢力がネオリベラリズムを受け入れ，その動員力と代替案の提案能力を失った現在，新しい左翼が市民運動や社会運動と連携して，「民主主義とは

何か」を問い直し、「人民主権」を取り戻す動きが世界的に生じるのは必然であろう。

　比較して考えれば、日本でも2011年3月11日のフクシマ原発事故を契機とした脱原発運動に始まり、安保法制反対運動で大きな注目を浴びたSealdsの運動は、「民主主義とはなんだ？」という問いを根底に持っていた。この青年や女性たちの運動、知識人の運動と野党の連携が元になり、2016年7月の参議院選挙に向けて野党共闘を実現させる行動が広がった。この動きが18歳選挙権の実施と相まって、シリザやポデモスの日本版が生まれ、新しい政治が創造されるのか、注目される。

【注】
1) 東西ヨーロッパ全体の右翼ポピュリズムについては、Wodak e alt., eds. (2003) を参照。
2) 欧州懐疑主義（Euroscepticism）については、Rodríguez-Aguilera (2013) 参照。彼は欧州懐疑主義の既存の分類を検討し、欧州議会での欧州懐疑主義を、①反EU（統合を拒否）、②ミニマリスト（統合には賛成だが、政策の大部分に反対）、③改良派（統合と諸政策への穏健な批判）、④忍従派（理論上は統合拒否だが、政策は主要部分を受け入れる）に分類している。そして、急進右翼は主権とエスニック・アイデンティティの危機を理由にEU統合・深化を批判しているが、急進左翼は大企業を利す現在のEUのネオリベラリズム政策、EU諸機関の透明性と参加の不足、EU議会が多国籍企業のような超国家的権力を統制できないことを批判していると、様々な懐疑主義の区別の必要性を強調している。

【参考文献】
イグレシアス、パブロ（2015a）「ポデモス党首が語る『われわれの戦略』」『ルモンド・ディプロマティーク日本版』川端聡子・土田修訳、2015年7月号（http://www.diplo.jp/articles15/1507-podemos.html, last visited, 26 February 2016）。
─── （2015b）「我々にはできる──スペインの新政党『ポデモス』党首講演録」中野真紀子訳、『世界』2015年7月。
池谷知明（1999）「政党と政党制」馬場康雄・岡沢憲芙編『イタリアの政治』早稲田大学出版部、136-154頁。
石田徹（2013）「新しい右翼の台頭とポピュリズム──ヨーロッパにおける論議の考察」高橋進・石田徹編『ポピュリズム時代のデモクラシー──ヨーロッパの考察』法律文化社。
─── （2016）「福祉政治における『再国民化』の言説」高橋進・石田徹編『「再国民化」に揺らぐヨーロッパ──新たなナショナリズムの隆盛と移民排斥のゆくえ』法律文化社。

第3章　南欧におけるポピュリズムの展開とデモクラシーの危機

伊藤武（2016）『イタリア現代史——第二次世界大戦からベルルスコーニ後まで』中央公論新社。
北川眞也（2004）「場所とニューライト・ポリティックス——イタリア・北部同盟の「パダニア」をめぐる言説的実践」『人文地理』56巻2号，22-41頁。
高橋進（1998）「イタリア極右の穏健化戦略——イタリア社会運動から国民同盟へ」山口定・高橋進編『ヨーロッパ新右翼』朝日新聞社。
―――（2013）「ポピュリズムの多重奏——ポピュリズムの天国：イタリア」高橋進・石田徹編『ポピュリズム時代のデモクラシー——ヨーロッパからの考察』法律文化社。
田中素香（2016）『ユーロ危機とギリシャ反乱』岩波新書。
水島治郎（2016）『ポピュリズムとは何か』中央公論新社。
村田奈々子（2012）『物語　近現代ギリシャの歴史』中央公論新社。
―――（2014）「民主化後のギリシアの政治構造——ギリシア型ポピュリズムと欧州統合の理想」『人文・自然研究』（一橋大学）8号，346-373頁。
Albertazzi, Daniele and McDonnell, Duncan (2015) *Populists in Power*, New York: Routledge.
Biorcio, Roberto (2015) *Il populismo nella politica italiana: Da Bossi a Berlsuconi, da Grillo a Renzi*, Mimesis, Milano-Udine.
Bordignon, Fabio and Ceccarini, Luigi (2014) "Five Stars and a Cricket. Beppe Grillo Shakes Italian Politics", Verney and Bosco eds. (2014), pp. 31-53.
Canoban, Margaret (2002) "Taking Politics to the People:Populism as the Ideology of Democracy", Mény and Surel eds. (2002), pp. 25-44.
Carbonaro, Mauro (2013) *Grillo vale uno: Il libro nero del movimento 5 stelle*, Roma: Iacobelli.
Corbetta, Piergiogio e Gualmini, Elisabetta eds. (2013) *Il Partito di Grillo*, il Mulino, Bologna.
de La Torre, Carlos ed. (2015) *The Promise and Perils of Populism. Global Perspectives*, Kentucky: University Press of Kentucky.
Ellinas, Antonis A. (2014) "The Rise of Golden Dawn: The New Face of the Far Right in Greece", Verney and Bosco eds. (2014), pp. 147-169.
Garnero, Andrea (2014) "UE! Unione Europea: Tra non-Euro, Eurobond e una difficile collocazione politico", Laudonio e Panarari, cura. (2014), pp. 161-168.
Iglesias, Pablo (2015) *Politics in a Time of Crisis: Podemos and the Future of a Democratic Europe*, Translation by Lorna Scott Fox, New York: Verso.
Ionesco, Ghita and Gellner, Ernst eds. (1969) *Populism:Its Means and National Characters*, London: Weidenfeld & Nicolson.
Laudonio, Marco e Panarari, Massimiliano (a cura di) (2014) *Alafabeto Grillo: Dizionario critico ragionato del movimento 5 stelle*, Mimesis, Milano-Udine.
Mény, Yves. and Surel, Yves eds. (2002) *Democracies and the Populist Challenge*, New York: Palgrave.

Mouffe, Chantal (2014) "Populism is a necessity", *The European 02. 05. 2014*. (http://www.theeuropean-magazine.com/chantal-mouffe--4/8420-why-the-eu-need-populism, last vited, 10 Aprile 2016)

Mudde, Cas (2015) "Populism in Europe: a Premier", *Open Democracy*, 12 may 2015. (http://www.opendemocracy.net/can-europe-make-it/cas-mudde/populism-in-europe, last visited, 10 Aprile 2016)

Orazi, Francesco (2014) "La lunga marcia della democrazia: il "grillismo" tra utopia e soppressione del discorso politica", Orazi e Socci, cura. (2014a), pp. 71-138.

Orazi, Francesco e Socci, Marco (a cura di) (2014a) *Il grillismo. Tra democrazia elettronica e movimento personale*, Roma: Carocci.

———— (2014b) "Postfazione. Ultima nozione "dal fronte"", Orazi e Socci, cura. (2014a) pp. 139-144.

Pucciarelli Matteo e Russo Spena, Giacomo (2014) *Tsipras chi?: Il leader greco che vuole rifare l'Europa*, Roma: Alegre.

Rodríguez-Aguilera Cesáreo, De Plat (2013) *Euroscepticism, Europhobia and Eurocriticism: The Radical Parties of the Right and Left Vis-A-Vis the European Union*, Bruxelles: Peter Lang.

Taggart, Paul (2000) *Populism*, Buckingham: OpenUniversity Press.

van Kessel, Stijn (2015) *Populist Parties in Europe: Agents of Discontent?*, New York: Palgrave.

Vasilopoulou, Sofia and Halikiopoulou, Daphne (2014) "In the Shadow of Grexit: The Greek Election of 17 June 2012", Verney and Bosco eds. (2014).

Verney, Susannah and Bosco, Anna eds. (2014) *Protest Elections and Challenger Parties: Italy and Greece in the Economic Crisis*, London and New York: Routledge.

Wodak, Ruth e alt., eds. (2013) *Right-Wing Populism in Europa. Politics and Discourse*, London: Bloomsbury.

第4章

フランスのポピュリズム
―― 統合と排除の狭間で

國廣　敏文

1　はじめに

　本章の目的は，フランスにおけるポピュリズムの現状とその台頭の歴史的・政治的・思想的背景および今後の動向と課題を考察することにある。
　"ポピュリズムの時代"とも言える政治状況が世界各地で起きている。とくに1980年代以降，欧州では移民排斥を訴える極右政党が伸長し，2000年にはオーストリアの自由党が連立政権に参加，フランスの国民戦線（Front National：FN）は2002年の大統領選挙第1回投票で第2位に，2014年5月の欧州議会選挙で極右勢力は，フランス（25％），イギリス（27％），デンマークでは第1党になった。これらは主張も政策も多様だが，「移民」への排外主義的立場を採る点で共通している。
　こうした流れに大きな影響を及ぼす出来事がイギリスで起こった。2016年6月の国民投票で欧州連合（EU）離脱が決まった。離脱支持は51.9％（約1741万票），残留支持は48.1％（約1614万票）。「（EUから）コントロールを取り戻す」をスローガンとしていたEU離脱派の英独立党（UKIP）のファラージ党首は「6月23日はわれわれの独立記念日だ」と勝利を宣言し，残留を強く訴えていたキャメロン首相はこの結果を受け辞意を表明した。離脱派勝利の原因は様々であるが，基本的には，加盟国家の主権に一定の制限（国境管理や財政・金融政策）を課し，ギリシャや旧東欧諸国のような財政破たん国家を抱え込んで緊縮財政を押しつける一方で，テロや移民の流入を防ぎ得ず，グローバル化を推し

進め，域内の移動の自由を許す EU の枠組み（「シェンゲン協定」），つまり国家の主体性への危機感，反グローバル主義，国家へのノスタルジア，エリートの無責任への不信感や反発，移民が雇用を奪い失業者や犯罪を増やすことへの警戒心・危機感などの表明である。とくに深刻なのは，左右の政治的境界は曖昧となり，人種差別主義者や右翼でもない普通のリベラルな労働者さえもが，EU を「グローバル資本主義と新自由主義と緊縮財政押しつけの権化」とみなして拒否の姿勢を示したことである。反 EU を掲げ，2017年フランス大統領選挙の有力候補であり，治安や景気の悪化に苦しむ国民の支持を集めている FN のマリーヌ・ルペン党首は，投票翌日の記者会見で，「EU 統合の終わりであり民主主義の勝利だ」「今こそフランスや他の EU 加盟国で国民投票を行うべきだ」と述べた。イギリスに続き欧州のポピュリストや反 EU 派は勢いを増している。

2　ポピュリズムの特徴

　思想や運動としてポピュリズムは，19世紀のロシアやアメリカ，20世紀のラテンアメリカにおいて現出したとされる。その理論的および歴史的研究や概念的定義は近年大いに進んでいるが，以下では，我が国での最近の研究を紹介しながら，ポピュリズム概念について考えてみみたい。

　ポピュリズムは，しばしば「大衆迎合」主義とも揶揄されるが，吉田徹はポピュリズムを「国民に訴えるレトリックを駆使して変革を追い求めるカリスマ的な政治スタイル」と定義する（吉田 2011：11）。また，ポピュリズムは，①「イデオロギー」「政治的心理」「アンチ現象（反資本主義，反ユダヤ主義など）」の側面に分析でき，②肯定的にも否定的にも左右の勢力が利用する「ヌエ的概念」であり，次の６点をポピュリズムに共通する指標として挙げている。すなわちポピュリズムは，①イデオロギーであると同時に政治運動の形態をとる。②地理的・歴史的条件を超えて繰り返し生起する現象である。③人々の心理がポピュリズムの大きな原動力となる。④常に何かを否定する独自の「ネガティヴィズム」を持つことで存立する（例えば，反資本主義，反エリート，反ユダヤ教

などの思想・運動)。⑤従属的な立場にある貧しい「人民」の意識を鼓舞することで起こる現象である。⑥過渡的性格を持つ（吉田 2011：70-71)。

　野田昌吾は，ポピュリズム台頭の背景には，意味ある政治的選択肢を喪失した状況としての「ポスト政治的状況」(post-political conjuncture)("脱政治化")があるとする。つまり，政策的な選択肢が縮小した結果，今日の政党間競争は指導者のリーダーシップや実行力を強調する政治スタイルやイメージを競うようなものになり，政策的競争とは切り離された選挙政治が展開される。その一方で，政治の問題解決能力や有効性についての疑念も高まっており，そのことが人々の政治的不満や意見の表出回路の剥奪が政治不信や不満を引き起こし，ひいてはポピュリズムの台頭を引き起こす。ポピュリズム勢力は，既成の政党や政治を批判し，政治の現状に対する有権者の不満や意見の代弁者として，既存の政治家とは異なる「普通の人々」の思いを理解する「本物の代表」であるとして登場する。しかしそこでは，デモクラシーの前提としての「代表される者」(国民)が居て，その代表として「代表する者」(政治家)が選ばれるという構造ではなくて，「代表する者」を選ぶことで「代表される者」が形成されるという「恣意的関係性」が形成される（代表－被代表関係の恣意性)。つまり，E. ラクラウのいう「言説による"人々"の新たな構成・形成」がポピュリズムの特徴となる。その政治手法は，①攻撃の政治，②「ネガティヴィズム」的な態度＝反エリート，反制度，反政治，反知性主義，反合理主義，③「民衆支配主義」(Demokratismus)的発想，④エリート政治が取り上げてこなかったテーマ設定（移民や外国人，異文化への寛容の問題など）という重要な特徴を持つ。これらの特徴は，総じて既存政治の政治的慣習や制度・理念への「タブー破り」として機能し，多くの場合，そうした行為は「真実を語る勇気ある行為」と評価され，そうした主張の具体的政策能力や実効性の証明を求められることはない。とくに，排外主義的タブー破りは，既存の政治家の言動にも影響をあたえ変化させてしまうこともある（ポピュリスト政党による"言説的重心移動")。その意味で，ポピュリズムは先進デモクラシーのまさに"落とし子"である（高橋・石田編 2013：11-18)。[1]

　以上のことから，ポピュリズムは，第一に，「人民」あるいは「国民」を存

立根拠とする社会変動期あるいは「ポスト政治状況」にある疑似民主主義的・恣意関係性的な過渡的な思想・運動であって，国民が「政治は国民の真の意思や要望を代弁（代表）し，進むべき道を示してほしいという」願望の中に生起する。第二に，民主主義という政治制度の基盤が「人民（国民）主権」にあるとすれば，肯定的にも否定的にも左右の勢力が利用する「ヌエ的概念」としてのポピュリズムが生じポピュリストが登場するのはある意味で当然であり，その意味で，今日の民主主義原理に内在する現象あるいは"申し子"であると言える。だが第三に，ポピュリズムは，疑似性・脱政治性を持ち言説的重点移動を行うがゆえにアンチデモクラシー的側面を持たざるを得ない。そのことはまた，近代世界システムの根幹を形成する「国民国家」における「人民」あるいは「民衆」と「国民」との位相，代表－被代表関係民主主義とは何かを改めて問い直すことを迫っている。第四に，グローバル化の進展の中で，自国や自民族の相対的同質性が強調・覚醒される中で，ポピュリズムは「内と外」「敵と味方」に分別することで，自らの個別性とアイデンティティを守ろうとするがゆえに，排除と包摂の方向性を目指すことになるのである。

3　フランスを取り巻く政治・社会状況

　1980年代末から現在に至るまでの期間を振りかえってみると，移民や外国人（労働者），イスラムやテロ，ヨーロッパ統合，国家や国籍や社会的統合をめぐる問題が多発してきたことが分かる。例えば，1981年6〜9月と90年10月にリヨン郊外で暴動が発生。86年のパリ連続爆弾テロ。89年，パリ郊外のクレイユで，いわゆる「イスラム・スカーフ事件」が発生。[2] 90年，シェンゲン実施協定調印（国境検問の廃止），92年にマーストリヒト条約調印。93年，EU 発足。同年7〜8月，国籍法改正（意思表明制導入）の「メニュリー法」。8月，移民規制を強化する「パスクワ法」成立。94年1月，保守党のバラデュール政権下で，私学助成（主にキリスト教系学校への）制限の撤廃を盛り込んだ「バイルー法」が革新系の反対とデモによって廃案に。8月，共和国の言語としてのフランス語を明確に規定する「トゥーボン法」成立。9月，国民教育相バイルー

が宗教宣伝にあたる「これ見よがしの」宗教的標章の教室内での着用禁止を通達。12月、アルジェリアのイスラム過激派によるエール・フランス機ハイジャック。95年の大統領選挙の第1回投票でルペンは15％の票を獲得。6月にはトゥーロン市など南仏3市で FN 党員が市長に当選。7月、パリでアルジェリアのイスラム過激派によるテロ。95年9月、パリの鉄道や地下鉄テロの容疑者で GIA（「武装イスラム集団」）のハリド・ケルカル（24歳、アルジェリア生まれで2歳時に両親と仏に移住）がリヨンで警察との銃撃戦の末死亡。96年6～8月、サン・パピエ（滞在許可証や労働許可証不保持者）によるパリのサンベルナール教会の占拠事件。98年、フランス生まれの外国人の子どもの仏国籍取得の際の「意思表明」を廃止することを含む改正案「ギグー法」＝パスクワ法修正成立。7月、サッカーW杯でフランスチームが優勝し、3B（ブラック・ブラン・ブール〔黒人・白人・アラブ人混成チーム〕）が合言葉に。99年6月、FN は分裂し欧州議会選挙で5％台に落ち込む。[3]

　2000年代になると、2001年に米貿易センタービルや国防総省への「9.11同時多発テロ」が起き"グローバル・ジハード（聖戦）時代"の幕開けとなった。フランスでは、2001年、「社会行動基金（FAS）」が「統合ならびに反差別のための行動支援基金（FASILD）」に改組される。2002年4月の大統領選挙の第1回投票では保守派のジャック・シラクと FN のルペンが1位・2位を占め、社会党のジョスパンは敗退してフランス国民に驚きと大きな衝撃を与えた（「ルペン・ショック」）。第2回投票では左右の既成政治勢力が総結集して反ルペンに回り、シラクが大統領に当選した。2003年3月に国内治安法、11月に外国人滞在規制法成立。12月には「フランス共和国内におけるライシテ原則の適用に関する検討委員会」（スタジ委員会）が「スカーフ禁止法案」を促し、2004年3月に「宗教的標章禁止法」（「スカーフ禁止法」）が成立した。この年の欧州議会選挙で FN は約168万票（9.8％）を得て7議席を獲得した。

　2005年7月、ロンドンの地下鉄やバスを標的とした同時多発テロが起きて52人が死亡し負傷者700人を出した。犯人は18～30歳の英国育ちの4人のイスラム教徒で、現場で自爆死した。2005年10～11月にはパリ郊外のクリシー・スー・ボア市で、警官に追われた移民出身の少年2人が変電所で感電死し、警

察への住民の抗議から移民らによる「暴動」が広がる。

　2006年7月, 高度職業人材受け入れ推進, 家族移民規制強化, 住居許可証の自動更新制廃止・審査対象化, 「受け入れ統合契約」義務化などからなる「移民および統合に関する法律」(「選別移民法」) が成立。2007年5月, ニコラ・サルコジが大統領に当選し, 「移民・統合・国家アイデンティティおよび共同発展省」を設立。7月, 入国前の仏語習得および共和国的価値の理解義務, 家族呼び寄せにおけるDNA鑑定の導入を軸とした「オルトフー法」(「移民制御・統合・庇護法」) 成立。2010年3月, 「ブルカ禁止法」の成立 (2011年4月施行)。2010年11月,「移民・統合・国家アイデンティティおよび共同発展省」を廃止し移民の統合問題は内務省管轄に戻る。2012年3月, 南仏トゥールーズに住むアルジェリア系の23歳の元自動車工が, 仏軍兵士やユダヤ人学校を銃撃し7人を殺害。

　2012年5月に社会党 (PS) のフランソワ・オランドが大統領に当選するが, 4月の第1回投票でルペンは18％を得票した。2013年7月, 「共和国の学校再生のための教育基本法」制定。2014年, 「イスラム国」(IS) が樹立を宣言。

　こうした政治・社会状況の中で, 2015年1月のイスラム教の指導者ムハンマドの風刺画を掲載したシャルリ・エブド社襲撃事件では17名が死亡し, 同年11月13日のイスラム過激派組織ISによるパリ市内同時多発テロで130人もの死者を出し, 2016年7月1日, 「バングラテロ」では20人が死亡。同年7月14日のフランス革命記念日には, 南仏の避暑地ニースで, チュニジアとフランスの二重国籍を持つ31歳の男が運転する大型トラックが祝賀花火の見物客の列に猛突進し, 86人が死亡, 400人以上が負傷する大規模テロ事件が起こった。

　これら最近の事件の多くはISなどの過激派組織との関連が推定されるものの, 確実な繋がりの特定できない個人的動機 (ストレス, 社会的・政治的不満や反発, 雇用不安, 欧米への敵視, 家庭内不和や離婚, 困窮, 薬物中毒など様々) から突発的に事件やテロを起こしたり (「突発型あるいはハイパーテロリスト」), 急速にイスラム過激主義に接近・心酔して単独ないし少人数で行動する「単独行動型」のテロリストや, 移民や難民の2世・3世でありながら, 親の祖国やイスラム教にあまり関心のない「ホームグロウン型テロリスト」などが登場しており,

テロ発生の要因を一元化できないものの，少なくともグローバル化の急速な進展と大波の中で，国家や社会や家族や自分の将来への漠然とした不安や恐怖，夢や希望・目標への喪失感，その「裏返し」として，「強いもの」（信念や目標）・「確かなもの」（正義や真実）への憧れ等，現代の社会や世界が抱える深刻で根底的な問題が根底に横たわっていると考えられる。

ニースでの"トラックテロ"を受け，2016年の7～9月にかけては，イスラム女性の"水着"（ブルキニ）着用の可否に関し「公共の秩序か信教の自由か，フランス世俗主義の徹底か女性の権利の擁護か」をめぐる激論が政治や司法を巻き込んで国を二分するほどの論争が巻き起こり，2017年春の大統領選に向けての争点ともなっており，議論は収束する気配を見せていない。

4　ポピュリスト政党＝FNの現状

フランスがポピュリズムとの関連で注目されている理由を挙げてみると，第一に，ポピュリストが政党化を目指した時期の早さ（1972年10月にFNを結成），第二に，その影響力の大きさ（近年の諸選挙での躍進），第三に，フランスにおける移民の多さやイスラム教徒の存在，第四に，都市郊外のスラム化や犯罪の増加，第五に，フランス国家と社会が抱える問題（課題）の多さと深刻さ（社会・経済的危機や雇用の不安定さ等），第六に，EU統合や中東での紛争の影響を受けての大量の移民・難民・亡命者および労働者の流入とそれに伴う諸問題の発生などを思いつく。

パリ政治学院教授で歴史学者のJ＝F. シリネッリは，歴史的にみて，フランスにおいて極右が繰り返し台頭・復活してくる要因を三つ挙げている。すなわち，①急激に進む社会変容とその結果として生じる社会不安，②民主主義的な政治的代表制の機能不全に起因する政治不信，③ナショナルな共同体のアイデンティティの危機による国家の衰退への恐怖である（シリネッリ 2014：72）。こうした要因は，第三共和制期から"種"として蒔かれ，この三つの危機要因が濃度を増す中で醸成され，ポピュリズムや極右の台頭となって現象する。

第Ⅱ部　ポピュリズムと民主主義の危機

（1）FN の発展とポピュリズム

　歴史的にフランスにおいてポピュリズムの台頭が語られるのは，ブーランジズム[4]やプジャーディズム[5]と，現在注目されている FN である。以下では，FN の発展とその要因について簡単に紹介したい[6]。

　FN は，ジャン＝マリー・ルペン（1928年生）が，73年の総選挙を睨んで前年の10月に結成した極右政党である。彼自身は，学生時代から極右運動に，54年にはインドシナ戦争へ軍人として，帰国後，ポピュリスト的運動を展開していたプジャード運動（「商工業者擁護同盟」）に参加し，56年には28歳で代議士となったが，運動の「政党化」とアルジェリア独立運動への全面的軍事介入を主張したため57年に運動から除名される。62年に軍に再入隊し，翌年帰国以降は，「フランスのアルジェリア」を訴えるキャンペーンを組織し全国行脚を行った。65年の大統領選挙では，極右候補を支持するが，その後の極右内部での対立と抗争，ドゴール体制の安定化，60年代後半からの左翼運動の活発化の中で，極右運動は目標を失う。こうした中で，様々な経験を積んだルペンは，反共的な愛国主義と，反ドゴール・反体制思想とポピュリスト的な運動スタイルを身に着け，基本的に合法的枠内で活動する運動のシンボルとなっていく。60年代末に彼は，「イタリア社会運動」をモデルに，「資本主義国家の清算」と「民族・人民革命」を旗印に極右運動の新展開を図っていた「新秩序」（F・デュプラが指導者）に合流する。その新展開の一環として議会選挙に打って出るための組織が FN である。結成当初は，ネオ・ナチから王党派にいたる様々な右翼的潮流が共存した組織であり，選挙綱領「フランス人の防衛」に見られるキーワードは，「家族，学校，国民，労働，国民国家」であり，伝統的右翼の体質と思想を払拭しきれていなかった。そのため70年代には各種選挙で敗北を重ね"苦難の時代"が続く。

　70年代の FN には，こうした伝統的・民族的右翼運動を守ろうとする勢力（「新秩序」指導部）と，既存の政治システムに食い込みそれらと並ぶ政治勢力を目指すルペンという党と運動の戦略的方向性をめぐる争いが存在した。「新秩序」は極左集団との衝突事件を契機に73年6月に解散となり，最終的にルペンが指導権を掌握した。ルペンの指導のもとで，合法的手段（選挙）を通じて

「適応戦略」（穏健で信頼できる政党であることをアピール）と「区別戦略」（左右の既成政党とは異なる独自性を強調することで"第三の極"をアピール）の両方を採る"穏健化路線"を推し進めてきた。

　FN の躍進は，83年9月4日，パリ郊外のドルー市の選挙から始まった。この人口3万5000人の都市で FN は16.7％という画期的な得票率を得た。当時のフランス社会では移民問題の政治化，経済不況や失業者の増加，左翼政権の成立や政治不信などが渦巻き始めており，70年代末頃から失業と移民の存在を連想させる反移民のスローガンを打ち出した FN は，民衆の気持ちを掴み始めており，躍進の条件が揃いつつあった。84年の欧州議会選挙で FN は，約220万票（11％）を獲得し，10名の議員を送り込んだ。また，比例代表制となった86年の国民議会選挙では，約270万票（9.7％）を得て35議席を獲得した。こうして FN は，政党としてフランス政治システムに地歩を築くことに成功する。

（2）台頭の要因

　FN の台頭は，左派政権の政策的失敗に助けられた側面があり，80年代半ばが"転機"となった。80年代には，二度の石油危機に起因する社会・経済的困難とその長期化に対して，政治の問題解決能力が問われ，左右勢力は政権交代を繰り返すものの，統治能力の限界を露呈する[7]。また，欧州統合を含むグローバル化と競争が激化する中で，雇用・失業問題は解決の糸口を見いだせず，福祉国家的再配分によって国民を統合する経済成長モデルも機能不全に陥るとともに，アイデンティティの喪失やキリスト教を基盤とした文化変容への危機感が高まり，地域社会も変容を遂げていった。

　都市郊外がスラム化し犯罪も増加して治安の悪化が叫ばれ，それらの問題と，フランスにおける移民や外国人労働者，難民やマグレブ（アルジェリア，チュニジア，モロッコ出身者）系住民やイスラム教徒の存在や増加と結びつけられて論じられるようになる。つまり，フランス的共和主義の変容ないしは危機感が国民の間に拡大していき，J＝F. シリネッリのいう三つの要因が揃う中で FN のポピュリスト的主張が受け入れやすい環境が整っていた。こうして FN は，ルペンというカリスマ的指導者のもとで，既成政党への批判の高まりを利

用し,社会の抱える問題を争点化することで支持を拡大していった。有権者の中でFNは,"現状への不満の表現"として,"抗議票の受け皿"として,または既成政党に代わる"政治的オルタナティヴ"として受容され始める。

　FN台頭の要因はどこにあるのだろうか。畑山敏夫は六つの要因を指摘する。第一に,有権者の現実政治と政治家への不信と不満の存在がFNをして現状批判の「受け皿」ならしめた。第二に,旧来の保守政党支持層が,81年に成立した社会党のミッテラン政権に危機感を抱き,既存の保守・中道政党であるフランス民主連合や共和国連合などのミッテラン左翼政権に対する弱腰姿勢に嫌気がさしたことで,既存の保守や左翼支持層もFN支持に回った。第三に,欧州議会選挙が比例代表制のため,少数政党にも有利であったこと。第四に,FNへのマスメディアの注目と宣伝効果をうまく利用したこと。第五に,失業や犯罪の増加を移民問題で説明し争点化するFNの分かりやすい言説が有権者に受容されたこと。とくに,FNが躍進している地域は,失業や都市問題が深刻な地域であり,その意味で,FNへの投票は「経済的・社会的危機に襲われた近代的で都市的なフランスの不安の表現」である。第六に,ルペンの雄弁さとカリスマ的魅力が有権者を惹きつけた。彼の能力は,「メディア時代の大衆民主主義の政治では強力な武器」となる（山口・高橋編 1998：102-106）。

（3）FNの政策とマリーヌのFN

　そうした政治状況の中でFNは,党の本部組織の本格的強化と地方ならびに職域組織の整備・強化を果たし,80年代後半には整備された全国組織を備えた全国政党に成長し,国と地方の各種選挙で10%前後の得票率を誇る"躍進"を得て,その後も着実に支持を定着・拡張させた。FNは,民衆の声を聴く"護民官"として,政治・経済・社会を支配するエリートへの異議申し立てと社会を二元的対立図式で説明しつつ,「差異論的人種主義[8]」を指向して自「国民優先」政策（フランス人の優遇,移民への差別的待遇）という分かりやすい政策を掲げるナショナル・ポピュリスト政党として,旧来の保守派支持層だけでなく,労働者,事務職や失業者などの旧左翼政党支持者までも巻き込んだ「大衆」政党に成長していった（伝統的右翼から,P.-A.タギエフのいう「異議申し立て

のポピュリズム」政党+「アイデンティティのポピュリズム」政党へ)。

2011年1月16日の党大会でルペンの三女のマリーヌ・ルペンが約70％の支持を得て党首に選出された（次点のゴルシュは約30％)。彼女のスタイルは，父親の時代の極右イデオロギーとポピュリズム路線に固執することなく，時代に適合した政党に生まれ変わることを目指す。したがって，「極右」の伝統的・歴史的イデオロギー遺産に結びつくものは消去ないしは極小化することに努め，集団指導体制を採っている。党章も，かつてのイタリアのファシスト運動（MSI）を模した三色の燃える炎から，女性的で嫋やかな炎に変更した（IGOUNET 2014 : 241)。戦略的には，①「異議申し立てのポピュリズム」と「アイデンティティのポピュリズム」を接合して有権者への求心力を高め，②言説や表現をよりマイルドにすることで有権者に信頼性と安心を与え，③支持を拡大することで政権参加を実現することにある。副党首には，姪のマリオン・マレシャル・ルペンやマリーヌのパートナーのルイ・アリオを据え，その意味で，マリーヌのポピュリズムは，アットホームでソフトな"チーム・ポピュリズム"とでも言えよう。

具体的戦術は，(1)父親時代と同様に，民衆の"護民官"としてエリート挑戦的な「異議申し立てのポピュリズム」を基調とし（左右の既成政党批判へ)，グローバル化を推進しウルトラ・リベラル路線を採る既存の政治勢力とは一線を画して「システム」外で闘うこと，(2)FNは，エリートにではなく「民衆」の側に立つ政党であることをアピールする（党のスローガンは"マリーヌ・ルペン，国民の声，フランスの精神")。(3)「外国人優先」の現実を告発し，自「国民優先」政策の貫徹を求める。つまり，エスニシティを軸に「民衆」を動員する「ナショナル・ポピュリズム」の言説を採る。また，(4)2002年の大統領選挙の頃から，「フランスのイスラム化」とイスラムの「共同体主義（communautarisme)」を同化不可能で異質なものとして激しく非難し，イスラムがグローバル化とともにフランスの国民的共同体を脅かす存在であると攻撃してきた。2007年の大統領選挙でも，「共同体主義の拒絶」「ライシテ（政教分離）原則の防衛」を根拠にイスラムを拒絶するというキャンペーンを行った。(5)共和国の基本的価値である「ライシテ」を擁護して，「差異論的人種主義」

と祖国防衛のために「国民優先」の論理を展開し，政教分離を認めないイスラムを批判し，フランスがキリスト教国家として対抗することの必要性を説く。⑹国民共同体を脅かしているのはグローバル化とそれを推進する勢力であるとして，彼らを，左－右の対抗軸に代わる今日的対抗軸とし，新自由主義的グローバル化への反対姿勢を明確にする。このことは，EU とユーロからの離脱と，それを主導するユーロクラット（EU 官僚）への批判を含んでいる。そして，こうした党のイメージチェンジを図るマリーヌ・ルペン指導下の新路線の思想や言説の受容者は増加しつつある。

　次いで FN は，信頼され政権担当可能な党のイメージづくりのために「脱邪悪」化（dé-diabolisation）に乗り出す。まず，マリーヌが党首になってから，反ユダヤ的発言や人種差別的発言を行った人物を党から徹底的に追放してきた。結党者で名誉党首のジャン＝マリー・ルペンは，「ヒトラーは民主的な大衆運動によって選ばれた」「ヒトラー万歳！」をはじめ，「エイズは移民がもたらした」などの発言や暴言で有名で，これらの差別的発言によって，2011年に引退するまでに執行猶予付き有罪判決を18回も受けていた。マリーヌの FN は，ガス室によるユダヤ人虐殺を「歴史上ささいなことだ」とユダヤ人大量虐殺・ホロコーストの存在否定を繰り返した彼の発言を見過ごせないと判断し，2015年5月に彼の党員資格を凍結，8月には除名した。

　さらにマリーヌの FN は，多くのテーマについても，穏健で寛容，協調的で，妥協的なイメージを現出する。例えば，共和制との和解や女性やマイノリティの権利擁護を説き，それまで否定的であったライシテを支持する。性的マイノリティであるホモセクシュアルの権利と生活侵害を，イスラム系住民による迫害と攻撃に結びつけて"社会問題のエスニック化"を主張する等，彼女自身が新しい FN のイメージづくりに貢献し「脱極右化」や SNS などの活用によって有権者の支持を拡大し，政権参加も射程に入れようとしている。

　こうして，FN は，"穏健派"であることをアピールする一方で，IS を打倒しなければ我々はイスラム法を押しつけられると主張し，テロの翌日の2015年11月14日には，「過激派のモスクを閉鎖し，憎悪を持ち込む外国人や不法移民を追放しなければならない」と主張。「国籍特恵」（両親のどちらかがフランス国

籍を有する場合に，家族手当や処遇の面で優遇措置を採る）の採用や，移民の家族呼び寄せを認める現行法の改正，新たな移民への福祉給付や医療保険の制限も提案するなど，父のルペンが掲げてきた中心的部分は引き継いでいる。

このような"穏健で普通の政党化"を目指す FN の活性化は，①その言説や政策が世論や政界に受容されるか無視し得なくなる可能性や，②「共和国主義的で啓蒙的な排外主義」が西欧的価値やデモクラシーを「守る」という FN による逆説的言説状況によってフランスのデモクラシーの変容を引き起こす危険性もある。

5 フランスにおけるポピュリズムが問いかけるもの

FN の台頭が提起している問題の背景には，先に述べた三つの要因があるとしても，根本的には，「共和主義」というフランス国家が採用している「原理」と，多様な属性を持つ多様な民族や人種から構成されているフランスの「現実」との間のズレが大きくなっており，それに代わる統合原理をフランス国家も国民も見いだし得ていないところに，問題の複雑さと深刻さがあるのではないかと考えられる。

すなわち，1789年に始まるフランス革命は「国民革命」を志向し，ライシテを確立し，「国民」や「ナショナリズム」＝「排他的な国民一体性」を創出した。国籍保有者と市民権，そして「国民」と「市民」とは同一視される。また国籍法は出生地主義の原則に基づくので，両親が外国人でもフランスで生まれたものは自動的にフランス人として登録されるが，教育などによって「フランス人」に形成される[9]。憲法および国籍法の基本理念はフランス革命の理念と同じであり，「フランス人」"である"ということは，「自由，平等，博愛」という法の前に個人的属性を捨象する形で平等を認める共和主義の理念にアイデンティティを抱いて「フランス人」に"なる"ということである[10]。

しかし現実のフランス「人」ないしフランス「国民」は非常に多様で，その構成も歴史的に変化してきた。かつては，キリスト教文化を持つヨーロッパ系移民中心の社会であったのが，植民地独立過程の中で，あるいは国際紛争に関

連してアジア・アフリカ系移民が流入し増加し定住する。それ以降フランスでは,「同化」ないし「統合」と「排除」(友愛と追放) が繰り返される[11]。つまり,フランスという国家は,歴史的に多様な人種や民族を受け入れ,様々な移民や外国人からなる国家であり,共和主義の「原理」や「理念」あるいは「制度」と「現実」のズレないし矛盾が,FN のようなポピュリズムを,あるいは反イスラム原理主義を拡大させる一因になっているのではないだろうか。

歴史人口学者であり人類学者のエマニュエル・トッドは,2015年1月のシャルリ・エブド社襲撃事件を受けて,フランス全土,いや世界中に拡大した「私はシャルリ」運動が,フランスがフランス的諸価値の卓越性をすることによって,逆に,もはや自由も平等も友愛も実践していない社会となったと喝破した。彼によれば,かつては,「フランスの人類学的二元性——同一の国土に平等主義質と不平等的異質が共存していること——に注目すると,……中略……先進世界の宗教的危機,平等原則の失墜,そしてこの二つの崩壊に起因するスケープゴート探しを分析することができる」。とくにナチス占領下のヴィシー政権下ではユダヤ人がスケープゴートにされたが,近年はイスラム教を信奉するアラブ系移民ないしその子孫が攻撃・排除の対象になっている。フランス「国民」の中には,多数のイスラム (多様性) が存在しており,もはや"イスラム対フランス共和政"では片付かない。宗教的空白 (「ゾンビ・カトリシズム」の危機感) と格差の拡大とがスケープゴート探しを加速化し,イスラム恐怖症へ,そして反ユダヤ主義に導いていく"地獄のようなメカニズム"があるとし,「フランスの人類学的で宗教的な二元性に注目すると,家族システムにおいて平等主義的で,昔からライシテの伝統が定着している中央地域と,不平等主義的で,「ゾンビ・カトリシズム」の濃厚な周辺地域の間に存在する振る舞い方の違いを観察できると述べる (トッド 2016:5-6, 28)。

換言すれば,フランス共和国の原理と理念の中に,「異なるものを」を"統合する論理"と"排除する論理"とが矛盾的に内包されており,とりわけそれが,FN のみならず,とりわけトッドが「ゾンビ・カトリシズム」と名付けた伝統的に不平等主義的で崩壊しつつあるフランスの「周辺部分」の危機感と"共鳴関係"にあるとも理解できる。

第4章　フランスのポピュリズム

6　フランスにおいて台頭するポピュリズムをいかに克服するか

（1）フランス国家の抱える問題点

　西川長夫は，他者を拒否する規準は歴史的・社会的に形成されており，その原因を解明できれば「外国人嫌い（クセノフォビー）」の感情も克服可能となる。「フランスには『人権の国』の文化によって人類を教化しようという文明化の使命感があり，それが逆に，同化のナショナリズムと排除のナショナリズムを生んだとはいえないだろうか。」「フランスほど『国民化』と『文明化』が等号で結ばれてきた国はない」。外国人の同化と排除の問題は，フランスも含めて近代国家の本質に関わる問題であるとして，フランス国家の理念の中に問題の所在があると指摘したし（西川 1999），筆者もまた，欧州統合の進展下のフランスが抱える問題の一つとして，「国家的・国民的統一性の維持と国民的多様性の接合」問題があり，国家と個人が「国民」という概念で直接結びついている「共和主義」国家フランスの中に，近年，イスラム教徒を中心として，国家と個人の中間に位置する宗教・民族的な集団や共同体の利益を最優先する「共同体主義」の台頭が見られ，「法規制の強化と同時に，社会への同化をどう図るかが今後の課題となる」「多民族・多文化国家フランスの抱える深刻な問題，とりわけイスラム教やアラブ系住民を取り巻く"宗教と民族"，"国家と国民"概念を巡る諸問題がある」とし，フランス共和政の根本原理と思想を踏まえた制度的改革が必要であると述べたことがあるが[12]，この問題は依然として未解決のままである。

（2）克服の道の模索

　中野裕二は，フランスは「私的領域」と「公的領域」の分離を原則にしてきたが（宗教に当てはめたのが「ライシテ」），そのことが，個人のアイデンティティや社会的絆を消滅させてしまったとしながら，FNへの支持の拡大を，既成政党が有効な経済・不況政策を打ち出せなかったり汚職を繰り返すことへの国民の批判ではなく，「フランス共和制の原則に対する反対票」（例えば，「フランス

95

人のフランス」とう FN のスローガン）ではないかと見る[13]。また，フランス共和国の「統合モデル」＝「同化主義」，つまり出自文化を放棄し，文化的統合を社会経済的統合と国籍取得の条件とするモデル（「公的領域－私的領域」の分離と相互の不可侵の原則より平等多様性の尊重が両立できるとする立場）から，統合高等審議会が提唱する個人の平等と多様性の尊重を可能とする「フランス的統合」（同化主義と多文化主義の両方を否定する）モデルへの試みや，文化的統合と社会経済的統合（とくに雇用と住宅）を相関させて「共通文化構築」を目指した「文化的統合」（個別の出自文化を超越できるフランス文化への統合）の模索。そして，多文化主義なきフランスにおける「多文化主義から市民統合へ」⇒「私の公化」（「共生」を望むならライシテ原則を適用し，宗教的表現は規制されるべき）という「共生」の理念と場であった「共和国」は今や特定の宗教的自由を排除する道具として使用されていると述べ[14]，そこから，フランス的「統合」が軽視してきた「私的領域」における平等を理論的に裏付ける原理として，「フランス型多文化主義」（multiculturalisme à la française）を導入し，社会の多様性の承認と，集団に依拠しつつ個人が生きていくことの必要性を承認することが必要ではないかとのロマンの説を紹介している（中野 1996：123-127）。何人かの研究者は，FN の主張へのオルタナティヴを提唱する。

　畑山敏夫は，①彼らの台頭の原因を取り除くこと，②フランスの新たなアイデンティティを確立するというマクロな改革の必要性，③より民衆の生活の現実を配慮した政治への転換が必要である。その意味で，フランス人と外国人との交流や失業と犯罪との闘いに住民を組織する試みの事例などが参考になる（例として，グルノーブルでの取り組み）。地域住民の生活・労働条件を改善し，地域社会の荒廃と住民相互の関係性の解体を再構築する具体的な取り組みが極めて重要である。フランスが，普遍主義的で民主主義的な方向への復元力を発揮することができるかどうかがカギであると述べる[15]。また田中拓道は，革命以来，フランスでは一切の社会的な属性（出身，エスニック，宗教，職業）から切り離された平等な「市民」として個々人を処遇し，こうした市民から構成されることで単一の「共和国」が実現されるという考えが受け継がれてきた。今このモデルの根本的見直しが求められており，中間集団を柔軟に組み込みながら

「共和国モデル」を刷新して「修正された共和国モデル」を創ることが重要であるとして,「共和国モデル」の限界と「修正共和国モデル」の創出を説く[16]。

7　結びにかえて

ポピュリズムには,デモクラシーとの親和性や活性化面もあり,全面的に"反民主主義的"なものとすることはできない。ポピュリズムは,民意を「代表」するのではなく,「表現」ないしは「体現」しようとし,そのことによって「敵」を攻撃する。これに対抗するものとして,異質性を包摂しつつ,人々の参加からなるポピュリズムを"正当なポピュリズム"ないし"構成の論理としてのポピュリズム"として,つまり"批判の論理としてのポピュリズム"も必要であろう[17]。

だが問題は,言説的な重心移動が,政治文化の変容を引き起こす危険があるということ。とくに「タブー破り」は,戦後デモクラシーの中で培われてきたリベラルな社会的価値観と法治国家原理を掘り崩しかねないし,様々な利害の調整を行うという政治的必要性も,「多数者」が望むか否かという二者択一的論理によって押し流されてしまう。その意味では,ポピュリズムは"デモクラシーの鬼子"でもある[18]。

いずれにしても,フランスにおけるポピュリズム(政党)の台頭と躍進は,「国民国家」としてのフランスの本質に関わる問題点を提起している。パリにひときわ高く聳えて存在感を示す二つの建物がある。フランス革命100周年の1889年に当時の科学技術の粋を集め共和国の威信をかけ建設された鉄の塊の「世俗建築」たるエッフェル塔と,19世紀の教会が「カトリック的フランス」再建の夢を託した一大モニュメントであると同時に「教権派の象徴」と言ってもよいサクレクール寺院である。この二つの建物は,世紀末における"二つのフランス"を象徴するものであり,革命以降フランスは,一世紀をかけて"二つのフランス"あるいは"様々なフランス"を「単一にして不可分なフランス」を意識的に目指してきた(谷川 2015：196-200)。しかし「政教分離の世俗的国民国家」は未完成であり,この二つの"権威"のごとく,いまだに睨み

あったままである。

　同時にその問題は，フランスだけにとどまらず，我々が「既定の」ものとしている，「民主主義」，「国家」，「国民」とは何か，それらの関係性は如何なるものであるべきかという政治学の，あるいは現代社会の基本的枠組みと原理への根本的な問いかけをしており，この現象あるいは運動を，近視眼的に80年代以降の一時的「現象」として捉えるのではなく，歴史社会学的に位置づけてみる必要があると言えよう。

【注】
1) 野田昌吾「デモクラシーの現在とポピュリズム」高橋・石田編（2013：11-18）。
2) この事件は，公立のコレージュで，3人のムスリム（イスラム教徒）の女生徒がスカーフ（ヘジャブ）を着けて登校したのを校長が外すよう注意したが生徒が拒否したため，停学処分にした事件である。
3) 90年代になると，党首のルペンの言動をめぐり，党内ナンバー2のブルーノ・メグレが反発し，その後99年1月にメグレ派はFNを離脱し，「共和国運動」を結成した。
4) 普仏戦争での敗北の復讐を謀る元陸相のブーランジェ将軍いる右翼勢力が，国民の反独感情を利用して，1887～89年にかけて軍部独裁政権の樹立を企てたが結局失敗。彼は亡命先のベルギーのブリュッセルで自殺した（1891年）。
5) 1953年に小売店主のピエール・プジャードが始めた反議会的極右運動で，同年の総選挙ではいきなり12%の得票率を得て52議席を獲得するが，58年には運動は衰退した。国民戦線（FN）創設者のジャン・マリー・ルペンはこの運動に参加し議席を得ていた。ミシェル・ヴィノックは，フランスの第三共和政期におけるポピュリスト運動としてのブーランジズムが，1930年代のファシズム期を経て第四共和制のもとでプジャードによる反税・反議会運動として現出し，ルペンに繋がる過程を，「異議申し立て」と「アイデンティティ」のポピュリズムの視点から分析している。Michel Winock, Le populismes français, dans, Jean-Pierre RIOUX (sous la direction), *Les Populisme*, Perrin, 2007, pp. 131-154.
6) 詳しくは，次の"畑山三部作"を参照。畑山敏夫『フランス極右の新展開――ナショナル・ポピュリズムと新右翼』国際書院《国際社会学叢書・ヨーロッパ編2》，1997年；畑山敏夫「フランス極右の新現象――国民戦線の台頭」山口定・高橋進編（1998：87-132）；畑山敏夫『現代フランスの新しい右翼――ルペンの見果てぬ夢』法律文化社，2007年。なお，FNの現状については，畑山敏夫「マリーヌ・ルペンと新しい国民戦線――『右翼ポピュリズム』とフランスデモクラシー」高橋・石田編（2013：第5章，104-115）を参考・援用した。FN発展の時期区分としては，A. DÉZÉ（2012）は，1. FNの創設（1969-73）――政治システムへの適応の論理，2. 砂漠の横断（1973-83）――政治システムの境界線「区別」の論理，3. 適応と区別の間で（1983-90）――FNの政治への登場の党派的バネ，4. 分裂を乗り越えて政治的「権力の征服」（1990-98），5. 政治の標準化に向けて（1990-2011）までの5期に別ける。V. IGOUNET（2014）もまた，1. FNの誕

生 (1969-81)，2．FN の定着 (1981-88)，3．FN はフランスの政治的光景を課す (1988-98)，4．分裂 (1998-2000)，5．遺産 (2000-11) の 5 期に別けて分析している。
7) 80年代フランス政治は，ミッテラン・PS を中心に大雑把に言って三つの実験，①81年の社会主義的拡大政策（政治流れは「右」→「左」），②86年の保革共存政権（「左」と「右」），③88年からの中道政治の指向＝「第三勢力論」への回帰（右寄りの「左」と「中央」）を経てきた（國廣敏文「現代フランスの国家と権力構造」P．ビルンボーム『現代フランスの権力エリート』日本経済評論社，1988年，287-288頁）。
8) 民族間の生物学的優劣よりも，文化的差異を重視し，その混淆を忌避する主張。
9) フランスの国籍法は，「フランスに生まれたものはフランス人」という出生地主義が基本。1998年制定の通称「ギグー法」（当時の法相のエリザベート・ギグーの名をとって）では，「フランスに 5 年以上在住し，フランス語を十分話，公序良俗を乱さない」などの条件を満たし，当局が許可したものに国籍取得が認められた（山口昌子『フランス人の不思議な頭の中』角川学芸出版，2014年，168-172頁）。
10) 「フランスは，不可分の，非宗教的，民主的かつ社会的な共和国である。フランスは出自，人種または宗教による区別なく，市民のすべてに対し法の前の平等を保障する」（第五共和国憲法第 1 条）。
11) 渡辺和行『エトランジェのフランス史──国民・移民・外国人』山川出版社，2007年参照。
12) 國廣敏文「現代フランスの政治」田口富久治・中谷義和編『比較政治制度論〔第 3 版〕』法律文化社，2006年，109-113頁。
13) 中野裕二「統合原理を模索するフランス」宮島喬編『現代ヨーロッパ社会論──統合の中の変容と葛藤』人文書院，1998年，106頁。
14) 中野裕二「共生の理念から排除の道具へ──『フランス的統合』の変化の意味するもの」中野裕二ほか編著（2015：15-40）。
15) 畑山敏夫「フランス極右の新現象──国民戦線の台頭」山口定・高橋進編（1998：128-129）。
16) 田中拓道「フランスの福祉レジームと移民レジーム」中野裕二ほか編著（2015：41-59）。
17) 「いかに共同性を創造するか──新たな政治論理の生成過程としてのポピュリズム」『世界』2012年 7 月号。山口二郎も「ポピュリズムに対抗するポピュリズム」という言い方で，ポピュリズムをデモクラシーの原動力にする可能性を指摘する（山口二郎『ポピュリズムへの反撃──現代民主主義復活の条件』角川書店，2010年）。
18) 野田昌吾「デモクラシーの現在とポピュリズム」高橋・石田編（2013：10-18）。

【参考文献】
鹿島茂ほか編（2015）『シャルリ・エブド事件を考える──ふらんす特別編集』白水社。
国末憲人（2005）『ポピュリズムに蝕まれるフランス』草思社。
シリネッリ，ジャン＝フランソワ（2014）『第五共和制』川嶋周一訳，白水社。
高橋進・石田徹編（2013）『ポピュリズム時代のデモクラシー──ヨーロッパからの考察』

法律文化社。
谷川稔（2015）『十字架と三色旗——近代フランスにおける政教分離』岩波書店。
トッド, E.（2016）『シャルリとは誰か？——人種差別と没落する西欧』文藝春秋。
内藤正典・坂口正二郎編著（2007）『神の法 vs. 人の法——スカーフ論争から見る西欧とイスラムの断層』日本評論社。
中野裕二（1996）『フランス国家とマイノリティ——共生の「共和制モデル」』国際書院。
中野裕二ほか編著（2015）『排外主義を問いなおす——フランスにおける排除・差別・参加』勁草書房。
西川長夫（1999）『フランスの解体？——もうひとつの国民国家論』人文書院。
ボベロ, ジャン（2009）『フランスにおける脱宗教性（ライシテ）の歴史』三浦信孝・伊達聖伸訳, 白水社。
三浦信孝編（2001）『普遍性か差異か——共和主義の臨界, フランス』藤原書店。
———（2003）『来たるべき〈民主主義〉——反グローバリズムの政治哲学』藤原書店。
三井美奈（2015）『イスラム化するヨーロッパ』新潮社。
宮島喬（1998）『現代ヨーロッパ社会論——統合の中の変容と葛藤』人文書院。
———（2009）『移民の社会統合と排除——問われるフランス的平等』東京大学出版会。
山口昌子（2015）『フランス流テロとの戦い方——全仏370万人「私はシャルリ」デモの理由』ワニブックス。
山口定・高橋進編（1998）『ヨーロッパ新右翼』朝日新聞社。
吉田徹（2011）『ポピュリズムを考える——民主主義への再入門』NHK出版。
レモン, ルネ（2010）『政教分離を問いなおす EU とムスリムのはざまで』工藤庸子・伊達聖伸訳, 青土社。
ヴィノック, ミシェル（2014）『フランスの肖像——歴史・政治・思想』大嶋厚訳, 吉田書店。
『現代思想』2015年3月臨時増刊号（総特集◎シャルリ・エブド襲撃／イスラム国人質事件の衝撃）, 青土社, 2015年2月。

[ポピュリズムについて]
ARNOLD, Edward J. ed. (2000) *The Development of the Radical Right in France: from Boulanger to Le Pen*, Macmillan Press/St Martin's Press.
BIRNBAUM, Pierre (2010) *Genèse du populisme, Le people et les gros*, Pluriel.
LACLAU, Ernest (2005) *La raison populiste*.
RIOUX, Jean-Pierre (sous la direction), (2007) *Les Populisme*, Perrin.
REYNIÉ, Dominique (2013) *Les nouveaux populismes*, Pluriel.
TAGUEFF, Pierre-André (2007) *L'Illusion populiste*, Flammarion.
TAGUIEFF, Pierre-André (2012) *Le nouveau national-populisme*, Paris: CNRS Éditions.
WIVIEORKA, Michel (2013) *Le Front national*, Interventions.

[国民戦線について]
ALBERTINI, Dominique (2013) *Histoire du Front National*, Tallandier.
DÉZÉ, Alexandre (2012) *Le Front national: à la conquête du pouvoir?*, Armand Colin.

DELWIT, Pascal (2012) *Le Front national*, Editions de l'Universite de Bruxcelles.

GAUTHER, Jean-Paul (2009) *Les extrêmes droite en France: de la traversée du désert à l'ascension du Front national (1945-2008)*, Syllepse.

IGOUNET, Valerie (2014) *Le Front national*, Seuil.

MONNOT, Caroline and Mestre, Abel (2011) *Le Système Le Pen*, Denoel.

ORFALI, Birgitta (2011) *L'adhésion au Front national, de la minorité active au mouvement social*, Kimé.

第5章

合意型民主主義におけるポピュリズム政党の成功
——ベルギーを事例に

松尾　秀哉

1　合意型民主主義におけるポピュリズムの成功

　本章の目的は，合意型民主主義といわれる国におけるポピュリズム政党の台頭と成功の要因を明らかにすることにある。オランダやスイス，ベルギー等の西欧小国は，歴史的な宗教，階級などの対立によって根深い社会的亀裂を抱えている。しかし，長い時間をかけて対立と和解を繰り返した結果，それぞれの宗教や階級的イデオロギーにもとづいた既成政党による「政党支配体制」が確立され，その既成エリート間の「妥協」によって，政治的，社会的安定が維持されてきた。この政治＝社会関係の「政党支配体制」とエリート間の「妥協」を特徴とする民主主義体制が多極共存型民主主義ないし合意型民主主義と呼ばれる。これは即断即決を旨とする多数決型民主主義とは異なるタイプの民主主義として，制度的にも理念的にも一定の評価を得てきた（レイプハルト 2005）。

　しかし，1990年代初頭以降，西欧小国の政治社会的状況は徐々に変化しつつある。なぜなら，合意型民主主義を成立させる鍵である「妥協」や長きにわたる「既成エリートの支配」を批判してポピュリズム政党が台頭するようになってきたからである。本章では合意型民主主義におけるポピュリズム政党の台頭という現象に注目したい。特に本章ではベルギーに注目する。ベルギーでも例に漏れず，1990年代にフラームス・ブロック（Vlaams Blok. 以下 VB）[1]というポピュリズム政党が台頭して以来，ポピュリズムといわれる政党が存在感を増している。

そのなかでも本章では，近年の選挙で第一党となり，執筆時点で連立与党に加わっている新フランデレン同盟（Nieuw-Vlaamse Alliantie. 以下 N-VA）に注目したい。N-VA はそもそも「フランデレンの自治拡大」「独立」という単一争点を掲げる小さな地域主義政党であったが，2007年と2010年の選挙で支持されて躍進し，それを一因としてベルギーは「分裂危機」という危機的事態に陥った。なぜそのような事態が引き起こされたのか。つまり，ベルギーの北部，フランデレン地域において N-VA というポピュリズム政党が，「分裂危機」を引き起こすまでに成功している要因を明らかにすることが本章の目的である。と同時に，その作業を通じて，ベルギーという合意型民主主義国におけるポピュリズム政党の特徴を明らかにしたい。

以下，まず合意型民主主義とポピュリズムの関係について説明する先行研究を整理し，本章の課題を明らかにする。その後ベルギーのポピュリズム政党の歴史的系譜を概観し，さらに N-VA についてその成功の要因を明らかにする。最後にベルギーの現況に触れつつ本章の主張を整理する。

2 合意型民主主義国家におけるポピュリズム政党の特徴

しばしば多極共存型ないし合意型民主主義はポピュリズム政党の台頭を許しやすいといわれる。それはなぜだろうか。一般にポピュリズム政党は，福祉国家や国民国家といった従来の先進資本主義の発展を支えてきた制度，理念が崩壊し，そこから生じる不安感が異質なものに対する攻撃を強め，それを背景に支持を集めてきたと説明される（たとえば野田 2013）。特に合意型民主主義の場合，第一に「ヨーロッパのポピュリストは，西欧の民主主義に根本的な挑戦状を投げつけた。ヨーロッパが『多極共存型』民主主義の構造から成るなら，すなわち右派と左派の間の競合が（妥協的な）ルール内の競争にすぎないなら，ポピュリストの台頭は……無秩序な多元的世界が到来したことを意味している。それは結果としてヨーロッパの政党システムの変容のみならず，そのものの崩壊の可能性をも示唆している」（Jones 2007：38. 傍点は松尾による。以下同じ）として，妥協的，非競合的な民主主義構造に対する批判によって台頭した

とされる。

　この指摘はオーストリアに典型的に当てはまると思われる。オーストリアにおいては，イェルク・ハイダー（Jörg Haider）率いる FPÖ が台頭したことが知られているが，これは「1980年代にオーストリア社会の利益の多様化，世俗化，脱イデオロギー化，政治的・社会的な陣営（lager）の融解を背景に」，オーストリアの伝統的な「二大政党の大連立と社会アクターの協議による政治」が「政治構造の化石化」であるという批判が高まり，その中で FPÖ が「ハイダーの下でポピュリスト的抗議政党として大衆の支持を集めた」（東原 2013：592-597；馬場 2013：194）結果とされる。

　第二に，以上の合意型民主主義に内在する妥協や非競合性という構造は，アカウンタビリティの問題としても顕在化する。すなわち「合意型民主主義において，政党間の協調と調停の伝統は，連立政治の伝統の中で政党政治の『カルテル化』を引き起こす。政党は『市民の』もしくは『市民のための』パートナーではなく，専門家集団のパートナーと化し，市民社会と国家を結ぶ有効なコミュニケーション経路であることを止めてしまう。選挙は被支配層から支配層に対するフィードバック機能を喪失し，アカウンタビリティが問題になる。反カルテル政党——通常『ポピュリスト』と呼ばれる——が……大きな力を蓄えるのはこの文脈においてである」（Hakhverdian and Koop 2007：402）として，既成政党のアカウンタビリティに対する疑義，批判が支持，台頭の根底にあるとされる。

　というのも，合意型民主主義はエリート間の「妥協」を成立の肝とする。そしてそれが成立するためには，有権者は政策決定過程から排除される。なぜなら直前の選挙で有権者に対して訴えた公約を，その後の交渉で反古にしなければ妥協が成立しないからだ。つまり密室政治が常道となる。よって有権者の側からすれば，有権者の了解なく公約を変えてしまうエリートには説明責任があるはずだが，「政党支配体制」の中で長きに亙って政権にある既成政党たちはそれを果たそうとしない。そのためアカウンタビリティが問題になり，批判される。

　さらに合意型民主主義国で民族対立を解消するために導入される連邦制が，

第 5 章　合意型民主主義におけるポピュリズム政党の成功

政策決定手続きの複雑性を高め，透明性を一層減じ，アカウンタビリティを問題にする。パパドプーロスによれば，「多層的ガバナンスの混合的，複雑な構造によって［合意型民主主義の］特徴が強められる。……この政治システムの特徴が反体制的ポピュリスト政党の誕生に強く影響している」（Papadopoulos 2005：72）のである。そして連邦制の下で不透明性が非難され，新自由主義的な主張とも相通じる「効率」的な制度への改革や政策決定が指向され，正当化される。

　以上の「アカウンタビリティの欠如」によってポピュリズム政党の台頭を説明する例がスイスであろう。スイスにおいては，連合政権の一角を占めるスイス国民党がポピュリズム政党に転換した。水島治郎によれば，スイス国民党は自らを「政府内野党」と位置づけ，直接民主制を訴え，代議制民主主義に対する批判を展開し，「……国民投票の制度を積極的に活用し，しばしば成功を収めている」（水島 2014：135）。

　第三に，「外集団に対する攻撃性」によって支持される側面を有している。たとえばオランダのポピュリズム政党が台頭した要因として，移民に対する反発が挙げられる（たとえば Doomernik 2010）。ポピュリズム政党は本来多様性を前提とする多極共存型民主主義における「多様性」の中に「敵」を措定し攻撃することで憤りと批判を動員し（Betz 1993：415），自らは「普通の人びと」「国民」の側であることを強調する（野田 2013：12）。いかに「敵」を想定するかという問題は，特にベルギーのポピュリズム政党の特徴を考えるうえで重要である。この点は後述する。

　すなわち西欧の合意型民主主義国においてポピュリズム政党は，一般に，従来合意型民主主義国を維持してきたエリート主義的な妥協とそれを担保する制度に対する批判を軸に，具体的には移民排斥を争点化して支持を集めているとまとめることができるだろう[2]。

　他方で，以上のような合意型民主主義におけるポピュリズム政党は，しばしば「成功の故の犠牲（victims of their own success）」（Delwit 2005；Deschouwer 2009）に陥ることも指摘されている。「成功の故の犠牲」とは，ポピュリズム政党が「（一定の成功を治めてもなお）政党システムの主要な政党に対抗し続けた

場合,もしくは他党との連立政権に参加した場合……中核的な支持者からの支持を失う」(Albertazzi 2009：1)と呼ばれる現象である。すなわち単一争点で支持されたポピュリズム政党が与党に加わった途端に他の政策決定にもかかわらざるをえなくなり,支持された単一争点は保留されるか,妥協的に解消される場合が多い。これは,その政党を支持した有権者から見れば「裏切り」のように映る。また,党内においても政権を維持するために穏健化を図る派閥と,急進的なままであろうとする派閥の対立が生じ内紛に陥ることが多い。こうして,ポピュリズム政党はいったん台頭した後支持を落とすか,内的対立によって分裂するかして,「成功の故の犠牲」に陥るとされる(Deschouwer 2009：560)。

では,やはり代表的な合意型民主主義国であるベルギーの状況はどうであろうか(以下,松尾 2015：67-72に負う)。先んじて記せば,ベルギーにおいても確かに「妥協」に対する批判と移民排斥を主張するポピュリズム政党が台頭した。しかしその後既成政党の戦略等によって低迷し,やはり「成功の故の犠牲」に陥ったとされる(Pauwels 2011：75-77)。

ところが,少なくとも執筆時点で,2003年に結成され,水島が「ポピュリスト的政党」と呼ぶところの N-VA の評価は難しい(水島 2015：5)[3]。2010年,続く2014年では圧勝して第一党となり,現在は地域政府,中央政府で与党に加わっている。この例外的な成功の要因について,かつてザビエル・カントは,N-VA は政策の一貫性がなく組織的支持も明確ではないとして,その台頭は一時的な現象であると評価していた(Cantò 2012)。同様にマーク・ホーハらによれば,N-VA は[政治的無関心が進む]青年層に支持されている(Quintelier et Hooghe 2010：90)が,近年の若者の政治的無関心を前提とすれば,これは,むしろ N-VA が浮動票によって支えられていることを意味し,やはり「一瞬の風」にすぎないことを含意する。クリス・デスハウアーは「N-VA は今なお[一定の]役割を果たしているが,ベルギー連邦制における多層的政治ゲームの中で右派的戦略を選択することが難しい」(Deschouwer 2009：560)と述べていた。すなわち,従来の成果は N-VA をポピュリズム政党と位置づけて,現在も「成功し続けている」ことを説明してこなかった。最近の現地報道では

N-VA を「ナショナリスト」と分類する傾向にある。

　しかし，いったんポピュリズム政党と位置づけて「一瞬の風」のごとく評価づけながら，成功したとたんに「ポピュリストではない」と分類するのは一貫性に欠けるように思われる。また，方法論的に見ても，そもそもベルギーの政党政治研究において投票行動にもとづく政党支持研究が進んできたのはごく最近のことである。つまり，N-VA を対象とする選挙は，当時，2007年の国政選挙以降，2009年の地域議会選挙，2010年の国政選挙しかなかった。わずか3回の選挙における支持者の行動を対象とする限り，観察期間が短いため，投票行動分析ではいかなる新政党の台頭も「一時的な現象」として評価せざるをえない（van Haute 2011：216）。

　この点について，近年ステファニー・ベイェンスらはやはり投票行動分析を通じて，N-VA の成功は新政党としての目新しさだけではなく，既存の政党が分裂して生まれた「後継政党（successor party）」であることにも負うと分析している（Beyens et al. 2013：22）。その点に異論はないが，「後継政党なら成功する」わけではないことも直感的に明らかであろう。

　後に見るように N-VA の歴史的起源は古い。もし N-VA の歴史的起源を第一次世界大戦前後にまで遡るのであれば，歴史的背景等を考慮すること無く直近の投票行動を見ているだけで N-VA を評価するのは単純にすぎるだろう。よって本章では，ポピュリズム政党である N-VA の「成功」要因を，歴史的文脈を考慮して検討していきたい。

　なお，筆者は過去ベルギーで生じた分裂危機の研究を進めてきたが，N-VA の台頭を「地域主義」化という視点で論じてきた。本章は，それを「ポピュリズム」という視点で見直すとどういう解釈になるのかという，自己批判的な再解釈の試みでもある[4]。

3　ベルギーにおけるポピュリズム政党の系譜

（1）フラームス・ブロックの台頭と失敗

　ベルギーは1830年にオランダから独立した多言語国家である。北部にはオラ

ンダ語を話すフランデレン民族が住み，南部にはフランス語を話すワロン民族が住む。独立当初は経済的に豊かであったワロンの人びとが中心となり，フランス語のみを公用語とした国民形成が進んだが，その後フランデレンの人びとによるオランダ語の公用語化を求める運動（フランデレン運動）が激しくなった。この対立を一般に言語問題，言語紛争という。

　フランデレン運動によってオランダ語は徐々に認められていき，戦間期には両言語がそれぞれの地域で公用語となった。この間のベルギーの政党政治は主にキリスト教人民/キリスト教社会党（ChristelijkeVolkspartij/Parti Social Chrétien. 以下 CVP/PSC），社会党（Parti Socialiste），自由党（Parti Libéral）によって担われてきた。しかし戦間期にはファシズムがヨーロッパを席巻する中で，同じゲルマン系のフランデレン民族主義を掲げる政党が台頭した。大戦後，ファシズムに対する猛省の中でフランデレン運動は沈静化したが，比較的穏健な連邦主義を掲げたフランデレン地域主義政党，人民同盟（Volksunie. 以下 VU）が登場した。

　さらに1960年代以降，ワロン地域（フランス語）の経済停滞，フランデレン地域（オランダ語）の経済成長によって経済的地位が逆転し，既得権益に固執するワロン運動が台頭してフランデレン運動と対抗し，言語問題は政治化した。結局言語問題を解決するために，ベルギーは1970年以降，漸進的な分権化改革を進めて，93年には連邦制を導入することになる。すなわちフランデレン，ワロンそれぞれ一定の政治的，経済的自治を認める抜本的な制度改革を断行し，言語対立の鎮静化を図ったのである。

　この間 CVP/PSC，自由党，社会党といった既成政党が言語対立によってフランデレン，ワロンの地域政党に分裂する。さらに VU は支持を広げ，71年には約20%の得票率を獲得している。しかし制度改革が始まるとしばしば憲法改正が必要となった。分裂した主要政党だけでは改憲議席数に届かないため，VU が74年，77年に二度政権に加わった。これはベルギーが連邦制を導入することを最終的に方向づけたエフモント協定の成立に結びつくが，それと同時にVU は「連邦主義」以外の新しい政策を模索しなければならなくなり，それが党内対立を生み，以降 VU は得票率を一桁に低下させ，後に解党することに

なる（Deschouwer 2009：564）。

　VUが党内対立と得票率低下に苦しむ中で，ベルギーではフラームス・ブロック（VB）が台頭した。VBは，VUの政権参加とエフモント協定における妥協に反発した，フランデレンの独立を求める急進派によって結成された（Deschouwer 2009：572）。78年にはフィリップ・デウィンテル（Filip Dewinter）のリーダーシップの下で「わが国民を第一に（"Eigen volk eerst!"）」と移民排斥を掲げて選挙に臨み，国政に進出する。

　経済的にフランデレンに依存しているワロンの排除と，フランデレンの独立とを掲げ，さらに移民を「敵」と訴え台頭したVBは，ベルギーにおけるポピュリズム政党の代表例である。特に移民による治安悪化が社会問題となり，その排斥を訴えたVBが2議席から12議席に躍進した91年の国政選挙は，「黒の日曜日」と呼ばれた。94年には反動的に他の政党が一切VBとは（政権，選挙を問わず）連携しないとする，いわゆる「防疫線協定（cordon sanitaire）」を結んだが，VBはVlaams Belang（フラームス・ベラング）へと改称し，フランデレン独立を訴え，2004年（地域議会選挙）にはフランデレン選挙区で24％を獲得するに至る。

　しかし，先の協定によって政権獲得可能性を失ったVBへの支持はその後低迷し，「ほとんどの近年の選挙において……VBに投票した相当数が，その忠誠をLDD，N-VAに替えている」（de Lange and Akkerman 2012：30）といわれている。これがVBの場合の「成功の故の犠牲」である。

（2）N-VAの台頭と分裂危機

　VBが低迷すると同時に台頭してきたのが，先のVUの残党が結成したN-VAである。N-VAは結成当初フランデレンの将来的な独立を視野に入れた国家改革（フランデレンの自治拡大）を主張していた。結成されて間もない2003年の選挙では1議席しか獲得できなかった。

　しかしその後2004年のフランデレン地域議会選挙において野党（CVPから改称した）CD&V（Christen-Democratisch en Vlaams）と選挙カルテルを結成して勝利し，さらに2007年6月の連邦選挙においてもN-VAとCD&Vの連合はフ

ランデレンの財政的自治の徹底を訴え，あわせて（全150議席中）30議席を獲得して第一党となった。

この選挙後の連立政権交渉で「安直な妥協を選ぶならフランデレンの独立も辞さない」と主張し続けた N-VA とワロン諸政党との合意形成は困難で，約半年の政治空白（新政権の不在）をベルギーは経験した。フランデレンとワロンの間の経済格差を背景に，財政政策で合意に達することのできない状況に，マスコミのみならず政治家までもしばしば「ベルギー分裂の可能性」を口にした。

半年後になんとか暫定政権をスタートさせたものの国家改革をめぐる対立のために短命政権が続き，2010年6月13日にベルギーは再び総選挙を行った。この選挙ではやはり「国家改革を推進する。さもなければフランデレンの独立もありうる」と主張する N-VA が単独で第一党となり，フランデレンとワロンの合意形成は一層困難となった。連立交渉は平行線をたどり，新政権が成立したのは2011年12月である。約一年半もの政治空白は選挙後の連立政権形成に要する時間の史上最長記録であった。

一年半の時を経て，主要政党は N-VA を排除し，ワロン社会党を首班とする連立政権が成立した。このエリオ・ディ・ルポ（Elio Di Rupo）政権は財政の分権化を進めるなど積極的に改革を断行したが，その後も N-VA の支持は衰えず，2012年の地方統一選で躍進し，党首バルト・デ・ウェヴェール（Bart De Wever）はベルギー第二の大都市アントウェルペン市の市長に当選した。さらに任期満了に伴う2014年の国政選挙でも再び N-VA が圧勝し，今度は約半年の交渉の末，N-VA が政権に加わり，ユーロ危機からの財政建て直しのために，急進的な緊縮政策を進めている。以下，N-VA が成功した要因を検討したい。

4　なぜ N-VA は成功したのか

（1）VB 台頭の余波

VB 自体は中期的に見れば「失敗」した政党といえるだろう。しかしその台

第5章　合意型民主主義におけるポピュリズム政党の成功

頭によって多くの政党が自らの選挙戦略を見直さざるをえなくなったという影響を及ぼした。まず自由党である。自由党はベルギーで最も古い政党で，ベルギー独立後間もなく，カトリックの影響が強かったベルギーにおける「公教育の自由」を主張し結成されたが，その後カトリック党，労働党（現社会党）の結成によって第三党の地位に落ちていた。

しかし「黒の日曜日」の翌年，フランデレン自由党党首ヒー・ヴェルホフスタット（Guy Verhofstadt）は「市民と政治の乖離」の克服を謳う綱領『政治改革の道』を発表した。この「乖離」は前年の選挙で VB がベルギーの既成政党に向けた批判の言説であった。

この新しい綱領では，自由党が「市民の政党」であること，そして意思決定過程がより透明で，市民にわかりやすく民主的な政党へ改革することが謳われ，党首選出方法の「民主化」が進められた。

この中でヴェルホフスタットは，より「市民に近い政党」を目指して「フランデレン主義」を掲げた。また（フランデレン）地域政府への分権化は「国家の役割を縮小する」という，新自由主義的な政策とも一致した。つまりフランデレン自由党は，「フランデレン」がより財政上の自治を獲得するべきだと主張するようになった。すなわち自由党がポピュリズム的傾向を帯びたのである（この点は Jones 2007：40 も同様の指摘をしている）。この後自由党は支持を高め，1999年には約半世紀振りに選挙で勝利し政権を奪還する。

これで慌てたのが，この時に与党から転落したカトリックである。この敗北以降，フランデレン・カトリック党（CVP）も党改革を進めた（Beke 2004：155）。しかし，自由党同様に党首選出方法等の「民主化」を謳った改革は，既得権益に固執した派閥の反対が強く頓挫してしまう。

改革は頓挫しても選挙には勝たねばならない。これがカトリック政党をもポピュリズムへ導くことになる。当時の党首，ステファン・デ・クレルク（Stefaan De Clerck）が地方キャンペーンを張り分析した結果，党は「キリスト教民主主義政党の1990年代半ば以降のパフォーマンスを検討すると，地方選挙においては成功していた」ことに気づいた（Van Hecke 2012：4）。こうして2001年には，CVP（キリスト教人民党）を CD&V（キリスト教民主フランデレン党）へと改称す

ることを決定する。つまり党名に「フランデレン」を掲げ，地域色を強く出すことで党の新しいイメージを創ろうとしたのである。

さらに次の党首イヴ・ルテルム（Yves Leterme）は，フランデレン地域主義政党 N-VA と選挙カルテル（共通の名簿と共同の選挙公約）を結成し（Van Hecke 2012：6），「フランデレン・キリスト教民主主義」を強調するようになる。やはり地域主義化し，ポピュリズムに傾倒していったのである。

ベルギーの政治学者，レジス・ダンドイは，連邦制導入以降2007年まで経年比較すると，ベルギーの諸政党はマニフェスト上分権化イシューを強調し続けていることを明らかにしている。すなわち VB の台頭後，既成政党は次々とポピュリズムに「汚染」されていったのである（Dandoy 2011）。

さらに問題はこの帰結である。この CD&V と N-VA の連合は2007年の選挙で勝利する。つまり CD&V がポピュリズムに傾倒し，地域主義を打ち出したことによって，N-VA という「フランデレンの独立」を主張する政党が連立交渉過程に入り込んでしまったのである。その後の交渉が難航するのも当然であった。こうした全般的な地域主義化，ポピュリズムによる「汚染」が分裂危機の背景にはあった[6]。以下では，N-VA の戦略に目を向けてみよう。

（2）N-VA の戦略
① 「妥協」の徹底的否定

N-VA は2007年の選挙後の政権形成交渉に加わったが，ワロンとフランデレンの新連立政権の成立を「妥協」と批判して，自らの意志で政権を離れた。つまり過去の「成功の故の犠牲」に陥った政党とは異なる戦略を採った。しかもその後の新政権は国家改革を進めることができず，短命に終わった。

短命政権が続いた後，2010年6月に再び国政選挙を行ったが，勝利したのは N-VA だった。2007年の危機において，連立政権に加わらず，妥協せぬ態度を採り続けたことが支持されたとされる（松尾 2015）。

2010年選挙後の交渉においては，N-VA は経済的にフランデレンに依存するワロンと敵対した。さらに合意へと向かおうとする他の既成政党に対して，やはりフランデレンの自治が達成されたわけではないと妥協を否定し続けた。

またこの間デ・ウェーヴェルは「民主主義」のあり方を公に問い続け，「選挙で勝利したものが国政を仕切ることが真の民主主義だ」と述べて，妥協的な民主主義を否定した。結局交渉には一年半もの時間を要し，N-VA は再び妥協的な連立政権から離脱したのである。

② 欧州危機のインパクト

一年半の交渉を経て成立したワロン社会党を首班とする既成政党の連立による新政権は，課税権の分権化などフランデレンの要求を実現し，またワロンに対する補助金を引き出す等妥協的な改革を進めた。その結果，妥協的ではあるが，争点だった国家改革は一段落ついた。しかし，それにもかかわらず，2014年の5月に行われた選挙では再び N-VA が勝利した。しかも圧勝だった。本来の「成功の故の犠牲」のロジックであれば，勝利しても政権に加わらない N-VA は有権者から批判されて支持を落としても不思議ではなかった。この選挙で N-VA は「ベルギー分裂」や「フランデレン独立」ではなく，将来的に外交，軍事以外の全てをフランデレン（国）とワロン（国）が別で行う「フランデレンとワロンの国家連合・ベルギー」を目指すと主張した。はっきり言って非現実的である。

しかし2008年以降，ユーロ危機による大手金融機関の経営破綻をベルギーは経験し，多くの公的資金の注入を要した。そのため2014年の選挙では財政再建が重要な争点となっていた。その時勢において「国家連合」という言説は，財政分権化を徹底して，「不況に喘ぐワロンと，それを援助する豊かなフランデレン」からなるベルギーの，財政健全化策を象徴する言説となった。

実際のマニフェストにおいて N-VA は「財政健全化」などの具体的政策を上位に掲げ，「国家連合」という抽象的な言説の順位は低くした。結果的にこの選挙において，N-VA は最も新自由主義的な，財政再建を打ち出す政党と有権者に映った（松尾 2014）。また国家改革をめぐって意見の食い違いはあるものの，欧州経済が不安定化する中で多くの企業が経営難に苦しんでいた。N-VA は法人税の軽減等企業支援を訴えて，経営者団体の支持を取り込んだ（松尾 2015）。すなわち欧州危機が N-VA に勝利の機運を与えたのである。

こうした N-VA の一連の戦略は，イデオロギー的には場当たり的だが，「安

易な妥協」はしていない。経済のグローバル化が進む中で，それが引き起こす混乱と不安とをむしろ巧みに利用した「グローバル・ポピュリスト」戦略と言うべきだろうか。「妥協」の否定に加え，状況に応じて機敏に政策を変え，N-VA は再び，否，三度勝利したのである。

　前回の一年半に及ぶ「新政権不在」に対する反省が圧力となって，選挙から約5ヶ月後の10月8日に N-VA，フランデレン・カトリック党，フランデレン自由党，そしてワロン自由党による4党連立政権が成立した。首相はワロン自由党からシャルル・ミシェル（Charles Michel）が選出された。4党連立だが，ついに N-VA が政権に加わった。その直後，大胆な緊縮政策を進める新政権に対してデモが頻発した。ベルギー政治は「分裂危機」の時代を経て，新しい局面に入っていくように映る。以下，本章の知見を整理して終わりとする。

5　考察と結論——ベルギーの言語問題と N-VA の成功

　ここまで，ベルギーを中心に合意型民主主義国とポピュリズム政党の関係をみてきた。一般的にポピュリズム政党は「妥協の政治」を批判して，排外主義的な言説で台頭したといえるが，N-VA を単純に「一瞬の風」と評価すべきではない。N-VA は少なくとも現時点で「成功」したポピュリズム政党と呼べるだろう。

　ここで本章の検討を通じて得たベルギーのポピュリズム政党の特徴を整理しておこう。N-VA は「私たちの民族（フランデレン）」や「私たちの言語（オランダ語）を語る人びと」にとっての民主主義を主張した。これらの言説はベルギーの「普通の人びと」，ベルギー「国民」ではなく，一見フランデレン「民族主義」的である。しかし，ベルギーの場合，歴史的に抱えて来た言語問題の根の深さを軽視してはならない。

　ベルギーでは1960年代の言語紛争によって，あらゆる政党が地域政党へ分裂した。もはや全国規模の「ベルギー」政党システムはなく，「フランデレン」の政党システムと「ワロン」の政党システムがあるだけである。つまりフラン

デレン政党が"Volks"の言説を用いるとき，それは一見「フランデレン民族」を指すが，フランデレンの人びとやフランデレンの政党にとっては「国民」と同じである。換言すれば，この国では「普通の人びと」や「国民」を語るポピュリズムと，「フランデレン主義」や「反ワロン」を語る地域主義・民族主義との境界はきわめて曖昧である。特に経済危機のような状況では「敵」は「ワロン」や「フランデレン」にも，「移民」にもなりうる。このように歴史的な言語対立に根を持ちながら，状況に応じて「敵」を戦略的に策定しうる点が多言語・多民族国家ベルギーのポピュリズムの特徴である。こうしてN-VAは今や「新世代のポピュリスト」として，曖昧に分類されつつある（Pels 2013）。

　ではなぜN-VAが成功し続けたのだろうか。N-VAは「妥協」を徹底的に批判し，民主主義のあり方を問い続けた。この点は従来のポピュリズム政党と変わらない。しかし，それを「成功」へと導いたのは，第一に欧州危機であった。その中でN-VAは効果的な言説を用いて支持者を獲得した。

　そしてそれ以上に，N-VAが成功した最大の理由は，小政党にすぎなかったN-VAを政治の場に引き上げた，既成政党の「汚染」に求められるだろう。VBの台頭に驚いた既成政党は，自らもポピュリズム的傾向を強めて「フランデレン」を強調し，N-VAに台頭の機会を与えたのである。おそらく自由党が地域主義を掲げなければ，そしてCD&VがN-VAと連携しなければ，N-VAがここまで台頭する機を得ていなかったかもしれない。[7]

　2014年の選挙以降，政権に加わったN-VAの支持は少し下落傾向にあると聞く。デモも頻発している。しかし，もしN-VAが失墜したとしても，ベルギーが存続する限り，つまり言語問題を抱える限り，同じような「新世代のポピュリズム政党」が台頭する可能性は常にある。他方で，ここ数年の経済予測ではワロンの先端情報産業の伸びが堅調で，逆にフランデレンは労働人口の高齢化が懸念されているという。もしワロン経済がやがてフランデレン経済を凌駕するとすれば，今度ベルギーを待つのは「和解」だろうか。それとも「ワロンの逆襲」だろうか。いずれにせよベルギーにおいてポピュリズムは台頭するだろう。そしていかに「ポピュリストを多極共存化できるか」（Papadopoulos

第Ⅱ部　ポピュリズムと民主主義の危機

2005：80-81）が重要な課題であり続けるだろう。

【注】
1) 現在は Vlaams Belang となったが，区別する必要がないと考えられる限り，いずれも VB と記すことにしたい。
2) ちなみにベルギー出身の政治学者であるシャンタル・ムフは，多くの国で『国民の声』を主張する政党が成功しているのは，「効果的で可能性のある別の選択肢を求める議論が欠如しているから」(Mouffe：1）だと述べている。
3) N-VA をポピュリズムと見なすかどうかは議論があるが，ジーナ・ヘイルマンは近代立憲主義に対する批判的言説を考慮して，N-VA を「ポピュリズム政党」と位置づけている（Heyrman 2011）。本章でもそれに従いポピュリズム政党と位置づけるが，この点については最後で改めて議論する。
4) よって以下の歴史記述部分については，一部松尾の過去の成果と重複する部分があることをご了承いただきたい（松尾 2014：2015）。
5) LDD とは，自由党から分離したジャン・マリー・デデッケルによって2007年1月に設立された List Dedecker という政党の略記である。2009年の選挙で6～8％の得票率を獲得した。現在は Libertair Direct Democratisch と党名を変更している。「国家は最小限のサービスでよい」，「福祉を維持するために小さな政府，民営化，フラットな税制，失業給付の制限と厳格化」を主張し「自らは普通の市民の代表」としてリファレンダム，イニシアティヴを要求した。また「ベルギー政治は，市民の声を欠いた政党本部どうしの妥協で動き，腐敗していて，恩顧主義的」と批判している（Pauwels 2014：42）。
6) 実際にヤヘルスとワルグラーヴは，言説分析を用いてキリスト教民主主義政党である CD&V，自由主義政党である Open VLD，社会民主主義政党である SP. A（Socialistische Partij Anders）などの既成政党もポピュリスト傾向が強いことを明らかにした（Jagers and Walgrave 2007）。言説分析を用いれば，今やベルギーは全ての政党がポピュリズム政党なのである。
7) 筆者自身の蓄積を見直してみると，分裂危機を引き起こす要因となった主要政党の「地域主義」化について，筆者は以前「連邦制導入の逆説的効果」を強調してきた。しかし本章では，むしろポピュリズムへの「汚染」が強調されることになる。これらの知見は相反するものではなく補完し合うが，このいずれかが重視されるべきなのかは，N-VA が「（少し長めの）一瞬の風」か，それとも多極共存型民主主義の中で反体制的政党のまま定着していくのかに負うだろう。もし「一瞬」ならポピュリズムと再定義すべきだろうし，定着していくのなら，そこに制度の影響を加味するべきであろうと考える。

【参考文献】
野田昌吾（2013）「デモクラシーの現在とポピュリズム」高橋進・石田徹編『ポピュリズム時代のデモクラシー——ヨーロッパからの考察』法律文化社．
馬場優（2013）「オーストリアのポピュリズム——ハイダーからシュトラッヘへ」高橋進・石田徹編『ポピュリズム時代のデモクラシー——ヨーロッパからの考察』法律文化社．

東原正明 (2013)「連邦国家オーストリアにおける州政府の形成──プロポルツの原理から多数派の原理へ」『福岡大学法学論叢』57巻4号, 579-611頁。

松尾秀哉 (2014)「ベルギーに兆すあらたな分離主義──経済格差で"分裂"が加速する?」『中央公論』129巻12号, 120-125頁。

─── (2015)『連邦国家ベルギー──繰り返される分裂危機』吉田書店。

水島治郎 (2014)「ポピュリズムとデモクラシー」『千葉大学法学論集』29巻1・2号, 125-147頁。

─── (2015)「『民衆の代表』か『防疫線』か──ベルギー・フランデレンのポピュリズム政党」『千葉大学法学論集』29巻4号, 1-25頁。

レイプハルト, アレンド (2005)『民主主義対民主主義──多数決型とコンセンサス型の36ケ国比較研究』粕谷祐子訳, 勁草書房。

Albertazzi, Daniele (2009) "Reconciling 'Voice' and 'Exit': Swiss and Italian Populists in Power", *Politics*, Vol. 29 (1), pp. 1-10.

Beke, Wouter (2004) "Living Apart Together. Christian Democracy in Belgium", *Christian Democratic Parties in Europe since the End of the Cold War*, eds. Van Hecke, Steven, and Gerald, Emmanuel, Leuven: Leuven University Press, pp. 133-158.

Betz, Hans-George (1993) "The New Politics of Resentment: Radical Right-Wing Populist Parties in Europe", *Comparative Politics*, Vol. 25 (4), pp. 413-427.

Beyens, Stefanie *et al.* (2013) "The Rise and Success of a (Not So New) Party: The N-VA in Flanders", paper prepared for presentation at the Annual Meeting of the American Political Science Association, Chicago, 29 Aug-1 Sept 2013.

Cantò, Javier M. (2012) "The End of the Flemish Cartel from N-VA's view point through the Garbage Can Model Theory on Decision-Making", Political Decision-Making, Gent: Universiteit Gent. (http://www.academia.edu/2083660/The_end_of_the_Flemish_Cartel_from_N-VAs_viewpoint_through_the_Garbage_Can_Model_Theory_on_Decision-making, last visited, 5 March 2013)

Dandoy, Régis (2011) "Territorial Reforms, Decentralisation and Party Positions in Belgium", paper for CEPSA Annual Conference "Multi-level Politics: Intra- and Inter-level Comparative Perspectives", Vienna, 27-29 October 2011.

De Lange, Sarah L. and Akkerman, Tjitske (2012) "Populist parties in Belgium: a case of hegemonic liberal democracy?", *Populism in Europe and the Americas: threat or corrective for democracy?*, eds. Mudde, Cas and Kaltwasser, Cristóbal R., Cambridge: Cambridge University Press, pp. 27-45.

Delwit, Pascal (2005) "Les partis régionalistes, des acteurs politico-électoraux en essor, Performances electorates et participations governementales", *Les partis régionalistes en Europe. Des acteurs en développement?*, ed. Delwit, Pascal, Bruxelles: Editions de l'Université de Bruxelles, pp. 51-84.

Deschouwer, Kris (2009) "The Rise and fall of the Belgian Regional Parties", *Regional & Federal Studies*, Vol. 19, No. 4-5, London: Routledge , pp. 559-577.

Doomernik, Jeroen (2010) "The Genesis of Dutch Populist Politics", Washington, DC: Transatlantic Academy. Retrieved at http://www.transatlanticacademy.org/blogs/jeroen-doomernik/genesis-dutch-populist-politics, last visited, 6 March 2015.

Hakhverdian, Armén and Koop, Christel (2007) "Consensus Democracy and Support for Populist Parties in Western Europe", *Acta Politica*, No. 42, pp. 401-420.

Heyrman, Gina (2011) "Populisme. de Logica van het Nationalisme", *Samenleving en Politiek*, Vol. 18 (8), pp. 16-23.

Jagers, Jan and Walgrave, Stefaan (2007) "Populism as political communication style: An empirical study of political partes' discourse in Belgium", *European Journal of Political Reserch*, Vol. 46, pp. 319-345.

Jones, Erik (2007) "Populism in Europe", *SAIS Review*, Vol. 27 (1) , pp. 37-47.

Mouffe, Chantal (unknown) "Democracy in Europe: The Challenge of Right-wing Populism". (http://www.cccb.org/rcs_gene/mouffe.pdf#search='Mouffe%2C+Chantal+Democracy+in+Europe', last visited, 26 January 2016)

Papadopoulos, Yannis (2005) "Populism as the Other Side of Consociational Multi-Level Democracies", *Challenges to Consensual Politics: democracy, Identity, and populist Protest in the Alpine Region*, eds. Caramani, Daniele and Mény, Yves, Brussels: Peter Lange Publisher, pp. 71-81.

Pauwels, Tenu (2011) "Explaining the strange decline of the populist radical right Vlaams Belang in Belgium: The impact of permanent opposition", *Acta Politica*, Vol. 46 (1), pp. 60-82.

――――― (2014) *Populism in Western Europe. Comparing Belgium, Germany and the Netherland*, London: Routledge.

Pels, Dick (2013) "Europe Facing the Populist Challenge", HP of Heinrich Böll Stiftung. (https://www.boell.de/de/node/277083, last visited, 30 January 2016)

Quintelier, Ellen et Hooghe, Marc (2010) "Associations, appartenance et comportement électoral: la pilarisation est-elle révolue?", *Les voix du peuple, le comportement électoral au scrutin de 10 juin 2009*, eds. Deschouwer, Kris *et al.*, Bruxelles: Editions de l'Univesite de Bruxelles, pp. 81-100.

Van Haute, Emilie (2011) "Volksunie, Nieuw-Vlaams Alliantie, Spirit, Vlaams-Progressif", *Les partis politique en Belgique*, eds. Delwit, Pascal and Pilet, Jean-Benoit, Bruxelles: Editions de l'Univesite de Bruxelles, pp. 201-218.

Van Hecke, Steven (2012) "Christian Democracy in Belgium", paper for the Journal of Kansai University of Law and Politics, pp. 31-40.

［付記］　本章は，科学研究費補助金（基盤(C)）「『ベルギー型連邦制の脆弱性と強靱性』についての研究」(研究課題番号　15K03281)（研究代表者　松尾秀哉）の成果の一部である。

なお，本章は2016年2月に脱稿した。

第6章

北欧のポピュリズム
—— 反税から反移民へ

渡辺　博明

1　北欧諸国とポピュリズム

　北欧諸国でも近年,「ポピュリスト」と形容される政党が力をもつようになっている。2016年初頭の時点で,デンマークとフィンランドでは,それぞれ「デンマーク国民党」と「真フィンランド人党」が議会第二党であり,ノルウェーとスウェーデンでは,「進歩党」と「スウェーデン民主党」が議会第三党となっている。さらに,ノルウェーの進歩党と,真フィンランド人党は連立政権に参加し,与党の立場にある。

　他方で,「ポピュリズム」ないし「ポピュリスト」という言葉は,今日では多くの国や地域の政治を語る際に用いられるが,その意味するところや指し示す現実は極めて多様である。そこで本章では,グローバル化時代における各地域のポピュリズムのあり方を検討するという本書全体の課題を意識しながら,北欧に特有のポピュリズムの形があるとしたらそれはどのようなものか,ということを考えてみたい。

　以下,第2節で先行諸研究が指摘するポピュリズムの特質をいくつか挙げながら,北欧のポピュリズムをとらえるための視座を定め,第3節では,北欧政治の特徴を整理する。続く第4節で北欧諸国のポピュリスト政党の動向を概観した後,第5節でそれらの異同を検討し,最後に現時点での総括的な見解を示すこととする。なお,一般に「北欧諸国（Nordic countries）」という場合,デンマーク,フィンランド,アイスランド,ノルウェー,スウェーデンの五ヶ国を

指すが，ここでは特に，文化的にも政治的にもつながりが深く，共通点の多い「スカンジナビア諸国 (Scandinavian countries)」，すなわちデンマーク，ノルウェー，スウェーデンを中心に見ていくこととする。

2　ポピュリズムへのアプローチ

「ポピュリズム」とは，一般的に，その語源でもある「人びと」の支持を根拠に既存の政治システムの変革をめざす動きであると考えられる。しかし，この言葉は，しばしば指摘されるように，論者によってさまざまに異なった使われ方をしており，これを分析概念として用いる試みには少なからぬ困難がつきまとう。2000年代初頭に，フランスの政治学者メニ (Yves Mény) らが各国研究を集めてポピュリズムに関する書物を刊行した際にも，編者による最初の章は，この言葉の多義性と曖昧さに注意を払いながら整理を試みるものであった (Mény and Surel 2002)。また，イギリスの政治学者タガート (Paul Taggart) がその解説書を著した際にも，冒頭で先行研究を振り返りながら，ポピュリズムに関しては，精緻な研究をめざそうとすると対象自体が見えなくなってしまうという難しさに言及していた (Taggart 2000：2)。

そのような難しさの原因の一つは，ポピュリズムの語が異なる範疇の事象を指して使われることにある。たとえば，それが「政治体制」を論じるために用いられることもあれば，それによって「政治手法」，とりわけリーダーシップのあり方や大衆動員の方法が論じられることもある（島田 2009）。さらには，政治の目的を人民の意志の直接的な反映ととらえ，またそれができるとする「イデオロギー」としてのポピュリズムを論じることも可能である（木村 2009）。

また，もう一つ，ポピュリズムの概念を扱いにくくしているものとして，幾人かの論者が指摘している点は，それが示す現象自体が変化を遂げていくことである。吉田徹は，その過渡的な性格に着目するともに，それが最終的には別のイデオロギーに吸収されることも多いと指摘する（吉田 2011：71）。それと関連して，ポピュリズムは中核的な価値を欠くとされ，そこにおけるイデオロ

ギーの希薄さが指摘されることもある (Jungar 2010 : 209-211)。要するに，ポピュリズムは，時代や地域によって，また，同じ国や近い時期においても局面に応じて融通無碍に形を変えていくという意味で，状況依存的な性格をもつのである。

以上をふまえると，国や地域ごとのポピュリズムの特性を理解するためには，各々の社会や政治の特性を前提に，それらをどのように変えようとする動きなのか，という点が重要になる。次いで，社会や政治の変化に合わせて姿を変えていくポピュリズムをとらえるには，その変容過程を意識することも求められる。以下では北欧政治の特徴を整理し，各国の事情を概観した後，それらを比較するという順序で考察を進めていく。

3 北欧政治の特徴

北欧諸国の政治については，それらが第二次世界大戦後の経済成長を経て高度な社会保障システムを発達させたこともあり，「北欧デモクラシー」として注目された（Allardt *et al.* eds. 1981；早稲田大学社会科学研究所北欧部会編 1982）。そこでは，その実態や背景が，歴史，文化，経済，教育などと結びつけられさまざまに検討されたが，以下ではさしあたり北欧諸国に共通する民主政治のあり方を，政治的代表，政策決定過程，政策内容の三点から整理しておく。

まず，その特徴の一つとして，政治的代表の機能をもっぱら政党が果たしていることが挙げられる。これらの国においては，20世紀初頭までに普通選挙の実現をともないながら議会制民主主義が確立されたが，その過程で比例代表制選挙が導入され，職能的および思想的な支持基盤をもつ諸政党が基本的な単位となって競い合う形ができあがった。そこでは，社会民主主義，共産主義，自由主義，保守主義に農業者の代表を加えた五つの政党からなるシステムが見られ，それらが20世紀後半に入るまで長期にわたり持続した[1]。また，全政党が社会民主主義，共産主義からなる左派と，それ以外の中道右派とに分かれる「ブロック政治」の慣行や，組織的な労働運動と結びついた社会民主主義勢力の優位といった特徴も見られた。

次に，北欧政治における政策決定の特徴として挙げられるのは，「合意重視の政治（コンセンサス・ポリティクス）」である（Elder 1982；岡沢 1989）。比例代表選挙にもとづく多党制においては単独で過半数議席を占める勢力が現れにくく，複数の党による連立政権となるうえに，少数派政権となることも多く，政党間の交渉を通じて政策合意をめざすスタイルがとられてきた。また，これらの国々では，労使の二大勢力がそれぞれに集権化され，それらが議会外の審議会や意見聴取手続きを通じて政府とともに社会経済政策の大枠の決定にも影響を及ぼす「ネオ・コーポラティズム」が発達した。

最後に，北欧諸国に共通する政策的な特徴として，公共部門を拡大し，体系的な社会保障制度を発展させてきたことが挙げられる。そこでは，年金，医療，介護，保育などの面で，基礎的保障にとどまらず，中間層をも含め，より多くの国民が税と保険料を支払いながら，社会サービスを権利として利用できるような体制が作り上げられた。それらは，対象を困窮者に限定しようとする選別主義的な福祉国家ではなく，受益者と負担者の分断を回避する普遍主義的な福祉国家をめざすものであった。それはまた，体系的な社会政策が政府の正統性を高め，社会民主主義政党の長期政権を可能にするという循環をももたらした。

以上のように，北欧諸国では，職能的・思想的基盤をもつ大衆組織政党からなる安定した政党システムの下で，社会民主主義の優位や交渉による合意形成を通じて普遍主義的な福祉国家が形成されてきていた。しかし，そうした北欧デモクラシーも，高度経済成長の終わりを機に変容を遂げ始め，福祉国家も再編期に入ったと言われるようになって久しい。他方で，「ポピュリスト」と呼ばれる諸政党は，そうした変化の過程で生まれ，拡大してきたという面をもつ。

4　各国におけるポピュリスト政党の動向

（1）デンマーク

デンマークでは，1970年代にグリストルプ（Morgens Glistrup）が反税を掲げ

た「進歩党」を率いて選挙で大きな成功を収めた。しかし，1990年代に党内対立からケアスゴー（Pia Kjærsgaard）らが「デンマーク国民党」を結成して離脱すると，以後は同党が移民批判により勢力を伸ばし，2000年代には自由党政権を閣外協力で支え，政策的影響力を発揮するまでになる（以下の内容は主に〔Svåsand 1998；Engelbreth Larsen 2001：kap. 4；Widfeldt 2015：ch. 7〕の記述に基づいている）。

　テレビ番組で脱税による国家への抵抗を主張して物議を醸した法律家グリストルプは，1973年の国政選挙に保守党から出馬しようとしたが，執行部がそれを認めなかったため，自ら政党を立ち上げ，進歩党と名づけた。同年の選挙では進歩党が有権者の関心を集め，得票率15.9％，議席獲得数28（総議席数175）で一気に社民党に次ぐ議会第二党となった。この劇的な結果の背景には，前年に行われた EC 加盟の国民投票で世論が不安定化していたことに加え，当時の中道右派連立政権に減税や公共部門縮小を期待しながら，それが実現しないことに不満をもっていた有権者を進歩党が取り込んだことがあった。

　しかし，最初の選挙での成功の後，進歩党は徐々に支持を失い，84年選挙では得票率3.6％，6議席にまで落ち込んだ。加えて，83年には，過去の脱税に裁判で有罪判決が下り，グリストルプが収監された。彼は2年後に刑期を終えて復帰するが，過激化する言動に反して，その人気は衰えていった。

　他方，ケア・ワーカー出身で，グリストルプの補欠で議員となったケアスゴーは，それまで同党であまり重視されていなかった幹事長の職を自覚的に活用して力をつけていった。彼女は87年選挙で中心的な役割を果たし，小幅ではあるが議席を増やした。そのなかで，党の議会戦術の決定においても主導権を握ることに成功した。すなわち，進歩党内には当初から，既成政党との交渉を否定し，独自路線を貫こうとするグループと，党組織を合理化するとともに，他党とも戦略的な協力関係を築くことを重視するグループとの対立があったが，ケアスゴーは後者の優位を決定づけた。それはたとえば，94年選挙の際に，自由党，保守党とともに非社会主義勢力で多数派をめざすことを宣言した小冊子を発行しえたことにも現れていた。

　しかし，その間も党内対立は続き，反対派が盛り返して激論の場となった95

年の党大会で，ケアスゴーら執行部の方針が否決された。これを機にケアスゴーとその支持者は進歩党から離れ，デンマーク国民党を結成した。分裂直後から支持率調査では新党が優勢となり，移民問題が争点となった98年の国政選挙では，デンマーク国民党が得票率7.4％，13議席で前回の進歩党の数値を上回った。他方で，2.4％，4議席に終わった進歩党は，後に所属議員4人も離党し，解党に至った。

　進歩党に代わって一定の勢力を得たデンマーク国民党は，実質的な影響力を高めるための方途を模索した。当時政権にあった社民党は，デンマーク国民党を民主政治になじまない勢力とみなしたが，同党は巧みに状況に適応し，議会内外で力を強めていった。まず，共通通貨「ユーロ」の導入をめぐって2000年9月に実施された国民投票で，社民党，自由党，保守党といった左右の主要政党が賛成の立場をとる中，デンマーク国民党は最左派の社会主義人民党とともに明確に反対する立場をとった。

　また，2001年のアメリカ同時多発テロもイスラム批判を繰り返してきた同党に有利にはたらいた。その約二ヶ月後に行われた国政選挙では，移民問題が大きな争点となり，デンマーク国民党は得票率12.0％，22議席（前回比4.6％，9議席増）で保守党を上回って第三党となった。この選挙戦においては，自由党と保守党が移民受け入れの制限を公約し，社民党までもがそれに追随した。選挙は全体として右派優位の結果となり，自由党が躍進して第一党となる一方，社民党は70年あまり続いた第一党の地位を失った。

　この2001年選挙では自由党と保守党の連立政権が誕生したが，両党の議席を合わせても全体の半数には及ばず，予算審議を含めた議会運営を安定させるためには他党の協力が必要であった。2002年に入ると，彼らは社民党ではなくデンマーク国民党に協力を求め，交渉の結果，移民政策について協議することを条件に，同党が閣外協力で政権を支えることとなった。こうして，デンマーク国民党は国政に大きな影響力をもつ立場となった。

　2002年5月には，3党の間で移民の受け入れと社会統合をめぐる政策合意が実現し，外国人法の改正によって新規入国者への在留許可や国内に住む移民による家族呼び寄せの条件が大幅に変更され，かつては寛容な部類に属していた

デンマークの移民政策は，ヨーロッパ諸国の中でも厳格なものとなった。また，この自由党政権の下で，たとえば2010年には，ポイント制の導入により滞在許可の条件がいっそう厳格化されるなど，デンマーク国民党が求める方向への政策変更がかなりの程度実現した。

2011年の選挙では，自由党，労働党の左右の主要勢力がほぼ現状維持にとどまったものの，保守党の後退と社会自由党の議席増大などにより，僅差ではあるが，社民党を中心とした中道左派の連立政権となった。この選挙でデンマーク国民党は，前回選挙の13.9％・25議席から，12.3％・22議席へと，わずかではあるが初めての後退を経験し，翌2012年9月には，結党時から17年間党首を務めてきたケアスゴーに代わり，テューレセン・ダール（Kristian Thulesen Dahl）が新党首に選ばれた。

2015年の選挙でデンマーク国民党は得票率21.1％，37議席と躍進し，第二党になった。ブロック間対抗でも右派が多数となったが，小政党の自由同盟の動きもあって連立交渉はまとまらず，結局第三党の自由党の単独少数派政権となっている。右派最大勢力となったデンマーク国民党に組閣の権利は与えられなかったが，近年同党は右派ブロックの一員として完全に政党システムに定着している。

（2）ノルウェー

ノルウェーでは，1970年代に養犬家ランゲ（Anders Lange）によって創設された「ランゲの党」が，後に「進歩党」と改称し，低迷期や党内論争を経て，今日では連立政権に加わるまでになっている（以下の内容は，主に〔Marsdahl 2008；Widfeldt 2015：ch. 6〕の記述に基づいている）。

1973年の国政選挙を前に，養犬家で愛犬家向け雑誌の発行者でもあったランゲが，オスロ市内で集会を主催し，既成政党を激しく批判するとともに，「税と公共料金と政府による介入の大幅削減を求めるアンナシュ・ランゲの党」（通称「ランゲの党」）という政党を立ち上げた。同党の主張は，その長く風変わりな党名が示すとおりで，公共部門の拡大を通じて国民生活を包括的に支える体制を作りあげてきたノルウェー福祉国家のあり方を正面から否定するもので

あった。

　73年選挙でランゲの党は，19選挙区すべてに候補者を立て，得票率5％で4議席を得た（総議席数は当時155，現在150）。この時点では，議席数も限られていたうえに内部対立もあって，議会政治において実質的な影響力をもつには至らなかったが，同様に初めて議席を得た社会主義左翼党とともに，約40年にわたって（既成政党の分裂を除き）固定されていたノルウェーの政党システムに変化をもたらした。しかも，同党は結成後わずか5ヶ月で議会参入を果たしており，政党と有権者の関係に構造的な変化が生じていることがうかがわれた。

　このランゲの党は，74年夏に党内対立から分裂したが，同年10月にランゲが心臓発作で急死すると再統一され，党名をデンマークの類似勢力に倣って進歩党と改めた。しかし，次の77年選挙では得票率1.9％で議席を失い，党は存亡の危機に陥った。

　そのような状況で78年に党首となったのが，当時30歳のハーゲン（Carl I. Hagen）であった。ランゲの議席を引き継いだハーゲンは，会社役員出身で当初から党の合理化を進めようとしていた。彼の下で組織改革を進めた進歩党は，81年選挙で4.5％，4議席を得て，再び議会政党となった。しかし，その後は党勢が振るわず，続く85年選挙では議席数を2に減らした。このときは，保守党，キリスト教民主党，中央党の中道右派連立政権が過半数に1議席足りない状態で，86年の経済危機への対応をめぐって野党案を支持し，政権の崩壊を決定づけるなど，一定の影響力を発揮したが，有権者の支持は広がらなかった。

　この状況を変えたのが移民問題であった。ノルウェーは1970年代半ば以降，労働移民を厳しく制限していたが，80年代半ばから多数の難民が流入し，庇護申請者は，84年の年間300人程度から87年の約8700人へと急増した。進歩党は87年の地方選挙で移民の制限を主張して票を伸ばすと，89年の国政選挙では得票率13％，22議席と躍進し，労働党，保守党に次ぐ第三党となった。移民への住宅手当等の補助金はネイティブのノルウェー人の高齢者ケアや医療に充てられるべきだと主張する進歩党は，他党が人道的見地から難民受け入れに寛容な姿勢を示す中で，移民増加に不安をもつ有権者にとって唯一の受け皿となっ

た。

　移民問題の争点化によって党勢拡大に成功した進歩党であったが，もともと他党に比べて明確な支持基盤をもたず，党内に経済自由主義から宗教的保守主義まで多様な立場を含んでいたこともあり，1990年代に入ると再び深刻な内部対立に見舞われた。特に，どちらかというと保守的で，移民批判で支持を得る戦略をとったハーゲンら執行部と，自由主義志向の強い青年部との対立は深刻であった。若手党員の中にはリバタリアン（自由至上主義者）も多く，国教会制度や徴兵制，アルコールの専売制に反対していた彼らは，移民の制限にも否定的で，当時再び争点化しつつあったEU加盟問題については基本的に賛成の立場をとっていた。

　EU加盟の国民投票を翌年に控え，その是非が主要争点となった93年選挙では，進歩党執行部は党としてこの問題に中立の立場をとることを決めるとともに，リバタリアンを排除しながら党の結束を固める方針をとった。その結果，EU反対派の中央党が躍進する中で，進歩党は得票率・議席とも前回の半分以下に落ち込んだが，リバタリアン的な党員の多くが離党し，執行部の目標は達成されるとともにハーゲンの指導力も強まった。

　94年11月の国民投票によりEUには加盟しないことが決まると，進歩党は再び移民問題を重視し始め，難民の受け入れ制限を選挙公約の中心に据えるようになる。そして98年選挙では，得票率15.2％，25議席を得て第二党に躍進した。以後，ハーゲンが精力的に移民批判を展開して国政選挙でも成功を収め，2005年選挙では得票率が22％に達した。この頃までに移民批判における強硬派で弁舌も巧みな女性政治家イェンセン（Siv Jensen）がハーゲンの後継者と目されるようになっており，2006年には彼女が党首の座についた。イェンセンは，党首となって初めて臨んだ2009年選挙で，得票率22.9％，38議席とさらに勢力を伸ばすと，近い将来に第一党となって自らの政権をめざすとも述べた。他方で同党は，他の中道右派政党からも交渉相手とは認められず，議会政治においてはなおも孤立していた。

　そのような中で2011年7月には，オスロの官庁での爆破テロと，労働党青年部の集会での銃乱射によって84人もの死者を出す事件が起こった。間もなく，

民族主義的な動機から凶行に及んだ犯人が過去に進歩党に在籍していたことが判明すると，同党も，移民がノルウェー文化への脅威となるという主張は控えるようになった。その後，進歩党は，移民の社会統合のコストを問題視する姿勢は残しながらも，社会経済への全般的な規制緩和を唱えるとともに，左右の既成政党に挑む論点としては，以前から断続的に言及してきた北海油田の収益基金の取り崩しを挙げるなど，別の形をとるようになった。

　2013年の選挙戦でも進歩党は移民批判を控え，中道左派政権の財政運営を批判しながら，それに代わる政権に加わる用意があることをアピールした。選挙結果は，労働党が議席を減らすとともに，保守党が大きく議席を増やし，政権交代が確実となったが，後者を中心とした右派連立政権の組み合わせは複数考えられる状況となった。保守党はこの選挙戦で進歩党との協力の可能性に言及していたものの，最初は自由党，キリスト教民主党との連立を模索した。しかし，議会運営において多数派となるには進歩党にも協力を求めざるをえないため，それら二党が政権参加を躊躇し，最終的に保守党と進歩党による連立政権が誕生した。

　この選挙で進歩党は8議席減の結果に終わったものの，ついに議会参入を果たした。同党は20ある閣僚ポストのうち7つを得ており，特にイェンセンは財務大臣の要職に就き，現在に至っている。

（3）スウェーデン

　スウェーデンでは，1990年代初頭に二人の著名人が既成政党を批判する「新民主党」を結成して議会参入を果たすが，次の選挙で議席を失い，解党した。その後しばらく「ポピュリスト」と呼ばれる政党はなかったが，2000年代に入ると，かつては民族主義的な極右政党であった「スウェーデン民主党」が徐々に穏健化し，国政レベルで議席を得るようになっている（以下の内容は，主に〔Ekman och Poohl 2010；Widfeldt 2015：ch. 8〕の記述に基づいている）。

　1990年の秋に音楽プロダクション経営者のカールソン（Bert Karlsson）と実業家のヴァクトメイステル（Ian Wachtmeister）が出会い，91年2月に新民主党を立ち上げた。カールソンは，他にテーマパークの経営も手がけており，娯楽

ビジネスでの成功者として知られていた。他方，ヴァクトメイステルは貴族の家系の出身で，会社経営の傍ら，政治家を軽蔑する内容の本を書き，メディアに登場するようになっていた。タイプの異なる二人が，既存の政治，とりわけ社会民主党の長期政権や福祉国家を批判するという点で意気投合して生まれたこの党は，政治をビジネスの論理で考えるという発想に基づき，主に減税，公共部門の縮小，規制緩和を主張した。また，「楽しさ」を強調し，二人の指導者が全国を行脚し，各地で音楽を取り入れた集会を開催した。世論調査でも同国の比例代表制の議席獲得要件である4％を大きく上回る数値が報告される中，91年9月に行われた選挙では，得票率6.7％で26議席を得て，結成後わずか半年ほどで安定性の高さで知られた政党システムへの参入を果たした。

　この選挙では社民党が議席を減らし，保守党を中心とした右派への政権交代が実現したが，新民主党を加えれば過半数議席を確保できる状況において，中道右派諸党は同党の主張や手法を拒絶し，少数派政権となることを選んだ。また，第二次世界大戦後最悪といわれる経済危機に見舞われていた当時のスウェーデンにおいて，保守党を中心とした連立与党は，新民主党ではなく社民党に協力を求め，財政再建のための政策パッケージを打ち出した。こうして，新民主党は政策面での影響力をほとんど発揮できないまま，94年選挙で議席を失った。この間，同党内では候補者選抜の仕組みを含めた党組織の整備が進まなかったうえに，庶民の意向を重視するカールソンと，高圧的な態度で減税と規制緩和を追求しようとしたヴァクトメイステルの対立も深まり，間もなく解党に至った。

　他方，後に「ポピュリスト」と呼ばれるようになるスウェーデン民主党は，まったく別の起源をもつ。スウェーデンでは，1970年代前半に，それまで「同化」を基本としていた移民の社会統合政策が，差異を認めたうえで共存をはかる「多文化主義」へと転換され，それは人権規定拡充のための憲法改正（1976年）にも反映されたが，そのような動きに反対する人びとが79年に「スウェーデンをスウェーデンのままに」という運動を立ち上げ，露骨な人種差別表現を用いて移民排斥を訴えるようになった。これにネオ・ナチ組織や民族主義の小政党が合流した後，その一部が88年にスウェーデン民主党となった。同党に

は，初代党首を含めてネオ・ナチ組織での活動歴をもつ者が少なくなく，「スウェーデンをスウェーデンのままに」の標語を掲げ続け，自民族中心主義の主張を展開した。また，90年代になっても，スキンヘッドの党員が鍵十字旗を掲げて行進し，集会ではナチ風の制服を着た幹部が演説をするような状態で，一般には非民主的な極右勢力と見られていた。

このようなスウェーデン民主党が，95年にかつて中央党の政治家であったヤンソン（Mikael Jansson）が党首になると，有権者に正当な政治勢力として認知されることをめざすようになる。ヤンソンは，集会での飲酒やナチスを連想させる制服の使用を禁止し，対外的な印象を改めることに努めた。2000年代に入ると，より過激な路線を求めるグループが別組織を作って離脱するとともに，2002年には元保守党議員のアンダション（Sten Andersson）が加わり，同党に政党政治や国政の経験を伝えた。

こうして穏健化を進めたスウェーデン民主党は，やがて南部を中心に地方議会で議席を得るようになるが，国政レベルでは候補者を立て続けるものの泡沫政党にとどまっていた。このような同党にとって大きな転機となったのは，2005年の執行部交代であった。この年の5月の党大会で，当時25歳の青年部議長オーケソン（Jimmie Åkesson）が党首に選ばれると，幹事長・副党首となるセーデル（Björn Söder）ら，南部スコーネ地方で活動していた若手三人が，上述のアンダションとともに新執行部に加わった。彼らは党員の暴力行為や差別発言を厳しく取り締まるとともに，極右イメージの払拭に努め，メディアを駆使した現代的な広報活動にも力を入れていった。

オーケソンを中心とした新体制で迎えた2006年の国政選挙では，「責任ある移民政策」「安心で尊厳ある老後」「犯罪への妥協なき対応」を三つの重点領域に掲げ，特に移民政策については，難民受け入れを厳しく制限し，市民権付与条件を厳格化するとともに，スウェーデンのイスラム化を阻止するとの主張を展開した。また，移民の社会統合に用いる予算をネイティブの高齢者の介護に回すよう主張したり，移民の重大犯罪者を国外追放するよう求めるなど，さまざまな論点を移民問題に結びつけた。イラクからの難民を中心に移民が増え続ける中で行われた選挙では，スウェーデン民主党が得票率2.9％を記録し，比

例代表選挙の議席獲得要件である4％には及ばなかったものの，一定の存在感を示した。

その後も，スウェーデン民主党は，上述の移民批判を繰り返す一方で，活動スタイルとしては民主政治のルールを守ることをも強調した。そして，中道右派の四与党連合だけでなく，左派三党も選挙連合を結成したため，すべての議会政党が二陣営に分かれて対決することになった2010年選挙で，得票率5.7％，20議席（全体の議席数は349）を得て，ついに国政レベルでの議会進出を果たした。

しかし，その後もすべての既成政党がスウェーデン民主党を非民主的な勢力とみなし，一切交渉しないという姿勢をとり続けたため，同党が政策的な影響力をもつことはなかった。他方で，スウェーデン民主党の側では，国会議員となった党員による過去の暴力行為と差別発言が映像とともに暴露された「鉄パイプ事件」をはじめ，不祥事が相次いだが，世論調査等での有権者の支持は伸び続け，2014年選挙では同党が12.9％，37議席を得て第三党に躍進した。スウェーデンでは，左右の既成政党および主要メディアが人道主義に基づく寛容な難民受け入れ政策と多文化主義的な社会統合政策の堅持で合意しており，スウェーデン民主党だけが移民批判，多文化主義批判を繰り返す状況が続いている。

5　比較考察

（1）主張の内容

前節で取りあげた三ヶ国の諸政党の主張は時とともに変化しているが，その傾向には一定の共通性を見出すことができる。すなわち，ある時期に反税と規制緩和を掲げる新興勢力が台頭した後，民族的ナショナリズムを掲げる反移民政党が支持を広げたという点である。

ノルウェーでは，ランゲの党が税や政府介入への批判を展開して選挙で成功を収めた後，改称した進歩党が，党勢の低迷と内部対立を経て，反移民，ナショナリズムへと重心を移して再び勢力を強めている。デンマークでは，反税

を掲げた進歩党が短期間で支持を伸ばし，初めての選挙で議会第二党になるという大きな成功を収めたが，その後党勢が衰えていく中で，党内対立から生まれたデンマーク国民党が，ナショナリズムに基づく移民批判を展開して，進歩党にとって代わった。これに対し，スウェーデンでは，新民主党が反税・反官僚主義を掲げて短期間で議会参入を果たしたものの数年で解体し，その後まったく別の民族主義政党が徐々に穏健化しながら有権者の支持を集めている。

　このように，北欧のポピュリスト政党については，同一政党が内部対立を経て政策的な重点を移したノルウェー，党内対立から新しい論点を重視する勢力が分離し，元の党と入れ替わる形となったデンマーク，短期間で支持を拡大した党が瓦解した後に別の党が（それ自身の変化を経て）勢力を伸ばしたスウェーデン，と違いがあるものの，「反税から反移民へ」という中心的主張の転換という点で共通する[2]。これを「福祉国家」への態度として見ると，デンマークの進歩党，ノルウェーのランゲの党，スウェーデンの新民主党のいずれもが，市民生活への公的介入を嫌い，それを批判する傾向が強かったのに対し，各国で移民の増加を経てそれが争点化されるようになると，「福祉国家」を擁護しながら，その成果はネイティブの国民（のみ）が享受すべきであると主張する「福祉排外主義（福祉ショービニズム）」（宮本 2004）を強めた勢力が伸びているといえる[3]。

（2）政治手法・活動形態

　ポピュリズムの要素の一つとしてしばしば挙げられるのが，カリスマ的なリーダーの存在である。この点は，北欧諸国のポピュリスト政党の場合にもあてはまる。特に税批判で登場したデンマークの進歩党のグリストルプ，ノルウェーのランゲ，スウェーデンの新民主党のカールソンとヴァクトメイステルは，いずれも党の創設者であると同時に強い個性の持ち主でもあり，これらの党が急速に支持を広げる際の原動力となった。党首の名を冠したランゲの党はいうまでもないが，ある時期までグリストルプが党の運営に全面的に関与していたデンマークの進歩党も「個人政党」の様相を呈していた。スウェーデンの新民主党も，著名人二人によって結成され，党の運営をめぐる両者の意見対立

から解党に向かったという点で，その盛衰がもっぱら二人の指導者に左右された党であった。

また，これらの党やリーダーは，グリストルプが公然と脱税を推奨したことや，新民主党が政治運動に音楽や娯楽の要素を取り入れたことに見られるように，建設的な議論よりも，現状を否定し，大衆の感情に訴えることに力を入れていた。また，従来の諸政党が右派左派を含めて職能的利益や思想を基盤にしていたのに対し，それらは特定の集団，組織とのつながりをもたなかった。北欧のポピュリスト政党は，少なくとも経済自由主義的な反税政党の時期には，指導者に依存する部分が極端に大きく，長期的・包括的なヴィジョンを欠く反システム政党の性格をもっていたといえよう。

しかし，これらの党が反移民政党へと転換したり，別の党がこの争点を強調して党勢を伸ばす過程では様相が異なってくる。進歩党から離脱してデンマーク国民党を結成したケアスゴーは，大胆な移民批判とナショナリスティックな主張で支持を得るカリスマ的リーダーという側面をもっていたが，党組織の整備への関心も高く，彼女が率いたデンマーク国民党は，中道右派の他党との交渉を通じて移民の抑制を中心とした自党の主張を政策に反映させようとする志向も強かった。ノルウェーの進歩党は，ランゲの後を継いだハーゲンが党組織の整備を進め，議会内での地歩を固めようとした。スウェーデン民主党が議会に参入しえたのは，オーケソンのリーダーシップやイメージによるところも大きかったが，同時に彼は党を近代化し，他の議会政党と同様の政治勢力にしていくことをめざしていた。以上から，現在北欧で成功をおさめているポピュリスト政党については，議会政治の手続きの中で（移民抑制を中心に）政策に影響力を及ぼそうという志向が強く，総じて既成政党化してきているともいえよう。

（3）党勢拡大と議会参入のタイミング

デンマークとノルウェーにおいて，進歩党とランゲの党は1970年代初頭のほぼ同じ時期に登場しただけでなく，どちらも「激震選挙」と呼ばれ，複数の新規参入政党が見られた選挙で一気に第二党，第三党になっている。結党間もな

い両党の急激な伸びは，安定度が高いことで知られた北欧の政党システムが大きく揺らいでいることの表れでもあった。すなわち，第二次世界大戦後，社会民主主義勢力優位の下で福祉国家の拡大が続いた後，その体制への不満や疑念が一定程度蓄積されたところに，穏健な右派の既成政党とは異なり，より過激で極端な主張を展開した政党が急速に支持を広げたのである。

スウェーデンにおける新民主党の出現は，それから20年近く後のことになるが，同党が官僚主義を批判し大幅な減税を求めるとともに，既成政党，とりわけ社民党の政治を批判していたことは，デンマークの進歩党やランゲの党と通ずる。スウェーデンの場合，「北欧5党制」が最も典型的に見られ，社民党政権が（連立政権を含むと）1976年まで44年間も続くなど，政党政治の安定度がより高かったがゆえに，その揺らぎが訪れるのも遅かったという面はあるが，現状批判に力を入れ，福祉国家に反対する経済自由主義的な主張を極端な形で展開したという点で三つの党は共通していたといえよう。

その後の移民問題重視への転換は，ノルウェーの進歩党において最も早く，90年代初頭に起こった。デンマークではやや遅れ，またそれが進歩党の分裂，デンマーク国民党の伸長という形で生じたが，閣外協力を通じて現実の政策決定に影響力をもつに至ったという点は北欧諸国の中でも最も早かった。他方，90年代から議会内に反移民政党が存在した両国に対し，スウェーデンでは，総人口に占める移民の割合が他の二国より高いにもかかわらず，スウェーデン民主党が議会進出を果たすのは2010年と遅かった。その理由としては，何より同党がネオ・ナチに起源をもつ民族主義的な極右政党であったため，有権者の反発や抵抗が大きかったことが挙げられる。加えて，第二次世界大戦後いち早く移民を受け入れ，70年代には「多文化主義」への明確な転換を図るなど，移民の受け入れと社会統合を早くから確立していることや，既成政党やメディアがスウェーデン民主党を民主政治における正当な勢力として認めない姿勢をとり続けたことも影響していたと考えられる（渡辺 2015）[4]。

6　北欧のポピュリズムとそのゆくえ

　本書の着眼点の一つでもある「グローバル化」を明確に定義することは難しいが，概略的には，産業化に基づく国民国家単位での社会経済的発展（その一側面が先進資本主義諸国における福祉国家の発達）が一段落した後で，ヒト・モノ・カネの国境を超える移動が飛躍的に増大していった過程を指すと考えてよいだろう。その意味で「グローバル化の時代」を1970～80年代から今日に至るまでととらえるならば，本章でこれまでに見てきたように，北欧，特にスカンジナビア諸国におけるポピュリズムは，反税，反官僚主義を掲げた新興政党の台頭として現れ，後に反移民，民族的ナショナリズムの主張へと移行する形で展開してきたといえる。

　第3節で確認した北欧政治の特徴との関係で見ると，デンマークとノルウェーでは1970年代初頭と早く，スウェーデンでは90年代初頭と遅いが，進歩党，ランゲの党，新民主党は，いずれも，安定した政党システムの下で各勢力間の交渉を通じた合意形成を積み重ねることによって経済成長を追求しながら社会保障を体系的に拡充していくという福祉国家的発展が限界に近づく中で登場してきたといえる。それらの党はいずれも，反エリートの姿勢を明確にし，従来の政策決定のあり方を激しく批判しており，「福祉国家」についてもそれを真っ向から否定しようとした。

　しかし，これらの党の勢いが衰え，徐々に移民批判の局面に入っていくと，それがしばしば「福祉排外主義」と呼ばれる形をとるようになり，移民の受け入れや社会統合にかける費用を，高齢者を中心としたネイティブのためのサービスの維持・改善に充てるべきだとして，むしろ福祉国家の成果を擁護する方向へと転じていった。またそこでは，デンマーク国民党，ノルウェーの進歩党，スウェーデン民主党ともに，政党政治，議会政治の中で確たる位置を占め，政策決定において実質的な影響力を行使しようとする志向を強め，反システム政党としての性格を弱めてきている。

　以上のように北欧のポピュリズムの特徴を整理したうえで，最後に今後の展

望についても少しふれたい。まず，理論上は，ここで見てきたような北欧のポピュリスト政党が，「既成政党化のジレンマ」と呼ぶべき状況に直面することが考えられる。ポピュリスト政党は，その社会で主流となっている政治スタイルや政策合意に強く異議を唱え，有権者の要望がありながらそれを代弁する勢力がなかった「隙間」を埋めることで成長する面をもつが，彼らが政治システムに定着し，さらには政権に参加して現実的な対応を迫られるようになると，一方的な現状批判が説得力をもたなくなるからである。加えて，特権階層である「彼ら」と善良な庶民である「我ら」とを対比させるような言説も使いにくくなり，選挙綱領レベルでも，反移民の単一争点型の主張ではなく，各政策分野への総合的な対応が求められるようになる。特に，今日の北欧諸国ではすでに移民（外国に出自をもつ人びと）が製造業やサービス業，とりわけ介護や医療補助，家事代行の分野でもその担い手として重要な役割を果たしており，それぞれの経済や社会が移民に支えられる面も大きくなっているため，政策的な整合性を厳しく問われる可能性も高くなる。

とはいえ，2015年夏以降，シリア，アフガニスタン等中東地域からヨーロッパへの未曾有の規模での難民流入（欧州難民危機）が続いていることもあり，本章執筆中の2016年前半においても反移民を掲げる勢力が衰える気配はない。この「危機」自体はやがて収束するであろうが，一旦受け入れた移民の社会統合は長期的課題として残るため，反移民政党にとってそれを争点化する余地は残り続ける。選挙での得票率や議席数の増大という点ではやがて限界が訪れ，進退を繰り返すことになろうが，たとえば，移民批判にあたって福祉と治安の論点の比重を変えたり，場合によっては規制緩和の主張やEU批判などを組み合わせるなどしながら，反移民政党が存在感を示す状況が当面は続くと見るべきであろう。

【注】
1) それはしばしば「北欧5党制」と呼ばれてきた。その概要については，（渡辺 2014：340-342）を参照のこと。
2) スウェーデンの政治学者リドグレン（Jens Rydgren）は，新民主党と，オーケソンによる党改革が進む前までのスウェーデン民主党を見ながら，「反税ポピュリズムから民族

主義的ナショナリズムへ」という変化を指摘したが（Rydgren 2006），後者が穏健化して支持を広げている現在から見れば，同国のポピュリズム自体が反税から反移民へと論点を移しながら展開してきたととらえることができよう。

3） フィンランドについては，近年，真フィンランド人党が移民批判を展開して急速に勢力を拡大しているが，同国が北欧で唯一，欧州通貨同盟への加入国（ユーロ使用国）であることをも反映して同党が EU への批判を強めている点，また，現党首で外務大臣のソイニ（Timo Soini）がかつて所属し，1970～80年代に既成政治を批判して一定の支持を得ていた政党が，反税・反福祉国家の党ではなく，中央に対して地方の利益を主張する「地方党」であった点で，スカンジナビア三国との間に違いが見られる。

4） 他に比例代表制の「制限条項」も影響していると考えられる。すなわち，議席獲得要件として設定されている全国レベル得票率が，スウェーデンで4％，デンマークで2％，ノルウェーでは（各選挙区の結果の合計を全国単位での比例配分に近づけるための）調整議席のみ2％となっており，たとえば，2006年で2.9％の得票率を得たスウェーデン民主党は，デンマークやノルウェーの制度であれば，少なくとも4年は早く議席を得ていた可能性が高い。

【参考文献】

岡沢憲芙（1989）「スウェーデンモデルの挑戦――崇高な理想と深まる苦悩」日本政治学会編『転換期の福祉国家と政治学』岩波書店，3-20頁。

木村幹（2009）「韓国におけるイデオロギーとしてのポピュリズム――『アメリカ牛肉輸入問題』をめぐって」島田幸典・木村幹編『ポピュリズム・民主主義・政治指導――政治度的変動期の比較政治学』ミネルヴァ書房，9-34頁。

島田幸典（2009）「サッチャー政治における〈ポピュリズム〉――ホールの『権威主義的ポピュリズム』論をめぐって」島田幸典・木村幹編『ポピュリズム・民主主義・政治指導――制度的変動期の比較政治学』ミネルヴァ書房，171-197頁。

宮本太郎（2004）「新しい右翼と福祉ショービニズム――反社会的連帯の理由」齋藤純一編『福祉国家／社会的連帯の理由』ミネルヴァ書房，55-85頁。

吉田徹（2011）『ポピュリズムを考える――民主主義への再入門』NHK 出版。

早稲田大学社会科学研究所北欧部会編（1982）『北欧デモクラシー――その成立と展開』早稲田大学出版部。

渡辺博明（2014）「北欧諸国」網谷龍介・伊藤武・成廣孝編『ヨーロッパのデモクラシー〔改訂第2版〕』ナカニシヤ出版，333-378頁。

――――（2015）「スウェーデンにおける『再国民化』と民主政治のジレンマ」高橋進・石田徹編『「再国民化」に揺らぐヨーロッパ――新たなナショナリズムの隆盛と移民排斥のゆくえ』205-222頁。

Allardt, Erik *et al.* eds. (1981) *Nordic Democracy: Ideas, Issues, and Institutions in Politics, Economy, Education, Social and Cultural Affairs of Denmark, Finland, Iceland, Norway and Sweden*, Copenhagen: Det Danske Selskab.

Ekman, Mikael och Poohl, Daniel (2010) *Ut ur skuggan: En kritisk granskning av Sverige-*

demokraterna, Stockholm: Natur och Kultur.
Elder, Neil (1982) *The Consensual Democracies? : The Government and Politics of the Scandinavian States*, Oxford: Basil Blackwell.
Engelbreth Larsen, Rune (2001) *Det nye højre i Danmark*, København: Tiderne Skrifter.
Jungar, Ann-Cathrine (2010) "Populismens återkomst: hot eller löfte?", Joakim Ekman och Jonas Linde red., *Politik, protest, populism: deltagande på nya villkor*, Malmö: Liber, s. 202-224.
Marsdahl, Magnus E. (2008) *Frp-koden: Hemmeligheten bak Fremskrittspartiets suksess*, Oslo: Forlaget Manifest.
Mény, Yves and Surel, Yves (2002) "The Constitutive Ambiguty of Populism", Mény and Surel eds. *Democracy and the Populist Challenge*, Hampshire: Palgrave Macmmillan, 1-21.
Rydgren, Jens (2006) *From Tax Populism to Ethnic Nationalism: Radical Right-Wing Populism in Sweden*, New York: Berghahn Books.
Svåsand, Lars (1998) "Scandinavian Right-Wing Radicalism", Hans-Georg Betz and Stefan Immerfall eds. *The New Politics of the Right: Neo-Populist Parties and Movements in Established Democracies*, Basingstoke: Macmillan Press, pp. 77-93.
Taggart, Paul (2000) *Populism*, Berkshire: Open University Press.
Widfeldt, Anders (2015) *Extreme Right Parties in Scandinavia*, Oxon: Routledge.

第7章

国境を守るのは誰か？
—— アメリカ合衆国の移民管理とポピュリズム

南川　文里

1　はじめに——ポピュリズムのアメリカ

　ポピュリズムは，アメリカ合衆国の政治文化の歴史的特質のひとつと言われる。1892年に結成され，「ポピュリスト党」と呼ばれた人民党（People's Party）は，とくに中西部の農民を主要な支持層としながら民主党，共和党につづく第三党として急成長したが，その政治的意義をめぐる議論のなかで，ポピュリズムという言葉が生まれた（吉田 2011：85-90）。力無き人民が権力者に対峙するというポピュリストの図式は，その後も，革新主義，労働運動，ニューディール，公民権運動などのアメリカ近現代史の背後に存在してきたという（Kazin 1995）。

　20世紀後半以降も，ポピュリズムはアメリカ政治を理解する鍵概念のひとつとなっている。公民権運動以後，連邦主導の公民権改革に反対したジョージ・ウォレスから，キリスト教的な道徳的価値を訴えながら，小さな政府の実現を求めたロナルド・レーガンに至るまで，「右翼ポピュリズム」の潮流が，保守的なアメリカ政治文化を形成してきた（Berlet and Lyons 2000）。一方で，1990年代には，実業家ロス・ペローが二大政党に不満を持つ人々の支持を集め，現代アメリカにおけるポピュリズム政治の可能性を再確認させた（Taggart 2000）。これらの潮流は，現代アメリカで社会保障制度改革に反対し，直接民主主義的な志向を強調するティーパーティ運動や，2016年大統領選挙において，移民に対する差別的・排外主義的発言を繰り返して支持を集めたドナル

ド・トランプ現象へと引き継がれている（藤本・末次 2011；Kazin 2016）。

　本章の課題は，21世紀のアメリカ合衆国に見られる移民排斥運動を，アメリカ政治文化におけるポピュリズムという観点から読み解くことである。ポピュリズム研究によれば，ポピュリズムにおける「人民（people）」とは，もともと核となる価値を持たない「空虚なもの」である。それは，人々に対して既存の政治制度における危機を煽り，政治への参加を促すなかで，社会的異質性（heterogeneity）のもとにあるはずの人々を，「人民」へと言説的に構成する。そして，ある種の「人民」像に同一化する運動は，たいてい「外国人（alien）」とされる人々の排除を伴う（Taggart 2000：2-6；Laclau 2005：223）。この観点から見れば，移民排斥運動も，危機を煽ることで，空虚な「人民」に具体的な意味を補填し，人々を動員しようとするポピュリズムのひとつと考えられる。それでは，21世紀のアメリカ合衆国で，人々は，いかなる状況を「危機」ととらえ，いかなる「人民」像を描こうとしているのであろうか。「移民の国」を国家的な理想として掲げる現代のアメリカ合衆国において，移民の排除を求め，差別的な言説を容認する動きが広がる要因について，それを「人民」を再構築するポピュリズム運動と見る視角を通して，明らかにしたい。

2　現代アメリカの移民をめぐる課題

　現代のアメリカ合衆国への移民受け入れの基本的枠組は，1965年移民法によって導入された。同法は，国別の割当を廃止し，特定の職業における労働力や高度な技能を持つ移民の確保を目的とした「職業にもとづく移民」と，家族の呼び寄せや難民など移住者の権利擁護のために設定された「家族移民」「難民」を，主要な移民カテゴリーとして設定した。その結果，「家族移民」としてメキシコ，カリブ海地域から，「職業移民」として中国，フィリピン，インドなどのアジア諸国から，「難民」としてキューバやヴェトナムなどから，新たな移民が次々と到来するようになった。1970年代以降は，アメリカ移民の大半を，アジアやラテンアメリカなどを出身地域とする非ヨーロッパ系が占めるようになった。

このような移民の転換のなかで，合衆国の「移民問題」の新たな象徴となったのが，正規の滞在資格を持たないメキシコからの非合法移民であった。1965年移民法制定後も，職や安定した生活を求めて，正規の資格を持たないまま国境を越えるメキシコ人は増加し続け，都市部の非熟練サービス業や地方部の農業などで低賃金労働者として働いた。推計によれば，1965年から86年までに，のべ2800万人のメキシコ人が正規な資格を持たないまま米墨国境を越えたとされる（Massey and Singer 1995）。1986年移民法は，非合法移民を雇用した者を罰則する制度を導入して取締を強化するとともに，非合法移民の資格の合法化も実施したが，米墨間を横断するメキシコ人移民の動きを止めることはできなかった。さらに，連邦政府は，90年，96年にも移民法改革を行ったが，非合法移民対策として十分な効果は見られていない。

　2001年の同時多発テロ事件は，「非合法移民問題」をめぐる構図をいっそう複雑にした。同事件以降，「テロとの戦争」時代の移民管理は，労働市場や人口問題だけでなく，国家の安全保障をめぐる問題として再定義された。移民や出入国管理は，新たに設立された国土安全保障省（Department of Homeland Security）が担うようになった。同省は，「テロ対策」として南アジア系やアラブ系移民の取締りを強化する一方で，米墨国境における非合法移民対策を国境管理政策の優先事項に位置づけた。米墨国境地域の国境警備予算は，2000年以降の10年で3倍以上に膨らみ，国境警備隊の増強や最新監視技術の導入などが進められた。米墨国境では，非合法移民を「敵」や「侵略者」と見なし，軍事的な技術や手段を用いて，その移動を管理・阻止する「国境管理の軍事化」という事態が進行している。国境警備要員は，9.11以前から2倍以上に増加し，地中センサー，赤外線カメラ，熱感知カメラ，ビデオ監視システム，無人探査機（ドローン）のような最新軍事機器が次々に導入され，軍事的な訓練も受けるようになった。また，米墨国境におけるフェンスも延長されている（Andreas 2009；西山 2012）。

　しかし，このような国境管理の軍事化の進行にもかかわらず，非合法移民をめぐる実態に顕著な変化は見られない。2010年の統計では，全米で約1100万人の非合法移民が住んでおり，外国生まれ人口の28％を占めると推計されてい

る。出身国別ではメキシコ系が約650万人で全体の52.4％を占める。また，非合法移民が多く住むのは，カリフォルニア（255万人），テキサス（165万人），フロリダ（82.5万人）など，米墨国境やカリブ海に地理的に隣接した州が中心となっている。非合法移民は，すでにアメリカの経済構造に深く組み込まれており，テキサスやカリフォルニアでは労働人口の9％以上を占めている。とくに，農業，建設業，サービス業などは，非合法移民の労働力への依存度が高い（Passel and Cohn 2011）。さらに，2013年頃からホンデュラス，グァテマラ，エルサルバドルなど中央アメリカ諸国出身の未成年者が，メキシコを横断し，正規の資格を持たないまま米墨国境を越えようとするケースが多発し，社会問題化した。

　このような「非合法移民問題」の現状に対し，連邦政府は，移民法制の包括的な改革に取り組んでいる。ジョージ・W・ブッシュ政権下の2005年には，ゲストワーカー制度を導入する一方で，移民支援者への刑罰などを含めて非合法移民の取締りや国境管理を強化する内容を盛り込んだ包括的移民法改革法案が連邦議会下院を通過した。同法案は，非合法移民やヒスパニック系市民の権利擁護よりも，移民管理を優先するものであるとして，全米で数百万人が反対デモ行進に参加した。その結果，同法案は頓挫し，移民制度改革は移民の権利擁護の立場を強調したバラク・オバマ政権に引き継がれた。オバマ政権では，国境管理を強化する一方で，労働力の導入や非合法移民の合法化を射程とした包括的移民法改革法案が2013年に連邦議会上院を通過したものの，共和党が多数を占める下院で否決された。2010年代には州や自治体レベルでは，非合法に入国した子ども世代が公立学校教育において不利になる状況を改善する州法が次々と成立し，権利擁護の機運が高まった。連邦レベルでも，オバマは，非合法移民に対する強制送還を制限して労働許可申請を可能にする政策を，2014年に大統領命令によって実現させようとした。このようなオバマ政権の積極的な取り組みにもかかわらず，連邦レベルでの非合法移民対策や包括的移民政策の成立は困難なままであり，そのことがいっそう連邦移民政策の「機能不全」という印象を強めている（小井土 2014；Martin 2014；Gonzales 2014）。

3 21世紀におけるネイティヴィズムの構図

　20世紀後半以降のアメリカ合衆国において課題とされてきた「非合法移民問題」は，同時代の移民排斥運動，いわゆるネイティヴィズムの主要な関心でもあった。ネイティヴィズムは，19世紀の「大量移民の時代」に登場した「アメリカ生まれ（ネイティヴ）」の立場から外国人や移民の排除を求める運動である。歴史的には，アイルランド，イタリア，東ヨーロッパなどの地域出身の非プロテスタント移民や，西海岸の中国系，日系移民の排除を求める運動として登場した（Higham 1955=1992）。20世紀後半以降，移民人口の多数派がメキシコ，ラテンアメリカ，アジアへと移行すると，職をめぐる競合，言語や文化的な異質性，人口問題，住環境保護などの理由を掲げて，移民規制を求める声が強くなった（Riemers 1998）。なかでも，ネイティヴィストの標的となったのが「非合法移民問題」であった。

　20世紀後半以降の移民の規制や排除を求めるネイティヴィズムは，移民が多く住む地域における住民運動として生じた（Varsanyi ed. 2010）。連邦政府の移民規制政策が十分な果実を結べない状況のなかで，地域的な反移民運動は，正規の滞在資格を持たない人々を「不法外国人（illegal alien）」と呼んで市民社会から排除することを求めた。その典型は，1994年にカリフォルニア州の住民投票にかけられた提案187号（Proposition 187）である。この住民提案は，カリフォルニア州民は非合法移民によって様々な「被害や損害」を受けており，「違法に入国した人々」から州を守る権利を持つと主張した。そして，州内の教育・医療を含む公共サービスが利用者の法的地位（合法的な資格を持つかどうか）を確認することを求め，緊急時以外の非合法移民に対するサービスの停止と移民帰化局への通報を義務づけた。同提案は，1994年11月の住民投票で，59％という多数の賛成票を獲得した。他にも，非合法移民だけでなく合法移民も標的とした住民運動として，英語公用語化や二言語教育廃止を求める運動が続出し，非英語話者の増加から英語を媒介とする統一性や統合性を「守る」と訴えた（HoSang 2010）。

以上のような住民運動を主体とする90年代のネイティヴィズムは，連邦移民政策の方向性を大きく変えるような「影響を与えなかった」とする解釈もある（谷 2011）。しかし，住民を主体とするネイティヴィズムは，ポピュリズムの観点からはきわめて重要である。ネイティヴィズムは，地域の関心と連邦移民政策の方向性が「乖離」することを強調することで，移民政策の「機能不全」への確信を強めた。そして，地方と連邦の間の「溝」ゆえに，地域にもとづくネイティヴィズムはいっそう先鋭化し，地域に人種主義的な政治文化の磁場を作り出した。

　このような「溝」を背景に，2000年代のネイティヴィズムは，これまでの住民運動としての特徴を引き継ぎながら，政策上の移民規制や制限を求めるだけでなく，住民自らが徹底した国境管理へと関与することを求めるようになった。運動の舞台となったのは，カリフォルニア州，ニューメキシコ州，アリゾナ州，テキサス州など，米墨国境に隣接する合衆国南西部諸州であった。とくに，アリゾナ州は，国境管理型ネイティヴィズムが争点となった地域のひとつである。同州は，米墨国境に接し，2010年には州人口の約6.0％，労働人口の約7.4％を非合法移民が占めている（Passel and Cohn 2011）。農業労働者を中心にメキシコ系移民受け入れの長い歴史を持つが，2012年の人口統計上では，非ヒスパニック白人が56.9％を占め，隣接する諸州と比べると相対的に白人人口の比率が高いのも特徴である（Lopez 2014）。

　アリゾナ州を舞台とした，国境管理への主体的関与を志向するネイティヴィズムの事例のひとつとして，「ミニットマン・プロジェクト（Minuteman Project）」運動が挙げられる。カリフォルニア出身の活動家ジム・ジルクリストらは，アリゾナ州で，国境警備をボランティア活動として行う自警団組織「ミニットマン・プロジェクト」を設立し，2005年からアリゾナ州内の米墨国境の監視や警備に従事した。「ミニットマン」とは，アメリカ独立戦争期における「民兵」を指し，保守派が掲げる「愛国者」のイメージを体現したものである。ジルクリストによれば，このボランティア運動は，「機能不全」に陥った移民政策や連邦政治を批判し，「非合法移民問題」と国境における安全保障の欠如に対する人々の関心を喚起することが目的であった。「ミニットマン・

プロジェクト」は，一方では政治資金団体（政治活動委員会）を組織して，連邦政治家に対して厳しい移民管理を要求し，他方でアリゾナの米墨国境において国境監視ボランティアを募集し，日常的な監視活動と「非合法移民の疑いがある人々」について国境警備隊に通報することを呼びかけた（McCarty 2007；Chavez 2013）。この運動は，実質的な成果に乏しかったが，国境危機に対する世論を刺激するとともに，「ミリシア」と呼ばれる右翼的な民兵組織が，非合法移民の取締りに関与する契機のひとつとなった。

さらに，アリゾナ州政府も国境管理型ポピュリズムの主体のひとつである。ジャン・ブリューワー知事の主導で，2010年にアリゾナ州議会を通過した州上院法案1070号（SB 1070）は，非合法移民に対する厳しい取締りの制度化を目指すものであった。とくに，同法は，非合法滞在者であるという「合理的疑い」がある場合，警察や保安官がその人物を呼び止め，滞在資格を確認し，逮捕・拘束することを認める条項を含んでいた。このような「疑い」は，メキシコ系の外見上の特徴やスペイン語話者であることと容易に結びつくため，同法は，メキシコ系市民や合法移民も人種的特徴によって呼び止めて捜査対象とする人種プロファイリング（racial profiling）を導くとして批判された。人種プロファイリングは，外見や文化的特徴によって基本的人権を無視する人種主義的な捜査手法として問題視されているが，SB 1070 は，非合法移民対策を理由に，メキシコ系に対する人種的・文化的な出自にもとづく不公平な扱いを助長するものだった。オバマ政権は，SB 1070 が，出入国管理についての連邦政府の権限を侵害するとして，その無効性を訴え，最終的に同法は州法として成立しなかった（加藤 2012）。

しかし，人種主義的な取締りを国境管理の名の下に正当化する同法の考え方は，今日のネイティヴィズムに共通する特徴のひとつである。そして，SB 1070 に見られる差別的で厳格な取締りは，すでに地域の法執行官によって現実に行われている。交通違反や軽微な犯罪捜査にもとづいた非合法移民の摘発は頻繁に行われている。ある調査によれば，滞在資格を確認するために呼び止められた経験を持つのはヒスパニックの9割，アメリカ生まれのアメリカ市民であっても8割を占めている。ヒスパニックの過半数が警察によって公平に扱

われていると考えておらず，外国生まれの73％，アメリカ生まれの35％が，自分やその家族・友人に対する強制送還の脅威を感じていた（Pew Hispanic Center 2010）。

このような取締りの象徴的存在が，アリゾナ州マリコパ郡の保安官ジョー・アルパイオである。アルパイオは，2000年代からメキシコ系に対する人種プロファイリングを，交通違反，麻薬所持，非合法入国者の捜査や取締りで実行してきた。さらに，彼は，砂漠に設置された「テント・シティ」と呼ばれる非合法移民収容所でも，派手な縞模様の制服やピンク色の下着の着用を収容者に強制して屈辱感を与えるなど，基本的人権を無視した施策で広く知られるようになった（Brumfield 2013）。「アメリカで最もタフな保安官」と呼ばれるアルパイオは，人種主義的発言や人権を無視した取締りにもかかわらず，1993年から20年以上にわたって，選挙で当選を続け，その施策がメディアでも批判された2012年の選挙でも，過半数の得票を維持して保安官の地位にとどまった。

以上のように，21世紀のネイティヴィズムは，安全保障政策としての国境管理のためには，人種主義的な態度を隠そうとしない。この運動は，米墨国境の地域住民に対して，移民管理政策の当事者として，国境警備ボランティアへの参加を呼びかけ，「合理的疑いがある者」の通報を求め，そして国境管理を地域政治が取り組むべき課題として設定させる。それは，国境地域の住民1人1人が，非合法移民の排除の政治に，主体的に関与することを要求している。

4　国境危機と対峙する「人民」——ポピュリスト言説の構成

21世紀アメリカにおける「非合法移民問題」とネイティヴィズムの具体的展開は，どのようにポピュリズムへと結びついているのだろうか。ネイティヴィズムは，新来の移民に対する「脅威」から，「アメリカ生まれ」のための社会を守るという論理にもとづき，同時代のアメリカ社会が直面した問題の起源を「外国人」に転嫁する。その構図は，グローバル化，経済不況，「テロとの戦争」などの新しい課題に次々直面した20世紀後半から21世紀にかけても基本的には維持されている。そして，そのネイティヴィズムは，ポピュリズムと共鳴

して，独自の「人民」像を構築する。本節では，21世紀のネイティヴィズムがポピュリスト的な「人民」像を構成する条件について考える。

　まず，注目すべきは，今日のネイティヴィズムが，連邦政府主導の移民政策の「機能不全」という前提を共有していることである。ミニットマン・プロジェクトやアルパイオ保安官も，米墨国境の管理における連邦政府の無策を批判し，連邦政府に代わって国境を非合法移民から「守る」のは地域の住民自身であると呼びかける。「政府がやろうとしない仕事をやるアメリカ人」をスローガンとするミニットマン・プロジェクトは，移民政策がワシントンにおける政党間の対立や駆け引きに利用されていると考え，連邦政府と，その政策の影響をもっとも受けやすい国境周辺地域住民との間に深刻な乖離があると主張する (Chavez 2013 : 137)。そのため，国境地域で日々「非合法移民問題」に直面する人々と，その利害を代表する自治体，地方政府，州政府の主体性を尊重すべきだと訴える。連邦の権限に踏み込んだ SB 1070 やアルパイオの強硬な取締りも，国境管理における地域の主体性という言葉で正当化された (Kobach 2011)。ネイティヴィストは，出入国管理の権限を連邦政府が独占する国境管理体制の限界を強調し，「ミニットマン」のような自発的に組織された（とされる）運動こそが，国境管理の主体となるべきだと求めている。

　さらに，連邦政府の機能不全をめぐる言説では，連邦移民管理政策の指導者である大統領の「失策」も強調される。とくに，2010年代に中米から，親を伴わない未成年の非合法移民が急増したことは，オバマ政権による非合法移民の権利保護を求めた政策の提案が原因であると強調された。テキサス州知事リック・ペリーは，オバマの権利擁護政策が，中米やメキシコの子どもたちに「アメリカに来ることを認め」，「国境を越えれば手を広げて歓迎する」という誤った「強力なメッセージ」を送るものだと批判した (LoGiurato 2014)。2014年の大統領命令も，15年からテキサス州知事を務めるグレッグ・アボットは，「憲法への攻撃」と非難を繰り返している (Armbruster and Thomas 2014)。彼らは，連邦政府や大統領が「非合法移民問題」を解決するどころか悪化させていると主張し，非合法移民に「安全」を脅かされる州民が，納税者として非合法移民に対する「福祉」を財政的に負担するというポピュリスト的な構図を描く。

連邦政府・政治家への不信と，地域に政治的主体性を求める考え方は，ティーパーティ運動とも共通している。ここで攻撃されているのは，単に政策上の非効率性だけでなく，連邦政府が人々の日常生活に介入し，「保護」する福祉国家体制そのものである。このようなポピュリズムが描く「人民」は，連邦政府の規制や関与に対して，地域住民が政治主体として覚醒し，自律的・自立的に生きることを期待されている。ミニットマン・プロジェクトは，自発的な市民による自警団型の組織による監視や取締りこそが，正当な国境管理の方法であると強調する。それは，アメリカ政治文化における「ミニットマン」のような自警団の重要性を，国境管理という21世紀的な課題をふまえて再定義したものであった（Lyall 2009）。連邦政治への不信は，「自立した人民」による共同体としてのアメリカ社会の再想像をもたらしている。

　現代のネイティヴィズム言説のもうひとつの特徴は，移民問題の安全保障化の「最前線」として，合衆国の南西部諸州を位置づけていることである。21世紀の移民政策は，「テロとの戦争」時代のグローバルな安全保障政策と結びついてきたが，国境地域の住民はそのようなグローバル化する脅威に直接対峙していると考えられる。地域住民にとって，「非合法移民問題」とは，正規の資格を持たないまま越境する人々だけの問題ではなく，その移動と重なり合う越境犯罪のネットワークとの対決でもある。とくに，米墨国境における越境犯罪の典型として挙げられるのが，麻薬の生産・密輸・取引である。麻薬捜査局（Drug Enforcement Agency）による「麻薬との戦争」は，メキシコからの越境者とそのネットワークを標的のひとつとした。米墨国境における麻薬捜査は，国境地帯を国内麻薬問題の「供給源」として，車輛検問や犯罪組織の摘発など集中的な取締りを行ってきた。国土安全保障省に設置された移民関税執行局は，2005年に国境地帯の犯罪行為・麻薬密輸・暴力などを取り締まる「コミュニティの盾作戦（Operation Community Shield）」に着手した。この作戦は，メキシコや中米諸国など移民出身国の捜査機関とも提携し，移民の移動圏全域を対象に，非合法移民や犯罪集団を追跡した。しかし，このような現場では，被捜査者の権利よりも，犯罪摘発や安全保障を優先する傾向が顕著となり，人種プロファイリングを含む人種主義的な捜査も繰り返される（Andreas 2009；

Gonzales 2014)。「麻薬との戦争」は，薬物犯罪や移民関連犯罪などの連邦法犯罪によって有罪となり，収監されるヒスパニックの数を増加させた。ヒスパニックは2007年に連邦法違反者全体の40％（白人は27％，黒人は23％）を占め，その約85％が移民関連犯罪と薬物犯罪によるものであった（Lopez and Light 2009）。

　「麻薬との戦争」は，「テロとの戦争」と連動し，米墨国境における越境の抑止を，薬物汚染の波に対する「水際」と位置づける。その現場では，最新軍事技術を装備した国境警備隊は，非合法越境者を「敵」と見なす「戦争」に従事しているかのようだ。実際，米墨国境地帯における移民の死亡事故数は，2000年以降，年間300名から500名程度を数え，その合計は，2013年に6000人に達した。これらの死亡事件は，砂漠や河川での遭難，自動車事故，バンの荷室等への放置などが原因であるが，その増加と国境管理の軍事化は深く結びついている。国境の軍事化ゆえ，非合法越境者は，厳しい警備を避けるために，コヨーテと呼ばれる密入国業者への依存を高め，砂漠地帯など危険性の高い地域を通って入国しようとする。主要な入国ルートも，カリフォルニア州サンディエゴのような主要都市を避け，アリゾナ州やテキサス州へと移行しており，2000年以降の死亡事故の大半はこの２州で起きている（International Organization for Migration 2014）。安全保障政策としての国境管理の強化は，結果的には，越境のアンダーグラウンド化と死亡事故件数の増加を招いた。軍事化された国境警備隊にとって，非合法移民は保護するべき対象である以上に，国境を守るために排除すべき「侵略者」と見なされる。米墨国境を含む21世紀の先進諸国の国境地帯は，非合法越境者に対する露骨な暴力や非人道的な強制収容が放置され，あたかも移民を標的とした「対移民戦争」の場となっていると言われる（ロジエール 2014）。国境地帯の住民は，自分たちの生活が，グローバル化する安全保障体制のなかで，連邦政府の十分で効率的な支援を欠いたまま，「テロとの戦争」「麻薬との戦争」「対移民戦争」の最前線に放置されていると考える。このような国境管理への危機感や焦燥が，「人民」の名の下での移民の排除をさらに正当化する。

　以上のように，21世紀のネイティヴィズムは，米墨国境を連邦移民政策の機

能不全とグローバルな安全保障への脅威によって，危機にさらされた場所として描き出す。ネイティヴィズムが構築する「われわれ」とは，このような危機にさらされる「人民」のことである。では，この「われわれ」とは一体何者なのであろうか。

5　誰が何を守るのか——ポピュリズムにおける国境と人種

　アメリカのネイティヴィズムが追求するのは，単に国境を違法な越境者から守ることだけではない。アメリカ南西部の米墨国境地域において生じているのは，人種主義的な「われわれ」の構築である。ネイティヴィズムが喚起する「アメリカ人」とは，いかなる人々を指すのだろうか。

　ここで重要なのが，国境地帯のネイティヴィズムにおいて繰り返される「レコンキスタ（失地回復）」という言説である（Chavez 2013：32）。レコンキスタとは，歴史的には，イベリア半島のイスラム教勢力に対するキリスト教勢力による領土回復運動を指すが，現代ネイティヴィズムが「レコンキスタ」と呼ぶのは，メキシコ人によるアメリカ南西部諸州への「侵略」であり，「メキシコ化」である。カリフォルニアからテキサスに至る南西部は，スペイン植民地を経て独立後，メキシコ領となった。しかし，米墨戦争とグアダルーペ・イダルゴ条約（1848年）によって，合衆国へ譲渡され，合衆国領となった。ネイティヴィストは，メキシコからの移民を，19世紀以来の合衆国の支配に対する「レコンキスタ」，スペイン語勢力による「失地回復」運動と呼んで問題視している。

　「レコンキスタ」言説は，非合法移民に対する反移民感情を，合法移民や合衆国市民権を持つヒスパニック市民にも拡大する。たとえば，ジョー・アルパイオは，「メキシコ人移民」を「レコンキスタ」と呼び，メキシコ系アメリカ人の出自も「アメリカの脅威」だと述べている（Chavez 2013：44）。ヒスパニック系住民に対する人種プロファイリングを容認するとして問題視されたアリゾナ州法案 SB 1070 も，国境地域の住民のあいだの「レコンキスタ」に対する脅威を前提として成立した。ヒスパニック住民やスペイン語話者の増加が，合

衆国の統一性を脅かすという議論は，1990年代から2000年代にかけて保守系の評論家や知識人が繰り返してきた（Huntington 2004）。「レコンキスタ」は，スペイン語系住民の増加に対する南西部諸州の「恐れ」や「焦燥」を表現する言葉として，ヒスパニック移民や市民を排除する運動を支えた。

　「レコンキスタ」には，合法・非合法の移民だけでなく，合衆国市民権を持つメキシコ系アメリカ人や，米墨戦争以前から同地域に住んでいた「メキシコ人」の子孫も含まれ，合衆国内にあるメキシコ系文化が敵視される。たとえば，SB 1070 が成立した2010年には，アリゾナ州ツーソン統一学校区の義務教育プログラムにおいて，メキシコ系の歴史や文化を学ぶ「メキシコ系アメリカ人研究」に対する抗議が繰り返され，その廃止を求める下院法案 HB 2281 も州議会を通過した。メキシコ系アメリカ人研究は，合衆国南西部におけるメキシコ系の文化的遺産やその歴史の重要性を強調するものであったが，廃止論は，それが「非アメリカ的（Un-American）」で，白人に対する敵意を煽る「邪悪な（iniquitous）」ものであると強調した（Orozco 2012）。このような言説では，「レコンキスタ」によって「征服」される対象は，合衆国の西への拡大とともに当地に「入植」したヨーロッパ系白人である。ネイティヴィストは，現在のアメリカ南西部を開拓し，経済的繁栄に導いたのは，ヨーロッパ出身の白人系移民の子孫であると考えており，メキシコ人による「レコンキスタ」は，その果実を奪う「侵略」であると考えている。

　以上から，ネイティヴィズムにおける「国境を守る」とは，単に違法な越境者の取締りを意味しているのではない。ここで守るべきものは，南西部における「非ヒスパニック白人」による支配の歴史である。「非ヒスパニック白人」とは，1980年センサスで「ヒスパニック」が人口統計に導入されて以降の「主流の」白人を指す。そして，その「敵」は，越境者だけではなく，スペイン語やラティーノの文化を持ち，新たに持ち込もうとする人々全体である。以上から，このようなネイティヴィズムが構築する「人民」は，「非ヒスパニック白人」という，人種としての顔を持ったものとなる。アリゾナ州の3つの動きは，いずれも国境危機の当事者として，このような「人民」が政治的主体として覚醒し，国境管理を自ら担うことを求める。その「人民」は人種的に特定さ

れて構築されたものであり，ヒスパニック移民・市民は，国境の内側に合法的に住んでいるにもかかわらず，管理される側として人種化・他者化されてしまう。

　このようなネイティヴィズムは，同時代の人種政治と共通点を多く持っている。たとえば，犯罪対策・治安維持を優先し，人種プロファイリングを容認し，厳罰化を求める動きは，黒人の大量収監問題とも共通している。実際，「麻薬との戦争」の当初の標的は，大都市の黒人層であった。20世紀後半に流行したコカイン常習者とその売人の摘発の際には，人種プロファイリングが多用され，麻薬犯罪の重罪化の結果，黒人の刑務所への収監率は不均衡に高くなった。さらに，累犯者の厳罰化が進むなかで，犯罪に巻き込まれやすい大都市の黒人に対する取締りは厳しさを増し，警察との対立も社会問題化している（Alexander 2010）。大都市における警察の過剰武装と国境地帯における国境警備隊の軍事化は，どちらも，安全（セキュリティ）の名の下に，特定の人種的・文化的特徴を有する人々を人種集団として管理し，排除しようとする同時代の人種主義のあり方を示している。そして，いずれも，人種マイノリティを市民の「安全」を脅かす「敵」と位置づけている。

　以上のように，ネイティヴィズムが排除を求める「敵」の表象は，同時代のアメリカ人種主義と交差し，守るべき対象として「白人のアメリカ」を再構築するものであった。これらの運動が守ろうと訴える国境とは，米墨間の現実の国境だけでなく，「白人のアメリカ」を侵食しようとする移民や非白人系などの「人種化された外部」との境界線であった。このようにして，国境管理の言説は，物理的な越境現象の管理だけでなく，「白人のアメリカ」とそれ以外のあいだの境界をいかに管理するか，そして「白人のアメリカ」をいかに守るかというアメリカ人種政治の一部となった。

6　おわりに——移民政策の主体としての地域？

　本章では，アメリカにおけるポピュリズムとしてのネイティヴィズムを分析してきた。移民やマイノリティの排除を求める人種主義的な運動や言説は，歴

史のなかで何度も挑戦され，対抗的な社会像として，人種エスニックな多様性を尊重し，「多からなる一」の実現を追求する政策や運動が繰り返し登場してきた（南川 2016）。しかし，21世紀の国境管理と移民排斥を訴える運動が描き出したのは，行き詰まった連邦移民政策によって「放置」され，安全保障の脅威にさらされた米墨国境地域の「人民」であった。そして，南西部諸州を舞台とするネイティヴィズムは，「非合法移民問題」の当事者としての「人民」の手による国境管理を求め，危機にさらされた「白人のアメリカ」の回復を訴えた。

　このような現代アメリカのネイティヴィズムは，歴史的なポピュリズムの遺産のもとにある。連邦政治に対する不信と排外主義的傾向は，これまでのポピュリズムとも共通した特徴である。加えて，21世紀のネイティヴィズムでは，安全保障への志向，国境管理の政治的主体としての地域，そして白人性への固執の傾向が顕著になっている。このような地域を主体とするネイティズムが連邦政府に与える影響を限定的と見なすのは過小評価であると言わざるをえない。連邦政府の移民政策と地域ネイティヴィズムの間の乖離が進行するほど，アメリカ合衆国の政治制度の根幹である連邦制に対する信頼が損なわれ，アメリカ民主主義にとって危機的な状況を作り出すからである。この危機は，ティーパーティ運動によって表面化しつつあったが，ネイティヴィズムの蓄積は，「安定」「安全」に対する脅威として非合法移民や非白人を表象し，合衆国の人種エスニックな多様性のなかに深い分断と亀裂をもたらす。このような不信や分断の現在進行形として，既存の連邦政治の「アウトサイダー」として，躊躇なくメキシコ系移民の排除を叫ぶドナルド・トランプの躍進を考えることができるだろう。「トランプ現象」が，排外主義的発言を契機に広がったことは，20世紀後半からのネイティヴィズムの蓄積の重さを物語っている。

　しかし，ポピュリスト・ネイティヴィズムが描く「人民」像は，21世紀における合衆国人口の多様化・多民族化と明らかに齟齬がある。カリフォルニア州の人口統計では，2014年にヒスパニックが非ヒスパニック白人の数を上回ったと推計されており，非ヒスパニック白人を国境管理の「人民」の主体と考えるのは，現実的とはいえない（Lopez 2014）。むしろ，非合法移民に対する教育支

援の改善，運転免許証の発行，強制送還の制限など，非合法移民を地域社会の住民の一部と考え，その社会的包摂を促進する政策を進める州や自治体の動きもある。実際，トランプが当選を決めた2016年大統領選挙後に非合法移民の権利擁護を真っ先に宣言したのは，ニューヨークやサンフランシスコなど多くの移民人口を抱える都市政府であった（Arrieta-Kenna 2016）。連邦政府主体の移民政策の行き詰まりが顕著な現在，包摂的にせよ排他的にせよ，移民と直面する地域が政治的主体となって取り組む事例は，今後のアメリカ移民政策を考える上でも注目に値する（Varsanyi ed. 2010；南川 2014）。ポピュリズム研究が示唆するようにネイティヴィズムが「人民」を排他的に再定義する運動であるとすれば，このような包摂的な政策や運動にも，対抗的な「人民」像の構築が求められるだろう。現代アメリカで移民とポピュリズムに向きあうことは，国境管理と移民政策の政治的主体とは誰かを問いなおすことであり，連邦と州の政治制度上の多元主義と，白人と非白人のあいだの人種エスニックな多元的共存というアメリカニズムの基本的枠組の未来形を探る作業でもあるのだ。

【参考文献】

加藤洋子（2012）「アリゾナ州移民法（S. B. 1070）とアメリカの不法移民規制」『国際関係研究』33（1），1-15頁。

小井土彰宏（2014）「大きな岐路に立つアメリカ移民社会——せめぎあう移民規制と社会運動のスパイラル」『Migrants Network』166，3-5頁。

谷聖美（2011）「現代アメリカにおける移民受け入れ拡大政策とその反動——ポピュリズム，理念，選挙」河原祐馬ほか編『移民と政治——ナショナル・ポピュリズムの国際比較』昭和堂，140-163頁。

西山隆行（2012）「移民政策と米墨国境問題——麻薬，不法移民とテロ対策」久保文明ほか編『マイノリティが変えるアメリカ政治——多民族社会の現状と将来』NTT 出版，5-26頁。

藤本一美・末次俊之（2011）『ティーパーティー運動——現代米国政治分析』東信堂。

南川文里（2014）「アメリカ合衆国の移民政策と人種プロファイリング」『Migrants Network』166，10-11頁。

——（2016）『アメリカ多文化社会論——「多からなる一」の系譜と現実』法律文化社。

村田勝幸（2007）『〈アメリカ人〉の境界とラティーノ・エスニシティ——「非合法移民問題」の社会文化史』東京大学出版会。

吉田徹（2011）『ポピュリズムを考える——民主主義への再入門』NHK 出版。

ロジエール，ステファン（2014）「現在おきているのは構造的な『対移民戦争』である」森

第7章 国境を守るのは誰か?

千香子/エレン・ルバイ編『国境政策のパラドクス』小山晶子訳, 勁草書房, 21-48頁。

Alexander, Michelle (2010) *The New Jim Crow: Mass Incarceration in the Age of Colorblindness*, New York: The New Press.

Andreas, Peter (2009) *Border Games: Policing the U. S.-Mexico Divide, Second Edition*, Ithaca: Cornell University Press.

Armbruster, Dale and Thomas, Shawna (2014) "Texas' Abbott: The Constitution Itself is 'Under Assault'", December 7. (http://www.nbcnews.com/storyline/immigration-reform/texas-abbott-constitution-itself-under-assault-n263396, last visited, 8 May 2016)

Arrieta-Kenna, Ruairí (2016) "Sanctuary cities stand firm against Trump", December 12. (http://www.politico.com/story/2016/12/sanctuary-cities-trump-immigration-232449, last visited, 8 January 2017)

Berlet, Chip, and Lyons, Matthew N. (2000) *Right-Wing Populism in America: Too Close for Comfort*, New York: Guilford Press.

Brumfield, Ben (2013) "Federal judge says Arizona sheriff was racially profiling". (http://edition.cnn.com/2013/05/25/us/arizona-racial-profiling, last visited, 8 May 2016)

Chavez, Leo R. (2013) *The Latino Threat: Constructing Immigrants, Citizen, and the Nation Second Edition*, Stanford: Stanford University Press.

Gonzales, Alfonso (2014) *Reform Without Justice: Latino Migrant Politics and the Homeland Security State*, New York: Oxford University Press.

Higham, John (1955=1992) *Strangers in the Land: Patterns of American Nativism, 1860-1925*, New Brunswick: Rutgers University Press.

HoSang, Daniel Martinez (2010) *Racial Propositions: Ballot Initiatives and the Making of Postwar California*, Berkeley: University of California Press.

Huntington, Samuel P. (2004) *Who Are We? : The Challenges to America's National Identity*, New York: Simon and Schuster.

International Organization for Migration (2014) *Fatal Journeys: Tracking Lives Lost During Migration*, Geneva: International Organization for Migration.

Kazin, Michael (1995) *The Populist Persuasion: An American History*, New York: Basic Books.

―――― (2016) "How Can Donald Trump and Bernie Sanders Both Be 'Populist'?", *New York Times Magazine* March 22.

Kobach, Kris (2011) "Law and Border: A Supreme Court victory for Arizona and the Nation", *The National Review*, July 4, pp. 34-36.

Laclau, Ernest (2005) *On Populist Reason*, London: Verso.

LoGiurato, Brett (2014) "Rick Perry Has A 'Conspiracy' Theory About Obama and the Border Crisis", *Business Insider* July 7. (http://www.businessinsider.com/rick-perry-obama-border-crisis-illegal-immigration-2014-7, last visited, 8 May 2016)

Lopez, Mark Hugo (2014) "In 2014, Latino will surpass whites as largest racial/ethnic group in California", January 24, Pew Research Center. (http://www.pewresearch.org/

fact-tank/2014/01/24/in-2014-latinos-will-surpass-whites-as-largest-racialethnic-group-in-california/, last visited, 8 May 2016)

Lopez, Mark Hugo, and Light, Michael T. (2009) "A Rising Share: Hispanics and Federal Crime", February 18, Pew Research Center. (http://www.pewhispanic.org/2009/02/18/a-rising-share-hispanics-and-federal-crime/, last visited, 8 May 2016)

Lyall, James Duff (2009) "Vigilante State: Reframing the Minuteman Project in American Politics and Culture", *Georgetown Immigration Law Journal*, 23, pp. 267-291.

Martin, Philip L. (2014) "The United States", *Controlling Immigration: A Global Perspective*, eds. Hollifield, James F. *et al.*, Stanford: Stanford University Press, pp. 47-77.

McCarty, Justin A. (2007) "The Volunteer Border Patrol: The Inevitable Disaster of the Minuteman Project", *Iowa Law Review*, 92, pp. 1459-1492.

Massey, Douglas S. and Singer, Audrey (1995) "New Estimates of Undocumented Mexican Migration and Probability of Apprehension", *Demography*, 32, pp. 203-213.

Orozco, Richard A. (2012) "Racism and Power: Arizona Politicians' Use of the Discourse of Anti-Americanism Against Mexican American Studies", *Hispanic Journal of Behavioral Sciences*, 34 (1), pp. 43-60.

Passel, Jeffrey S. and Cohn, D'Vera (2011) *Unauthorized Immigrant Population: National and State Trends, 2010*, Washington DC: Pew Hispanic Center.

Pew Hispanic Center (2010) "Hispanic and Arizona's New Immigration Law", Washington DC: Pew Hispanic Center

Riemers, David M. (1998) *Unwelcome Strangers: American Identity and the Turn Against Immigration*, New York: Columbia University Press.

Taggart, Paul A. (2000) *Populism*, Buckingham: Open University Press.

Varsanyi, Monica W. ed. (2010) *Taking Local Control: Immigration Policy Activism in U. S. Cities and States*, Stanford: Stanford University Press.

第Ⅲ部

民主化とポピュリズムの台頭

第 **8** 章

ロシアにおけるポピュリズムの展開

溝口　修平

1　はじめに

　現代ロシアにおけるポピュリズムの現れ方は，先進諸国で現在台頭しているポピュリズムの現れ方とは異なる。先進諸国では，第二次世界大戦後に成立した「埋め込まれた自由主義」や同胞社会が崩壊し，個人化や脱集団化が進んで，既存政党間の政策的差異が縮小したことが，ポピュリズム台頭の背景にある（野田 2013）。これに対し，体制転換後の旧ソ連諸国や中東欧諸国で生じたポピュリズムの特徴は，かつて個人的充足を提供してきた国家が崩壊し，多くの人々が幻滅し，見捨てられたと感じているところに入り込んだ点にある（Dimitrov 2009）。そこでは，国家性の回復が主張され，そのナショナリズムはしばしば反西側的な性格を帯びる。

　ロシアでも国家への幻滅や反西側的ナショナリズムの高揚など同様の点を指摘できるが，だからと言ってソ連解体後常にポピュリズムが強く現れていたというわけではない。たとえば，河原は，初代大統領のボリス・エリツィンが「大衆迎合的な」ポピュリストであったのに対し，エリツィンの後を継いだウラジーミル・プーチンは，「秩序を制度化」することを試み，その政治手法はポピュリズムの定義にはあてはまらないとしている（河原 2009）。その一方で，近年のプーチンはポピュリスト的政策をとるようになったという考えも強まっている（Sakwa 2014 : 172；宇山 2014 : 135-136）。本章は，ロシアにおけるポピュリズムの展開を検討しながら，体制転換と国家の解体という大きな変動を経験

した国において，ポピュリズムがいかに現れるのかを考察する。

　本章の構成は以下のとおりである。次節では，本章で用いるポピュリズムが何を意味するかをまず定義する。ポピュリズムという言葉は多様な意味で用いられているが，ここでは「政治スタイル」としてポピュリズムを定義する。第3節では，ソ連解体後のロシア政治の展開を概観し，第4節では，政治スタイルとしてのポピュリズムが，ソ連解体後のロシアにおいてどのような形で現れてきたのかを時系列に沿って検討する。

2　ポピュリズムの定義

　ポピュリズムを論じることの困難は，まずそれを定義することの難しさにある。既存研究においても，ポピュリズムは，イデオロギー，論理，言説など様々に定義されてきたが，本章ではその政治スタイルとしての側面に着目して議論を進めていく。[1] カノヴァンは，ポピュリズムを「既存の権力構造と社会で支配的な思想・価値観の双方に対抗して行われる『人々』への訴え」と定義しているが，そこには以下の4つの要素が含まれる（Canovan 1999 : 3-7）。

　第一に，ポピュリズムは，人々の名において既存の権力構造に対抗する。ここで言う「既存の権力構造」には，政治的・経済的エスタブリッシュメントだけでなく，学会やメディアのオピニオンリーダーも含まれる。第二に，ポピュリストは，人々のために語っているという理由で自らの正当性を主張する。特に，党派的な利益ではなく民主的な主権者を代表していると強調する点にその特徴がある。第三に，ポピュリズムは，普通の人々に向けられているという意味で「民主的」である。政治家や官僚の言動は曖昧で分かりづらい上に，政治は密室性を伴うものになりがちだが，それに対してポピュリストは，単純さ，明快さ，直接性を売りにして解決策を提示する。最後に，ポピュリズムは，通常は非政治的な人々を政治的な場に引き込む熱狂的なムードを伴い，そうした感情の高まりはカリスマ的指導者に向けられる。既存の制度への不満や敵意が，そうした指導者と人々を直接的に結び付けるのである。

　以上のように，「人々(people)」を語源に持つポピュリズムは，既存の権力構造に不

満を持つ人々に訴えかけ，その人々のために行動するという形をとる。人々が対峙する既存の権力構造は，排除すべき「敵」とみなされ，攻撃されることになる。その敵は，エリートであることもあれば，移民や外国に向けられることもある。いずれにせよ，二元論的な対立の構図が作り出され，指導者は「普通の人々」の側にいることが強調される（大嶽 2003：118-119）。

　他方で，ポピュリズムが擁護する「人々」が具体的にどのような集団なのかは大抵の場合明らかにされない。二元論的な構図においては，既存の権力構造と対峙する「人々」は，多様性を持たず一体のものと想定されるが，攻撃対象となる「敵」が明確化されるのに対し，ポピュリズムが寄り添う「人々」は曖昧なままである。そして，その曖昧性ゆえに，ポピュリズムの主張は党派性や特定の言説に限定されることなく様々な形で現れてくるのである（Taggart 2000；Mudde 2004）。ただし，ポピュリズムという言葉は通常否定的な意味で使われる。ポピュリストを自称する政治家はおらず，ポピュリズムという言葉が使われる時点で批判の意味がそこに込められることになる（森 2008：147-149）。

　それでは，このような政治スタイルとしてのポピュリズムは，ロシアにおいてどのような場面で現れてきたのだろうか。そのことを検討する前に，次節では，ソ連解体以降のロシア政治の展開を概観する。

3　ロシア政治の展開

（1）体制転換と政治経済の混乱

　ソ連解体後のロシアを率いたエリツィン政権は，様々な課題に直面していたが，まず「ショック療法」と呼ばれる急進的な市場経済化に取り組んだ。しかし，価格自由化，緊縮財政など新自由主義の影響を強く受けたこの「ショック療法」は，ロシア経済をひどく混乱させ，経済の低迷は1998年に通貨金融危機が起こるまで続いた。

　政治的には，この市場経済化政策は次のような影響を及ぼした。第一に，92年から93年にかけて経済の混乱が広がる中で，国内ではエリツィン大統領への批判が高まり，政治の主導権をめぐって大統領と議会の対立が深まった。93年

末には，エリツィン大統領は強引に憲法を制定して，強大な権限を手に入れた。そして，国有企業の私有化過程で巨万の富を得た新興財閥（オリガルヒ）が，政治的影響力を求めて大統領に接近した（溝口 2016a）。

　第二に，こうした中央での権力闘争を尻目に，地方政府は中央からの自律性を強めた。地方では，有力な政治経済エリートを中心にマシーン政治がはびこり，中央から自立した地方政府は，封建領主化した[2]。そして憲法制定以降，そうした傾向はさらに強まった。中央と各地方はバイラテラルに権限区分条約を締結して両者の権限区分を定めた。その結果，いくつかの地方が他の地方よりも大きな権限を持つ「非対称な連邦制」が広まり，中央の政策の不履行や国内の法的一体性喪失などの問題が生じた。そして，こうした中央政府の統治能力の欠如は，社会経済の混乱の主因であると考えられるようになった（溝口 2016b）。

（2）プーチンの登場と政治的安定

　90年代の社会経済の混乱は，98年の通貨金融危機と99年のモスクワなどでの連続爆破テロ事件でピークを迎えた。プーチンが政治の表舞台に登場したのはこのような時期であり，それはそれまでの「弱い国家」に代わり，「強い国家」に対する要請が強まった時期であった（Sharafutdinova 2013）。

　プーチンは，ソ連解体直後にサンクトペテルブルク市行政府の職に就き，97年に大統領府職員としてモスクワにやってきた。政界のアウトサイダーであったプーチンは，99年に首相に任命され[3]，その年に始まったチェチェン戦争で強硬な姿勢を貫いたことで国民の支持を勝ち取り，エリツィンの後継者に指名された。99年末にエリツィンが任期満了直前に大統領辞任を発表すると，プーチンは大統領代行となり，翌年の大統領選挙で勝利して正式な大統領となった。

　このように，アウトサイダーからインサイダーへと転じて大統領に就任したプーチンは，当時ロシアが直面していた社会経済的な危機に即座に対応する必要性を強調した。だが，危機を招いた責任を前任者のエリツィンに押しつけることはせず，代わりにオリガルヒやテロリストを敵視した。また，プーチンは「強い国家の建設」や「垂直的権力の確立」を主要な政治課題として挙げ

た。たとえば，大統領就任の翌年である2001年の年次教書演説では，プーチンは冒頭からかなりの時間をかけて「強い国家の建設」について述べている（Путин 2001）。このように，2000年から08年までの２期８年間，プーチンは「破壊」よりも「構築」に重きを置いた政治スタイルをとった。それは，ソ連時代の共産党一党独裁型の制度だけでなく，国民の生活基盤まで破壊したエリツィン時代への反動であった。そして，原油価格の高騰によって，この時期ロシア経済が飛躍的に改善したこともあり，プーチンは国民の高い支持を得た。

　プーチンが政治システムの安定化を目指す上で実施したこととしては，まず中央集権化が挙げられる。上述のように，地方の自立性が高かった90年代への反動として，プーチンは「垂直的権力」の確立を唱えて中央集権化を進めた。特に，04年に北オセチア共和国のベスランでテロ事件が起きると，地方に対する統制強化の必要性を訴えて，地方知事の公選制を廃止した（溝口 2016b）。

　また，90年代の議会では小党が乱立し，政党システムも不安定であったが，様々な制度改革が実施され，与党「統一ロシア」が議会の過半数を占めるようになった。そして，公選制が廃止された00年代半ば以降，地方知事の多くも統一ロシアの党員となった。このように，統一ロシアが中央・地方の政治エリートを糾合することで，ロシアの政治システムは安定した。ただし，これは，必ずしも中央からの圧力に地方知事が屈したわけではない。地方知事は自らの動員力を統一ロシアに提供し，大統領は有力知事を再任させることで，地方で長期政権を誕生させるという互恵関係が成立したのであった（Goode 2010；Reuter 2010）。

　このように，中央集権化と政党組織の強化を両輪として，プーチンが大統領になった2000年から２期８年間で，ロシアの政治システムは90年代とは比較にならないほど安定した。エネルギー価格の高騰に牽引されて，ロシアは経済成長を遂げ，財政状況が改善したことも政治的安定を後押しした。そして，00年代半ばからロシア政府は，資源依存型の経済構造の転換を図るとともに，国民の生活水準向上のために保健，教育などの社会問題にも取り組む姿勢を見せた。そのため，国際的には「権威主義的」と批判されることの多いプーチン政権は，国内では常に60％を超える高支持率を維持したのである。

（3）タンデム体制と政治の（再）不安定化

　プーチンの達成した「安定」を国民は支持し，プーチンの支持率は07年下院選挙から08年大統領選挙の時期にかけて80％を超える水準にまで上昇した。しかし，それはまた「安定」後のヴィジョン模索の始まりでもあった。

　ロシアの憲法では大統領の3選が禁じられている。2期を務めたプーチンは08年に大統領を辞し，新たにドミトリー・メドヴェージェフが大統領になった。そして，退任したプーチンはこのメドヴェージェフ政権で首相を務めることになった。メドヴェージェフ大統領，プーチン首相という体制は，タンデム（双頭）体制と呼ばれた。

　メドヴェージェフ政権は，ロシアのさらなる発展を実現するために，「近代化」を主要な政策目標として掲げた。この「近代化」は，基本的には00年代半ばからの経済構造の転換に向けた施策を引き継ぐものであったが，国家の役割を限定し，政治的にも経済的にも自由化を進展させようとする側面もあった。たとえば，メドヴェージェフは優先的な課題の1つとして汚職対策を挙げた。大統領就任後，メドヴェージェフは，国家機関に蔓延する汚職が経済のイノベーションや民主的制度の発展を阻害しており，ロシアの新しい発展モデルにはこの点が改善されなければならないという認識を示した（Медведев 2008）。しかしそれは，「強い国家」によってトップダウン型で達成された安定と成長との間に緊張関係を孕むものであった。

　また，メドヴェージェフは人事政策でも独自路線をとった。特に，タタルスタン共和国のミンチメル・シャイミーエフ大統領，モスクワ市のユーリー・ルシコフ市長など，90年代前半から長期にわたり地方知事の座に就いていた地方ボスを次々と交代させた。強力な政治マシーンを持つ地方ボスの更迭は，地方政治を不安定化し，地方議会選挙における統一ロシアの得票率を低下させた（Reuter 2013；大串 2013）。

　2011年9月にプーチンは大統領選挙への出馬を表明したが，政権への支持率低下に歯止めはかからなかったどころか，プーチン政権の長期化に対する倦厭感が広がった。同年末の下院選挙で統一ロシアはかろうじて過半数の議席を確保したが，得票率は前回選挙から約15％も落ち込んだ。そして選挙直後には，

都市部を中心に不正選挙に対する大規模な抗議運動が起こり，この運動はその後「プーチンなきロシア」を訴える運動へと発展していった。

（4）プーチンの大統領復帰とウクライナ危機

翌年の大統領選挙でプーチンは勝利し，大統領に復帰したが，政権を取り巻く環境は，以前の任期時とは大きく変わっていた。08年のリーマンショック以降，経済状況も芳しくなく，ロシア国内には停滞感が募っていた。プーチンの支持率は相変わらず60％を超えており，統一ロシアの地方議会選挙での得票率もメドヴェージェフが大統領だった時期と比べると回復傾向にある一方で，プーチンを支持しない人の数は確実に増加した。3期目のプーチン政権にとって，政権の安定をいかに回復するかが，最大の課題であった。

しかし，この状況は14年2月にウクライナで起きた政変によって一変した。ロシアは，3月にウクライナからの独立を宣言したクリミア共和国とセヴァストーポリ市を編入したが，これによって国内でのプーチンの支持率は急上昇した。国際社会が，ロシアの行為を力による現状変更だとして非難する一方で，ロシア政府は，米国が国際社会のルールを自らに都合の良いように変えていると主張した。そして，この主張をロシア国民は支持し，プーチンの支持率は90％に至るまでになった。現在でも，ロシアでは依然として愛国主義が高揚しており，これが政権を支えている状況にある。

4　ロシアのポピュリズム

前節では，ロシア連邦が成立して約25年の経過を概観したが，この期間でポピュリズムの台頭が議論されるのは，体制転換期から90年代後半にかけての時期と，2011年から12年にかけて政権に対する大規模な抗議行動が起きて以降の時期である。本節では，エリツィンとプーチンという2人の指導者の政治スタイルを比較し，ロシアにおいてどのような場合にポピュリズムが台頭したのかを考察する。

（1）90年代のポピュリズム

　ロシアの初代大統領であるエリツィンは，80年代末にミハイル・ゴルバチョフ・ソ連共産党書記長が進めていた改革路線を中途半端だと批判し，より迅速で徹底的な改革を求めることで，国民の人気を博した指導者である。エリツィンはそもそも共産党の内部で頭角を現した人物であったが，共産党指導部への批判のために87年にモスクワ市共産党第一書記を解任され，共産党を離党した。その後，89年にソ連で初めての競争選挙となるソ連人民代議員選挙が行われた際には，エリツィンはモスクワの選挙区から出馬し，92%の得票率で当選した。翌年のロシア人民代議員選挙でも当選を果たすと，90年5月に始まった第1回ロシア人民代議員大会では，ロシア共和国のトップである最高会議議長となり，91年には初代大統領に就任した。このような経緯を見ると，エリツィンのキャリアにとって，共産党エリートからアウトサイダーへと転じたことが，大きな転機であったことがわかる。

　アウトサイダーとなったエリツィンが政治家として台頭した背景としては，ソ連及びその構成共和国であるロシア共和国において，経済・政治システムの転換が進んでいたということが挙げられる。従来の制度が動揺する中で，エリツィンは，ソ連末期にはソ連指導部を「権力に執着する特権階級」として批判する一方で，自らを民衆のための政治を行う「改革派」として正当化した（エリツィン 1990：第7章-第8章）。

　また，ソ連解体後にも，そのような自己演出は続いた。前述のように，「ショック療法」が経済の混乱を招いたため，ソ連解体後かなり早い時期からエリツィンの支持率は落ち始め，議会での批判も強まっていた。しかし，当時の議会は，最高会議（Supreme Soviet）とソヴィエトの名を冠するものであったから，エリツィンは，議会内の反対勢力を旧体制と結びついた「守旧派」と一括りにして排除しようとした[4]。このように，共産党のインサイダーからアウトサイダーへ転じたという自身のキャリアを利用して，エリツィンは旧来のエリートを敵と設定することで，国民の支持を調達しようとした。そして実際，それはある程度成功した（溝口 2016a）。

　体制転換期のエリツィンの政治スタイルの特徴としては，国民投票を多用し

第8章 ロシアにおけるポピュリズムの展開

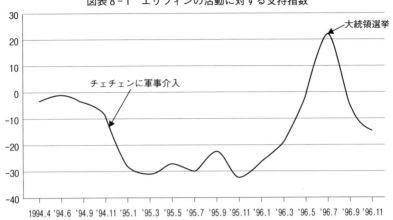

図表8-1 エリツィンの活動に対する支持指数

注:縦軸の数値(エリツィンの活動に対する支持指数)は、「支持率-非支持率」の数値である。
出典:Левада(2006：403)に筆者が加筆。

たという点も挙げられる。この時期のエリツィンの支持率は決して高くなかったが，他の政治家の支持率はそれ以上に低かった。そのため，エリツィンは，体制転換期の重要局面——91年3月(大統領制導入)，93年4月(大統領に対する支持など)，93年12月(新憲法の採択)——で3度国民投票を実施し，そのいずれにおいても自分に有利な結果を得た。これは，エリツィンが，改革派 vs. 守旧派という二元論的構図を演出し，自らを旧体制に立ち向かう「改革派」と位置付けることで国民の支持を獲得し，その国民からの委任を梃子に権力の確立を進めたということを示している。共産党一党独裁が長く続いたために，国民の政党に対する不信感が強かったことも，政治指導者と国民との直接的な関係こそが「民主的」だとするエリツィンの戦術を正当化した。

93年の憲法制定によって，ロシアの政治状況はある程度安定したが，特定の支持基盤に依拠することなく，国民に直接訴えかけるというエリツィンの政治スタイルに大きな変化はなかった。議会を迂回して大統領令で政策決定を行う傾向が強く，特に大統領選挙のあった96年にはその他の年よりも多くの大統領令を発した(Protsyk 2004：639-640)。図表8-1に明らかなように，長らく低迷していたエリツィンの支持率はこの96年に急上昇している。そして実際に，エ

167

リツィンは大統領選挙で再選を果たした。彼の再選を可能にしたのは，このような大統領令を利用した「バラマキ」であった（Treisman 1996）。

以上のようなエリツィンのポピュリズム的な政治スタイルが成功したのは，体制転換の過程で，競争的な選挙が導入された一方で，政治エリートによる社会に対する統制が解体し，組織化されていない大衆が出現したことが大きい。また，共産党一党独裁の時代を長く経験した国民も「党」に対する拒否反応が強かった。そのため，エリツィンは政党システム安定化のための制度改革を行わなかっただけでなく，いずれかの政党を率いたり，所属したりすることもなかった。

こうした傾向は，90年代を通じたロシア政治の大きな特徴であったと言える。すなわち，たいていの場合，政治家は，政党に依らずとも政治マシーンや金融産業グループといった「政党の代替物」を利用して選挙で勝利することができた（Hale 2006）。そのため，選挙のたびに新しい政党・選挙連合が組織されたが，その多くは次の選挙サイクルには姿を消すことになった。そのため，90年代を通じてロシアの政党システムは不安定であった。

一方，その中でも生き残った数少ない政党は，対外的な脅威や「ロシアの救済」を訴えてナショナリズムを刺激し，また，政府の市場経済化政策に対する国民の不満や怒りに訴えかけて，国民の支持を獲得した。ウラジーミル・ジリノフスキー率いるロシア自由民主党やゲンナジー・ジュガーノフ率いるロシア連邦共産党は，政権に対する不満票を獲得することで，93年と95年の2度の下院選挙で躍進した。

以上のように，体制転換によって社会経済情勢が不安定であり，大衆の組織化も進んでいない状況では，政党を組織し，それを媒介として支持基盤を固めようとするインセンティブを政治エリートは持たなかった。したがって，中央の政治では，ポピュリズムの政治スタイルを駆使して支持を集める政治家が多く，地方の政治エリートは政治マシーンを構築して支配力を強化した。

（2）「強い国家」の構築

プーチンが政治の表舞台に登場してきた時期は，ソ連崩壊後，ロシアの政治

経済が最も混迷した時期であった。前節で述べたように，90年代後半に地方の自立化が進んだことは，中央の財政状況の悪化や縁故資本主義の蔓延の原因となった。そして，98年夏には通貨金融危機が起き，さらに翌年にはモスクワでテロ事件が多発するなど，ロシアは社会経済に大きな不安を抱えていた。

　また，90年代後半にかけて，エリツィン大統領の健康状態が悪化し，政治はセミヤー（家族）と言われる取り巻きが取り仕切るようになり，特に，エリツィンの娘夫婦やオリガルヒ（新興財閥）の政治的影響力が拡大した。その結果，中央政府の統治能力はますます低下していたのである。

　このような混乱した時期に，中央政界では無名であったプーチンがエリツィンの信任を獲得し，アウトサイダーからインサイダーへと転じる形で大統領になったことはすでに述べたとおりである。プーチンは，ロシアに無秩序をもたらすものとしてオリガルヒやテロリストを攻撃する一方で，エリツィンのような既存の権力構造を批判するという方法はとらずに，「強い国家の建設」と「垂直的権力の確立」を掲げて，権力構造の構築を目指した。90年代を通じて長らく社会経済が混乱していたことを考えれば，プーチンが自らにこのような課題を課したことは，ある意味当然であり，それは国民の要求にも合致していた。

　既存の権力構造を攻撃すること，そして，制度や組織を介在せずに直接国民に訴えかけることがポピュリズムの特徴であるとすれば，前節で述べたようなプーチンの改革はポピュリズムというより，むしろ制度や組織を強化し，それらを介在して支持を調達するという方法であった。そして，政治的動員を実際に担っていたのは，地方ボスが組織する政治マシーンであった。そうであるからこそ，地方知事の多くが入党した2000年代後半に統一ロシアに対する支持は拡大した。しかし，メドヴェージェフ大統領が古参知事の更迭を進めたことは，結果的に政権の支持基盤を自ら掘り崩すことになった（Reuter 2013）。そのため，安定し始めていたロシアの政治情勢は，再び流動化したのである。このことは，00年代半ばの政治の安定化が，地方ボスの動員力に依存していたことを浮き彫りにした。

(3) プーチンのポピュリスト化？

　11年9月に大統領への復帰を宣言した頃から，プーチンのポピュリスト的傾向が強まったとの指摘が増えている。たとえば，サクワは，プーチンの傑出した政治的才能を異なる派閥間のバランスをとるところに見出しているが，それでも12年以降のプーチンの政策はポピュリズムの傾向を強めていると述べている（Sakwa 2014）。それでは，それはどのような点に現れているのだろうか。

　プーチンは，大統領選を控えた12年初めに7本の論文を新聞紙上に発表した。これらの論文は，00年に大統領になって以来の自らの実績を肯定的に評価しつつ，今後取り組むべき課題について論じた事実上の選挙公約であった。そこで扱われている問題は，経済，民族問題，民主主義，社会保障，安全保障，外交と多岐にわたるが，その内容を見る限り，プーチンの政策がこれまでと大きく変化したわけではない。確かに，外交政策に関しては，中国などアジア太平洋諸国との関係強化を唱え，これまで以上に米国の一国中心主義を強く非難する傾向が見てとれる。そして，こうした傾向はウクライナ危機後にさらに強く表明されるようになった。しかし，社会経済政策について言えば，ここで強調されている点（教育，経済の多様化など）は，基本的に00年代半ばにすでに掲げられていた課題である。このことは，政権がこれらの課題にこれまで十分な成果を挙げられなかったことを逆説的に示しているが，いずれにせよ，国内政策に大きな変化が生じたわけではない。

　変化が生じたのは，政権と社会との関係である。11年12月の下院選挙，12年5月の大統領選挙に臨む上で，低下する統一ロシアの支持率を補うために，プーチンは全ロシア人民戦線という社会組織を設立し，自らその代表を務めて政権の支持基盤強化を目指している。全ロシア人民戦線は，権力と社会との「直接的対話」を重視しており，党派性を超えたロシア国民の団結を訴えている。地方の議会選挙や知事選挙においても，その動員力が大きな役割を果たしているとの指摘もある（Sakwa 2014）。プーチンは，中央集権化や統一ロシアの強化を通じて政権の安定化を図ってきたが，その限界が明らかになったために，徐々に国民全体の指導者として自らを演出する傾向が強まってきた。

　こうした支持調達方法の変化において重要なのが，ロシア社会に根強い民族

図表 8-2 プーチンの活動に対する支持指数

注：縦軸（「プーチンの活動に対する支持指数」）は「支持の割合」から「不支持の割合」を減じた数値である。
出典：http://www.levada.ru/indeksy より筆者作成。

主義や愛国主義である。特に，ウクライナ危機においてプーチンがとった強硬姿勢は，国民の反欧米的ナショナリズムに強く訴えかける面があった。クリミア編入時の演説で，プーチンは NATO の東方拡大，コソヴォ独立などでの欧米諸国の行動に対する被害者意識を吐露したが，多くのロシア国民はこれに共感した。そして，図表 8-2 が示すとおり，14年3月にクリミアを編入すると，プーチンの支持率は急上昇した。それから2年経過した後でも，国民の大半は，クリミア併合によってロシアは「大国としての伝統的役割」を取り戻しつつあると考えているし，クリミアもロシア領であり続けるべきだと考えている（Левада центр 2016）。米国主導の国際秩序を非難し，国民の危機感を煽って団結を訴えるというスタイルは，低迷していた政権の支持率を回復させるのに貢献し，そうした傾向はクリミア併合以来ますます顕著になっている（溝口 2015）。

ただし，ウクライナ危機がロシアのナショナリズムを著しく高めたというよりは，すでに存在していたナショナリズムを政権が利用したという面が強い。たとえば，毎年11月4日の「国民統一の日」には，民族主義者らが「ルー

スキー・マルシ（ロシア民族の行進）」を組織しているが，こうした示威行為を肯定的に捉える国民は，ウクライナ危機が起こる前から年々増加している（Спиридонов 2013）。プーチン政権はこうした世論の動向に敏感であり，ウクライナ危機に際しては国内で強まる愛国主義や反欧米ナショナリズムをうまく活用した。

　もっとも，こうしたナショナリズムの政治化は諸刃の剣でもある。現在は，危機に際しての「旗の下への結集」効果によってプーチン個人に対する支持率が高まっているが，ウクライナやシリアにおけるロシア政府の対応が，政権の中長期的な安定に資するかは疑わしい（Alexeev and Hale 2015）。実際，世論調査では，14年末以降，ロシアは経済危機のさなかにあると考える国民が急増し，それに伴い政府の支持率も低下している。16年9月の下院選挙では，統一ロシアは全450議席中343議席を獲得して圧勝したが，投票率は初めて50％を下回り，国民の政治に対する諦めや無関心が広がっている。また，地方議会選挙における統一ロシアの平均得票率は14年以降低下し続けており，反政権デモが起きた11年の水準に近づいている。プーチン個人の支持率は低下していないものの，経済状況が改善しなければ，プーチンに対する批判もまた強まる可能性がある（溝口 2017）。

　そもそも，11年から12年にかけての反政権デモは，リーマンショック以降の経済不況がプーチンの長期政権化に対する倦怠感に結びついて起こった。そうした不満は対外的な危機によって一時的に後退したが，不満の原因が根本的に解決したわけではない。ロシアの社会経済情勢に対する国民の評価は，ウクライナ危機を経て一層悪化しており，クリミア編入がロシアにとって大きな負担となっていると考える国民も多い（Alexeev and Hale 2015：5）。したがって，現在の愛国主義の高揚が，政権をどこまで支えられるのかは未知数である。しかし，そうした不安定な状況こそがポピュリズムの台頭をもたらしている。つまり，現在のポピュリズムは，プーチン政権の潜在的な脆弱性の現れであると言える。

第8章　ロシアにおけるポピュリズムの展開

5　まとめにかえて

　本章では，エリツィンとプーチンという2人の指導者を中心に，ロシアにおけるポピュリズムの展開を見てきた。ロシアでは，体制転換の過程で政党による社会の統制が解体し，組織化されない大衆が多く出現した。そのため，共産党を除けば概して政党組織は脆弱であり，恩顧主義が蔓延しやすいという特徴がある。ポピュリズムという観点から言えば，すべての政治指導者にはポピュリスト的な面があるが，特に体制転換期のエリツィンと2012年以降のプーチンにその傾向が強い。それに対し，00年から2期8年大統領であった時期のプーチンにとっては，「権力構造」は攻撃対象ではなく，むしろその確立が彼の政策の主要な課題であり，それが国民の支持を獲得できた要因でもあった。

　このような違いは，各指導者の権力掌握経路の違いと彼らが直面した危機の性質の違いによって説明できる。図表8-3は，第2節で示したポピュリズムの4つの特徴と各指導者が直面した危機についてまとめたものである。まず，エリツィンと00年から08年までのプーチンを比較すると，前者がアウトサイダーとして台頭し，権力掌握のためには既存の権力構造を打破する必要があったのに対し，後者はエリツィンに首相として登用され，政権のインサイダーとして大統領の地位に就いた。そのため，プーチンは，実際の政策ではエリツィン時代を否定することはあっても，エリツィン自身を「敵」として攻撃する必要はなかった。

　また，90年代末のロシアは，経済危機やテロに直面していたが，そうした危機の原因は「国家の弱さ」にあるという見方が支配的であった。そのため，当時はほぼすべての政治勢力が「強い国家の建設」を支持した。そのような状況では，大統領に就任したプーチンが，既存の権力構造を破壊するのではなく，権力構造の確立を目指したのは，自然なことであった。

　他方，権力基盤が揺らぎつつあった第3期プーチン政権は，ウクライナの政変をきっかけに，国外に「敵」を作り出して「旗の下への結集」効果を生み出した。その意味で，ウクライナ危機はロシアの国内政治にとっても大きな転機

図表8-3 エリツィンとプーチンの共通点と差異

	エリツィン	プーチン (2000-08)	プーチン (2012-)
社会経済状況（危機）	ソヴィエト体制の行き詰まり，体制転換による混乱	経済，治安上の危機	対外的危機
権力構造に対抗	ソ連共産党から離脱し，既存の権力構造を批判（アウトサイダー）	エリツィンの後継者として指名（インサイダー）権力構造の再建をアピール	首相を務めた後，再度大統領に復帰（インサイダー）
党派性の有無	国民投票や大統領令を活用し，議会を迂回。特定政党に所属せず	「統一ロシア」の強化	全ロシア人民戦線の代表。国民全体の指導者
単純化された「敵」	ソ連共産党指導部，ロシア連邦共産党	オリガルヒ，テロリスト	米国，NATO
カリスマ性	強い	弱い	強い

出典：筆者作成

であった。ただし，プーチンは，ウクライナ危機以前から政党ではなく社会全体の広範な支持を獲得し，国民全体の指導者となろうとする傾向を強めていたことも見逃せない。ウクライナ危機で獲得した支持が徐々に失われつつある中で，こうした傾向が今後も続くかは明らかでないが，新たな危機に直面する中で，プーチン政権のポピュリスト的傾向が強まったのは確かである。そして，このポピュリズムは，新自由主義と融合した西側先進諸国のポピュリズムとは異なるが，保守主義的（伝統への懐古）という特徴を持っている点では共通点がある。

【注】
1) Moffitt らは，「政治スタイル」を「政治的関係を生み出すために使われるパフォーマンスのレパートリー」と定義している（Moffitt and Tormey 2014）。本章でもこの定義に従う。
2) 制度的には，エリツィンが大統領権限を確保するために，憲法制定過程で地方の指導者を取り込もうとしたことが，地方の自立化を促進する結果を招いた。詳細は，溝口（2016a）を参照。
3) プーチンは国内では全くの無名であったが，FSB 長官時代に，エヴゲニー・プリマコフ首相によるエリツィンの汚職追及を未然に防いだことで，エリツィンの信任を得たと言われている。エリツィンがどの段階でプーチンを後継者とする決断をしたのかは不明だが，自身の回想録ではプーチンをかなり早い段階から後継者として見込んでいたと語って

いる（エリツィン 2004：491-538）。
4) その一方で，協力が可能な勢力は積極的に自陣営に取り込もうとする姿勢も，この時期のエリツィンに特徴的な態度であった。
5) この7本の論文は，http://archive.premier.gov.ru で閲覧可能である（2016年4月15日アクセス確認）。
6) なお，プーチンは，「ロシアは立ち向かうべき課題に注力する」という論文の中で，石油で得た歳入を分配するよう求める野党の声を「ポピュリズム」と呼んで非難している。
7) 11年から12年にかけての反政権デモの影響を受けて，地方知事選挙は12年から再び行われるようになった。

【参考文献】
宇山智彦（2014）「変質するロシアがユーラシアに広げる不安――進化する権威主義，迷走する『帝国』」『現代思想　7月号』42巻，10号，129-143頁。
エリツィン，ボリス（1990）『告白』小笠原豊樹訳，草思社。
─── （2004）『ボリス・エリツィン　最後の証言』網屋慎哉・桃井健司訳，NCコミュニケーションズ。
大串敦（2013）「支配政党の構築の限界と失敗――ロシアとウクライナ」『アジア経済』54巻，6号，146-167頁。
大嶽秀夫（2003）『日本型ポピュリズム――政治への期待と幻滅』中央公論社。
河原祐馬（2009）「ロシア政治における『秩序の制度化』――プーチン＝メドヴェージェフ政権の今後を見据えて」島田幸典・木村幹編『ポピュリズム・民主主義・政治指導――制度変革期の比較政治学』ミネルヴァ書房。
野田昌吾（2013）「デモクラシーの現在とポピュリズム」高橋進・石田徹編『ポピュリズム時代のデモクラシー――ヨーロッパからの考察』法律文化社。
溝口修平（2015）「ウクライナ危機をめぐる二重の相互不信」『地域研究』16巻，1号，77-90頁。
─── （2016a）『ロシア連邦憲法体制の成立――重層的転換と制度選択の意図せざる帰結』北海道大学出版会。
─── （2016b）「ロシアにおける連邦制の変容とその効果」松尾秀哉ほか編『連邦制の逆説？――連邦制は効果的な統治制度か』ナカニシヤ出版。
─── （2017）「ウクライナ危機とロシアの変容」中京大学社会科学研究所ロシア研究部会編『ロシアの現在（社研叢書41）』成文堂，55-77頁。
森正稔（2008）『変貌する民主主義』ちくま新書。
Alexeev, Mikhail and Hale, Henry E. (2015) "A New Wave of Russian Nationalism? What Really Changed in Public Opinion after Crimea", *PONARS Eurasia Policy Memo*, 362, pp. 1-9.
Canovan, Margaret (1999) "Trust the People! Populism and the Two Faces of Democracy", *Political Studies*, 47 (1), pp. 2-15.
Dimitrov, Philip (2009) "Does "Populism" in Europe's New Democracies Really Matter?",

Demokratizatsiya, 17 (4), pp. 310-323.
Filippov, Mikhail and Olga Shvetsova (1999) "Asymmetric Bargaining in the New Russian Federation: A Path-Dependence Explanation", *Communist and Post-Communist Studies*, 32, pp. 61-76.
Goode, P. (2010) "The Fall and Rise of Regionalism?", *Journal of Communist Studies and Transition Politics*, 26 (2), pp. 233-256.
Hale, Henry E. (2006) *Why Not Parties in Russia? Democracy, Federalism and the State*, New York: Cambridge University Press.
Moffitt, Benjamin and Tormey, Simon (2014) "Rethinking Populism: Politics, Mediatisation and Political Style", *Political Studies*, 62 (2), pp. 381-397.
Mudde, Cas (2004) "The Populist Zeitgeist", *Government and Opposition*, 39 (4), pp. 541-563.
Protsyk, Oleh (2004) "Ruling with Decrees: Presidential Decree Making in Russia and Ukraine", *Europe-Asia Studies*, 56 (5), pp. 637-660.
Reuter, Ora Jones (2010) "The Politics of Dominant Party Formation: United Russia and Russia's Governors", *Europe Asia Studies*, 62 (2), pp. 293-327.
───── (2013) "Regional Patron and Hegemonic Party Electoral Performance in Russia", *Post-Soviet Affairs*, 29 (2), pp. 101-135.
Sakwa, Richard (2014) *Putin Redux: Power and Contradiction in Cotemporary Russia*, Abingdon: Routledge.
Sharafutdinova, Gulnaz (2013) "Gestalt Switch in Russian Federalism: The Decline in Regional Power under Putin", *Comparative Politics*, 45 (3), pp. 357-376.
Taggart, Paul (2000) *Populism*, Buckhingham and Philadelphia: Open University Press.
Treisman, Daniel (1996) "Why Yeltsin Won: A Russian Tammany Hall", *Foreign Affairs*, 75 (5), pp. 64-77.
Левада, Юрий (2006) *Ищем человека: Социологические очерки 2000-2005*, М.: Новое изд-во.
Левада центр (2016) Крым два года спустя: внимание, оценки, санкции. (http://www.levada.ru/2016/04/07/krym-dva-goda-spustya-vnimanie-otsenki-sanktsii/, last visited, 15 August 2016)
Медведев, Дмитрий (2008) Послание Федеральному Собранию Российской Федерации. (http://kremlin.ru/events/president/transcripts/1968, last visited, 15 August 2016)
Медведев, Рой (2011) *Борис Ельцин: народ и власть в России в конце XX века: из наблюдений историка*, М.: Время.
Путин, Владимир (2001) Послание Федеральному Собранию Российской Федерации. (http://kremlin.ru/events/president/transcripts/21216, last visited, 15 August 2016)
Спиридонов, Дмитрий (2013) ""Русский марш» становится популярнее" *kommersant.ru*, Nov. 1, 2013. (http://kommersant.ru/doc/2334988, last visited, 15 August 2016)

第9章

現代ラテンアメリカのポピュリズム
――新自由主義とグローバル化を共鳴板として

松下 洌

1 ラテンアメリカ・ポピュリズム再考

(1) 課題と方法

　本章はラテンアメリカ（以下，LA）の現代ポピュリズムを考察する。ポピュリズムは運動として，イデオロギーとして，また政治体制としても LA の歴史において絶えず現れている。とりわけ，それは社会の構造的・制度的な「危機」と「不安定化」や根本的「変化」の状況の中で顕在化している。ポピュリズム現象は共通した特徴を有するものの，時代的・各国別の特殊性を持っている。本章が主要な対象とする現代ポピュリズム（「新自由主義型ネオポピュリズム」と「急進的ポピュリスト」）の分析には，新自由主義とグローバル化という時代的背景とその時代性が生み出す社会・構造的な諸要因を組み込むことが不可欠であろう。

　今日の左派政権を「急進的ポピュリスト」政権と規定し，「ポピュリズム」概念によって説明し，解釈するには様々な異論がある（Cannon and Kirby 2012）。筆者もこうした異論に少なからず同意している（松下 2014）。だが同時に，「ポピュリズム」概念からのアプローチと検討は，ポピュリズム空間の陥穽を回避し，「ポピュリズムを超える」民主的ガヴァナンス構築の可能性を切り開く課題を探ることにつながるであろう。この意味で，本章は今日の左派政権を「ポピュリズム」の視点から考えて見たい。

　今日のポピュリズムの諸問題を取り組むには，比較的・歴史的アプローチが

有効であろう。デ・ラ・トーレとアルンソンも指摘するように，このアプローチは，「ポピュリズムの再現を説明し，それを歴史的文脈に位置づけ，過去のポピュリズム指導者と今日のそれとの継続性と相違を解明すること」(de la Torre and Arnson 2013：5)である。そして，彼らは歴史的視点から，古典的ポピュリズム政権（アルゼンチンのペロン政権やブラジルのヴァルガス政権）[1]と新自由主義型ネオポピュリズム政権（ペルーのフジモリ政権やアルゼンチンのメネム政権，メキシコのサリーナス政権）を，そして急進的ポピュリスト政権（チャベス，モラレス，コレア）を比較する。このポピュリズム類型化はかなり広く承認されている。また，この類型化は LA におけるポピュリズム出現の基盤的条件，時代を超えるその継続性と変化する出現形態，そして最終的にはその民主主義の意味と内容に対する結果を理解するのに役立つ（de la Torre and Arnson 2013：5)。

この比較的・歴史的アプローチを通じて，デ・ラ・トーレとアルンソンは，自由民主制に対する過去および最近のポピュリスト政権の曖昧さに焦点を当てる。その焦点とは以下の諸問題である。すなわち，「理論的，経験的に何がポピュリズムの復活を説明するのか」，「1930年代，40年代の「古典的」ポピュリズムとその最近の現れとの相違と継続性は何か」，「ポピュリズムの社会的基盤は何か，それらは過去といかに異なっているのか」，「指導者は支持者をいかに動員するのか」，「これらの体制はどのように発展するのか」，「時代を超えて永続する見通しは何か」，ポピュリズムは「民主的諸形態を発展させるか，あるいは権威主義的体制がそれ自身を強化するにつれ，最終的にはそれ自体を掘り崩すような，代替的な民主的参加形態や市民権を発展させているのか」，こうした諸問題である（de la Torre and Arnson 2013：6)。いずれも重要な論点であるが，本章では必要の範囲で間接的にこれらの論点に言及する。

（2）多様なポピュリズム分析アプローチ

ポピュリズムはきわめて多義的で曖昧な概念であるため，それはつねに論争的概念である。デ・ラ・トーレとアルンソンが焦点を当てる上記の諸問題に関しても，どのようなポピュリズムへのアプローチをとるか，ポピュリズム現象

のどこに焦点を当てるか，また如何なる特徴を本質的と認識するか，解釈は多岐にわたる。筆者はかつてポピュリズム研究を踏まえて，ポピュリズム分析へのアプローチを簡潔に分類した（松下 2003参照）。

その第一は，特定の歴史的時期における特定の LA における政治レジームに関心を示すアプローチである（Di Tella 1965；Germani 1965；Ianni 1995）。このアプローチの力点は，特定の（たとえば，恐慌後の）歴史的情況におけるある特殊な LA のレジームの構造と諸制度に置かれているといえる（傍点筆者，以下同様）。

第二に，エルネスト・ラクラウに代表される「言説的－理論的」アプローチである（Laclau 2005）。彼はポピュリズムの出現が，ある特殊な発展段階における典型的な危機に結びつけられていたのではないことを主張する。むしろ，より一般的な社会的危機の一部である支配的なイデオロギー的言説の危機に結びつけられていた，という認識である。

ポピュリズムの第3のアプローチは，「構造，制度，そして言説の三つのレベルで同時に行われる」ポピュリズム分析が不可欠であるとし，これらの三つの要素の関係は「歴史的情況を反映する」と言う。だが，言説アプローチが強調する既成秩序に反対する「人民への訴え」への関心をも強調する（Cammack 2000；Panizza 2000）。

最後に，特定の時代を超えて登場するポピュリズム現象を統一的に捉える試みとして，「政治スタイル」の点からポピュリズムを再定義するアプローチがある。このアプローチの背景には，ペルーのフジモリ政権やアルゼンチンのメネム政権などの「ネオポピュリズム」現象を説明する必要から登場してきた（Knight, 1998）。

（3）比較的・歴史的アプローチの有効性

次に，今日の LA「新左派」（急進的ポピュリズム）の特徴と背景を考察する一つの前提として，ポピュリズムの長い歴史と伝統や体験を蓄積してきたこの地域のポピュリズムを比較的・歴史的アプローチから簡単に振りかえってみる。

① 古典的ポピュリズム

　アルゼンチン，ブラジル，メキシコのような域内で比較的に経済発展を経験した諸国では，ポピュリスト型大統領は輸入代替工業化（ISI）期に符合した民族的・再配分的社会政策を追求した。アルゼンチンの場合，ポピュリズムの出現は大恐慌への対応として解釈される。ペロニズムは新たな都市産業労働者階級の出現，農村エリートに対抗する台頭する工業ブルジョアジーと中間階級との同盟，これらに基盤を持っていた（Schamis 2013）。この説明は構造主義的アプローチである。

　近代化論の社会学者ジェルマーニにとって，ポピュリズムは近代への移行期にそれまで排除されていた大衆の社会動員と政治的統合によって特徴付けられた LA 史の一段階であった（Germani 2003）。他方，従属論パラダイム内に位置づけられるイアンニは，広範な社会・経済的転換に緊密に結びついた一段階としてのポピュリズムを見ていた。だが同時に，ポピュリズムを農業輸出主導型発展の危機や ISI の出現に結びつけていた（Ianni 1975）。両アプローチは歴史的見解を共有しており，ポピュリズムは LA 史の一段階をなし，ISI や近代化のような構造的な社会経済過程に結びつけられていた（de la Torre and Arnson 2013：16）。

　このように，ポピュリズムは近代への移行によって生じた「危機」に焦点を当て，また農業輸出主導型発展の「危機」と ISI の台頭を強調する研究が主流である。ポピュリズムの理解には，「危機的情況（critical juncture）」（Collier and Collier 1991）の概念とその現実のダイナミズムの分析が重要になる。ケネス・ロバーツはこの概念を発展させ，「危機的情況」を「既存の制度的編成が侵食され始め，様々な一連の結果が容易に認識可能になるときの，決定的な政治的変化と不安定性」（Roberts 2013：38）と定義している。労働者や農民，中間階級の活性化と編入に導いたこの「危機的情況」において，強い制度と長期的に続く政党が創設された。そして，若干の国では，この時期が国家主導型開発モデルに一致した。

　ポピュリズムが現れる様々な「危機的情況」についてのロバーツの認識はかなりの部分肯定できるが，「非危機的状況」期にもポピュリズムが LA で出現

してきた。アルゼンチン，ボリビア，ペルー，エクアドル，ベネズエラのような国々で，ポピュリスト指導者が選挙の実施を可能にしてきたときにはいつも，彼らは多くの支持者を獲得し，選挙に勝利した。したがって，ポピュリズムが危機と結びついた極端な現象ではなく，むしろ，明らかに正常な状況でも現れることができることに注意すべきである（de la Torre and Arnson 2013：19；Knight 1998）。

　古典的ポピュリストは，民主主義を自由選挙と等置した。しかしながら，「大衆的に選ばれた大統領は，人民の民主的意志を直接表す制度的権力として現れている。他方，その立法権力と司法権力は多数への憲法的強制を表す」（Peruzzotti 2013）。古典的ポピュリズムの主要な遺産の一つは，自由民主主義に対するその深刻な両義性や矛盾であった。すなわち，古典的ポピュリズムは，それまで排除されていた諸集団が政治システムに包摂された点で民主化されていた。しかし，同時に，ポピュリスト指導者たちは国家権力を規制し，市民社会の政治的自立性と多元性を確保する自由主義的な憲法原理を拒否した（de la Torre and Arnson 2013：19-20）。

② 　新自由主義型ポピュリズム

　南米の諸地域で政権を握った官僚的権威主義的軍事レジームは，ポピュリズムの社会経済的基盤，すなわち，ISIと工業ブルジョワジーや労働者組織を解体した。しかし，民主化の「第三の波」とともに，ブリゾーラ（Leonel Brizola）のような旧来のポピュリストが1982年と90年にリオデジャネイロの州知事になり，クアドロス（Jânio Quadros）が85年にサンパウロの知事になった。

　ペルーのフジモリ（Alberto Fujimori），ブラジルのメロ（Fernando Collor de Mello），アルゼンチンのメネム（Carlos Menem），エクアドルのブカラム（Abdalá Bucaram）のような新しい世代の政治家は，一方で，それぞれの前任者の戦略やシンボルと言説を採用しつつ，他方で，自由市場に有利な経済への国家の役割を減らす新自由主義型経済政策を実施した。古典的ポピュリストと新しいポピュリストの連続性と相違を理解するために，米国とLAの研究者は「ネオポピュリズム」という用語を考案した（Weyland 1996；Knight 1998）。

　新自由主義的文脈でポピュリズムの再現を説明し，また新自由主義とポピュ

リズムとのシナジーを説明するために，研究者たちは政治と経済を切り離し，ポピュリズムを特定の歴史的時期や特定の社会経済的政策に結びつけずにポピュリズムの政治的特徴に焦点を当てた。たとえば，ウェイランドは，ポピュリズムを「人格的指導者が大多数の未組織な支持者からの直接的で仲介なしの非制度的支持を基盤にした政府権力を追求・行使する政治的戦略」（Weyland 2001：14）と再定義する。こうして，ポピュリズム政治家の顕著な特徴として，社会的・経済的過程ではなく，権力の競争やその行使の中心性が強調された。ポピュリストはプラグマティックであるし，権力保持に対してはご都合主義的でもある（de la Torre and Arnson 2013：21）。

　しかし，新自由主義型ポピュリズムは，新自由主義による構造改革や経済的危機と緊密に結びついている。フジモリとサリーナスとメネムは新自由主義型ポピュリズムを代表し，それは古典的ポピュリズムとまったく異なっていた。これらの新自由主義的指導者は重大な情況——80年代末と90年代初め，すなわち LA の債務危機の攻撃後の数年に——で現れ，この時代の特定の問題と機会に対応した。とくに，彼らが自由市場改革を採用したとき，彼らは民営化からの資源を貧民にクライアント的便益を提供し，その支持を獲得することができた。古典的ポピュリストとは対照的に，彼らの敵は寡頭制支配ではなく，「政治階級」であり，彼らは制度構築者ではなかった。これらすべての点で，フジモリは新自由主義型ポピュリストであった。

　ペルゾッティは，委任民主主義（delegative democracy）が古典的ポピュリズムと異なっていると主張する。そこには古典的ポピュリズムの決定的要素である民衆部門の動員が欠けている。委任民主主義はかなりの政治的アパシーによって特徴付けられる傾向がある。対照的に，腐敗やスキャンダルがブラジルやエクアドル，ペルーでネオポピュリズム型大統領のイメージや地位を侵食したとき，市民は街頭に出て大統領の辞任を要求した。委任民主主義が抑圧的な官僚的権威主義支配からの移行を経験した諸国に結びついている点も主張される（Peruzzotti 2013）。それゆえ，市民は人権と市民権，憲法的手続き，多元主義に価値を置いている。

2 ポピュリズムの定義と特徴

(1) ポピュリズムの定義

　こうして，比較的・歴史的アプローチからポピュリズムを類型化すると，ポピュリズムの具体的な現れという点で多様性と差異が浮き彫りになる。それでは，ポピュリズムに共通する定義および特徴を如何に考えられるであろうか。

　最近の LA におけるポピュリズム研究の一つの成果としては，前に挙げたデ・ラ・トーレとアルンソンらの著作がある（de la Torre and Arnson eds. 2013）。彼らはポピュリズムの共通した定義を確認することは難しいとしたうえで，ポピュリズムの一定の中心的特徴を認めている。若干長いが引用する。

> 「ガヴァナンスと言説や政治的代表制の形態について，ポピュリズムは「人民」と「寡頭制」との分割を仮定し，それを助長する。カリスマ的，人格的なリーダーシップの役割は中心的である。すなわち，指導者と大衆との直接的，あるいは疑似直接的な関係が優位し，時々，それは日々の政府の機能における制度の役割を蹂躙する。(英国の歴史家アラン・ナイトはこの関係を「特に強度な'接合'形態」(Knight 1998) と呼んできた)。ポピュリズム的言説は政権を維持し，結果として権力の強化と保持に使われる。大衆動員はポピュリズムの一特徴であるが，ポピュリズムの示威行為はその社会的基盤や支持者を動員する方法，指導者と支持者との結びつきの性格に関して異なる。ポピュリズムの言説や実践によって生み出された分極化水準も事例ごとに多様である。」(de la Torre and Arnson 2013：7)

　こうして，ポピュリズムの多様な事例，変種と例外事例を解明することがデ・ラ・トーレとアルンソンらの課題となっている。

　ポピュリズムは，きわめて「直接的な言葉で複雑な政治問題に単純な解決を与え，人民の常識に訴え，知性偏重主義や既成エリートを非難する」(Abts and Rummens 2007：407)。政治的な既成権力組織の正統性に異議申し立てをするために普通の人民の権力に訴える。こうした政治動員の戦略に焦点を当て，カリスマ的リーダーに焦点を当て人格的な政治やコミュニケーションの特定なスタイルに注目するポピュリズム研究はかなりの説得力と影響力を持ってい

る。

（2）ポピュリズム・イデオロギー的特徴

　そこで，次にイデオロギーの視点からポピュリズムの特徴を見てみよう。これにはアブツとルーメンズの分析が注目される（Abts and Rummens 2007）。彼らは，ポピュリズムが政治的動員やカリスマ的リーダーシップや単純な言葉の活用に典型的かつ重要な特徴を持っている点を認め，ポピュリズムを「希薄なイデオロギー（thin-centered ideology）」（Canovan 2002）と理解するカノヴァンの主張に注目する。しかし，それらは「人民」や「民主主義」や「主権」のような概念に焦点を当てているポピュリズムの核心をまだ規定していないと考えている。そこで，彼らはポピュリズムが「社会の権力構造に関わる希薄なイデオロギー」（Abts and Rummens 2007：408）を提供している，と主張する。そして，彼らはポピュリズム的イデオロギーの三つの要素を以下のように検討する。

　第一に，ポピュリズムは「人民」と「エリート」との間の敵対的関係を中心にして展開すると主張される（Canovan 1981；1999；2002；Laclau 2005；Mény and Surel 2002；Mudde 2004；Taggart 2000）。ポピュリズムは「既成の権力構造や社会の支配的理念と価値の両方に対する‘人民’への訴え」（Canovan 1999：3）である。既成権力組織は特権や腐敗，そしてとくに人民への説明責任の欠如ゆえに攻撃されている。

　第二に，ポピュリズムは権力を人民に戻し，人民主権を回復させようとする。ポピュリストは，政治が人民の一般意思の直接的表現に基づけられるべきであると信じている。彼らは「民主主義が人民の権力を，人民の権力のみを意味していた」（Mény and Surel 2002：9）かのように語り信じている。それゆえ，ポピュリストのイデオロギーは，人民の意志が人民の声（*vox populi*）に直接的にアクセス可能であると考えられた多数支配やレフェレンダムのようなより直接的な民主主義形態を好む。

　第三に，人民の意志の透明性は，ポピュリズムが同質的まとまりとしての人民（*people as a homogeneous unity*）を概念化するゆえに可能である（Canovan 1999；Taggart 2000）。ポピュリズム・イデオロギーでは，「人民」は基本的に均

質的な解釈を受け入れる中心的な記号表現として機能する。想像上のアイデンティティの共有に基づいて，人民は集合的実体を形成すると考えられており，それは共通の意志と単一の利害を持ち，この意志を表現し，決定できる（Canovan 2002：34）。

しかし，ポピュリズム・イデオロギーは人民が同質的実体を構成することを示唆するのみで，この実在的なアイデンティティが何であるかを言わない。現実のすべてのポピュリズム運動は，その希薄なポピュリズム・イデオロギーをこの実在的統一体に中身を与える追加的な価値や信念を補う必要がある。ここに，一方で，左派版ポピュリズムがあり，それは人民を社会・経済的用語でブルジョア・エリートによって搾取される労働者階級として認識している。あるいは，右派ポピュリズム運動があり，それは人民を（エスニック）国民として認識するエスノ・ナショナリズム的特徴に関連する（Abts and Rummens 2007：408-449）。

アブツとルーメンズは，ポピュリスト・イデオロギーのこれら三つの諸要素を基盤に，また，人民とエリートとの敵対関係がポピュリズムの本質的要素であることを認め，「*同質的実体としての人民の主権的支配を唱道する希薄なイデオロギー*」（強調は著者）としてポピュリズムをより簡潔に定義する（Abts and Rummens 2007：409）。

（3） ポピュリズムと民主主義との曖昧な関係性
① ポピュリズムと「人民」

ポピュリズムと民主主義は，ともに人民の主権的支配（統治）に関連している。これは前述のように，両者の相互関係についての問題を引き起こす。「民主主義の純粋形態としてポピュリズム」（Tännsjö 1992）を肯定し，また逆に「民主的体制の中核的要素にとって潜在的に抑圧的・破壊的である」としてポピュリズムを拒絶してきた者もいる（Taguieff 1995）。

ポピュリズムの擁護者は，まずもって人民の直接支配として民主主義を概念化し，それゆえ，ポピュリズムを民主主義に結びつける傾向がある。他方，ポピュリズムに反対するものは，より立憲的な民主主義の観念を主張し，代表制

や個人の諸権利や諸権力および諸利害の均衡の重要性を強調する。

　ポピュリズムと民主主義との曖昧な関係性ゆえ，ポピュリズムへの評価と見解が様々に分かれる。多くの研究者は，ポピュリズムは民主主義に望ましくない潜在的な危険性を持ちうると考えている。他方で，民主的システム内での救済的（redemptive）な力としての役割（Arditi 2003），あるいは代表制システムの欠陥や破られた約束を暴露し修正する手段としても分析されてきた（Bobbio 1987；Hayward 1996；Taggart 2000）。ポピュリズムは人民の破壊的な叫び声を連れ戻し，こうして形式的な政治システムの閉鎖状況に先手を打つことができるとの評価もある（Arditi 2003：26）。また，ポピュリズムを民主的プロセス内の新しい社会諸集団を囲い込む戦略との理解もある（Kazin 1995；Laclau 2005：167）。

　自由主義の視角からすると，ポピュリズムと民主主義は両立するよりも対立的な側面が強い。しかし，権威主義の一形態としてポピュリズムを見ることは限界がある。そのような見方は自由民主主義の考えに基づいており，ベネズエラのように民主主義への高まる民衆の満足を説明できない。参加型諸制度を通じて新たな形態の政治的表現形態を見いだした多くの民衆の動向を考慮に入れていない。

　従って，ポピュリズムの論理が本質的に反民主的であると主張するよりも，民主化とポピュリズムとの曖昧な関係を分析することがより実りある。ポピュリズムと民主主義との関係は抽象的には確定できないし，それはむしろポピュリズムと民主主義が相互作用する政治的脈絡に拠っている。ポピュリズムと民主主義は密接に関係しており，民主主義のプラグマティクな側面と救済的側面を無視できない（Panizza 2013；Canovan 2005）。

② 民主主義へのポピュリズムの矛盾した影響

　ポピュリズムが民主主義の質を矯正すると見なされるとき，その強調の多くは，周辺的な「人民」の集団を統合することに置かれている。しかし，この点に関して，民主主義のインプットに置かれる場合も，そのアウトプットの面に置かれる場合もある。ミュデ等は多様な側面が現実には必ずしも区別できないことを十分認識しつつも，ポピュリズムが民主主義の質の改善に影響する要素

を分析的に解明している（Mudde and Kaltwasser 2012：21）。

　ポピュリズムは，エリートによって代表されていないと感じている「サイレント・マジョリティ」に意思表明を可能にする。そのために，ポピュリズムは，社会から排除された部分（たとえば，最下層階級）を動員し，彼らが望む政治の実施を通じて彼らを代表し，また，彼らの政治的統合を改善できる。

　また，ポピュリズムは，しばしば階級ラインを超えて，イデオロギー的架橋を提供することで重要な社会政治的な同盟の構築をできる。そのことで，政党システムの発展と政治的代表制に関わるダイナミックな要素を提供している。こうして，ポピュリズムは，「民主主義の民主化」を推進するために世論や社会運動を活性化するのに役立っている。

　他方，ミュデ等は多くの否定的影響についてもまとめている。それは，社会の特定の集団の周辺化，政治的諸制度の弱体化と関係している。彼らはポピュリズムが民主主義の質に潜在的な否定的影響を及ぼす側面を以下のように述べている（Mudde and Kaltwasser 2012：21-22）。

　ポピュリズムは，自由民主主義の「チェック・アンド・バランス」と権力分立を侵犯するために人民主権の理念と実践を使う。多数者の理念と実践の名の下に少数者の権利を迂回し無視する。

　ポピュリズムは，新しい政治的亀裂（ポピュリスト対非ポピュリスト）を促進することで，安定的な政治的同盟の形成に妨げとなる。さらに，ポピュリズムは，政治の道徳化を強調し，妥協と同意を極端に難しくする。

　「政治の国民投票型転換」の推進は，政治制度（たとえば，政党や議会）の正統性と権力や，「グッド・ガヴァナンス」に不可欠な非選出機関（たとえば，中央銀行や検査諸官庁のような組織）を掘り崩している。

　そして，政治生活を非エリートに開放することで，ポピュリズムの多数決主義的，反エリート的圧力は「政治的なこと」の収縮を容易に促進し，効果的な民主的空間の縮小を引き起こす。

　以上のポピュリズムの両義性を踏まえて，われわれはポピュリズム空間の陥穽に注意しなければならない。

　多くの場合，立憲民主主義の代表制度は市民のニーズや不平に十分応答でき

ず，それゆえ，ポピュリストは立憲民主主義の現実的活動への不満の正当な形態にしばしば乗じている。しかし，ポピュリストが依拠するポピュリズムの論理は多くの重要な非民主的意味を持っている。ポピュリズムも民主主義もともに人民主権の構成理念に関係しているが，アブツとルーメンズが言うように「人民の意志は最終的決定を必ず回避する中間的で継続的な構築物でなければならないことを認識しているのは民主的論理のみである」。こうして，民主的論理は単純化できない多様性に関連している。他方，「ポピュリズムの論理は，アイデンティティや人民の意志の実質的な同質性というフィクションを大事にし，それゆえ，多様性の抑圧や権力の空虚な場（empty locus of power）の閉鎖」を目的にする。「ポピュリズムは立憲民主主義の支柱の一つとつながる約束ではなく，むしろその民主的論理の不連続的退化を体現している」（Abts and Rummens 2007：419-420）。

3　新自由主義型ネオ・ポピュリスト政権——フジモリ政権の事例

（1）フジモリ政権の時代的背景

　1990年大統領選挙はペルーの政治史において分水嶺であった。左派とすべての伝統的政党は歴史的敗北を屈した。この背景には，この年，大多数のペルー人が新自由主義政策を拒否していたことにある。

　ペルーのあらゆる政党は信頼を失墜していた。人民行動党（Partido Acción Popular, AP）もアプラ党（Partido Alianza Popular Revolucionaria, PAP）も信用を失っていた。他方，マルクス主義左派は強力であったが，危機を解決できず重要な影響を及ぼすことに失敗した。その結果，階級基盤の諸組織，とくに労働組合は衰退し，左派は激しく分断化されていた。統一左翼（Izquierda Unida, IU）の分裂は，この選挙を敗北に導いた重要な要因の一つであった。さらに，この状況は極左集団「輝ける道」（センデロ・ルミノソ）の暴力的な挑戦とソ連の崩壊で加速化した（McClintock 2013：220）。

　左派の組織的危機とそれに代わる草の根型の組織の失敗は，政治的空白を生んだ。こうしてフジモリは信用を失墜した伝統的な政治システムに代わるもの

として現れた。この意味で，フジモリの勝利は制度的崩壊と政治危機の最終的結果と見られる。また，厳しい経済状況，社会的断片化，民衆が参加する政治空間を閉じた政治的暴力の再燃，これらが「メシア的な」指導者の出現の条件を生み出した。1980年代末には，ペルー経済は急激な崩壊過程にあり，さらに，社会は「輝ける道」の反乱の暴力により破壊されていた。その活動はペルー社会を政治的・社会的混乱に陥れ，その影響力は首都リマをも脅かしていた。

　こうした政治的危機の中で，1990年，フジモリは著名な作家，バルガス・ジョサ（Mario Vargas Llosa）を大統領選挙で下し勝利した。多くのペルー人は，バルガス・ジョサによる新自由主義的経済「ショック」に不安を募らせ，フジモリを支持した。フジモリは典型的なアウトサイダーであった。そこで，彼はペルーの中道と中道左派の有権者に訴えようとした。同時に，彼のエスニシティとバックグラウンドを強調した。下層中間階級の日本人移民の息子であるフジモリは，ペルーの白人大統領よりも多数のペルー人に好感をもって迎えられた。アジア起源の人々は正直で，働き者で，明敏であると広く思われていた。彼のスローガンは，「あなたのような大統領」，「労働，正直，テクノロジー」を含んでいた。

　二期（1990～95年；95～2000年）にわたってペルーの政権を担ったフジモリは，新自由主義型ポピュリストとして考えられている。この政権は対立的言説の使用と執行権力の集中を特徴としていた。そして，フジモリ政権が支配したペルーの事例は以下に述べるように，明らかに民主主義が持つ競争的性格を弱体化させるポピュリズムの潜在性を例証している。

　フジモリの個人的リーダーシップは，「トップダウン型」政治動員であり，指導者と人民との関係は自律的政治制度を回避していた。彼の反エリート的な政治言説と再配分政策は，古典的ポピュリズムとは異なっていた（Roberts 1995）。典型的なポピュリストとして，フジモリは，彼が国民全体を代表し，特定の利益を超えていると正統性を主張した。LAの古典的なポピュリスト指導者は，民族ブルジョアジーと労働者階級のような強力なアクターの間の社会政治的協定の調停者として自分を示している。しかし，フジモリの場合は二つ

の新しさを示している。フジモリは新しい開発モデルにポピュリスト的政治スタイルを適応させた（Solfrini 2001：125）。

　選挙後すぐに，フジモリはワシントンを訪れ，IMFと世界銀行や米州開発銀行の総裁に会った。政党との結びつきもないフジモリは，彼の選挙キャンペーンの約束を裏切り，いわゆる「フジショック」という政策パッケージを実施した。国家支出は削減され，外国投資法は緩和され，関税は下げられ，民営化が開始された。90～93年の期間，ペルーは国際金融機関との対外債務の再交渉を行った。

（2）新自由主義型権威主義
① アウトサイダー同盟

　フジモリ大統領と大衆の結びつきは不安定であった。これはフジモリの政策にとって重要であった。軍部を別として，彼は特定の経済的利害を持たない中間的大衆から支持を得た。それゆえ，フジモリは絶えず彼の同盟を再調整し続けなければならなかった。

　フジモリの就任直後，彼はペルーの自由民主主義的制度を攻撃し始めた。彼は「非生産的食わせ物」として議会メンバーを非難し，「厚顔無恥な人」として議員を，そして「詐欺師」として判事を非難した。フジモリは既成政党だけでなく，政党そのものを非難した。これらの非難はペルー人の間で共感を獲得し，92年の「自主クーデター（autogolpe）」に道を開いた。ペルー憲法は停止し，議会は閉鎖し，メディアは閉じられ，多くのジャーナリストと政治家は逮捕された（McClintock 2013：224）。

　現実の政党や既成勢力との結びつきのない政治的アウトサイダーとして，フジモリは大統領選挙を展開するために同盟が必要であった。そして，動員のために利用できる諸集団は，政治システムの周辺にいる人々であった。こうして，フジモリはアウトサイダーの同盟を構築し，90年の彼の勝利はこれらのアウトサイダーを先例のないような権力へのアクセスをもたらした。

　フジモリの選挙運動のためにつくられた独自の政治運動，「変革90」はマージナルな集団から多くの政治家をリクルートした。また，92年に設立された

「新しい多数派」は，主にリマのエリートから引き抜かれたテクノクラートからなる「排他的クラブ」であった。
　しかし，一度権力を確保すると，フジモリが組織した独自の政治運動は縮小あるいは放棄された。結局，フジモリ政権は92年以降，排他的傾向が強まり，その閣僚にはテクノクラート，専門家，企業家の数が時とともに増加することになった。
　フジモリは民族資本家，国際的経済機関，軍部との同盟を追求した。フジモリが完全に軍部の反テロ戦略を受け入れた後に，軍部はフジモリ政権の最も強力な支持者であり協力者となった。これはペルーにおける軍部の政治的パースペクティブにおける根本的な変化を画した。過去数十年にわたり，ペルーの国家安全保障は社会的正義の理念や経済への国家統制の強化に結びつけられてきた。軍部の民族主義的プロジェクトは国家の役割を強化すること，外国資本の介入を制限することにあった。しかしながら，90年代，チリの軍政の例に従って，ペルー軍事組織は強力に新自由主義政策を唱導するようになった（Solfrini 2001：123）。

② 諜報機関／軍部とのトロイカ支配

　ペルーの民主的制度の低下は，フジモリ体制の新自由主義型プロジェクトに本質がある。はじめから，フジモリは軍部や国際資本に結びついた大企業に依拠した。彼は安全保障，とくに反テロリズム闘争における安全保障，エクアドルとの紛争に関する軍部の提案にしたがって，まず軍部の忠誠を確保することが重要であった。諜報機関の助けを借りて，フジモリは軍の統制を強化し，彼の政治的支配を拡大した（Solfrini 2001：128）。
　フジモリは軍部と諜報機関，とくにそのリーダー，モンテシノス（Montesinos）と密接な関係を築いた。92年9月，反テロ警察の小規模なエリート分隊は，センデロ・ルミノソの指導者，グスマン（Abimael Guzmán）を逮捕した。次の数週間で，グスマンの隠れ家で発見された情報を使って，警察は1000人以上のゲリラ容疑者を逮捕した。こうして，フジモリの名前の最大の財産は，テロリズムの打ち負かした事実に結びついていた。
　90年代を通じて，フジモリとモンテシノスは，彼らの人気を支えるために絶

えずメディアを,とくにテレビを操作した。フジモリ政権は政党を避けたが,諜報機関と軍部という制度的基盤は持っていたのである。モンテシノスは事実上,国家諜報局の長官になった。フジモリとモンテシノス,そして軍事司令官,エルモサ（Nicolás de Bari Hermoza Ríos）将軍の3人は自主クーデター以降,6年以上にわたり「トロイカ支配」を実施した（McClintock 2013：224）。

（3）排除された人々の「象徴的」包摂

　91〜92年の困難な時期を経て,経済は次第に回復した。93年に4.8％,94年には12.8％成長した。最終的に,90〜98年,180以上の国家所有が総売却額66億ドルで民営化された。政府の民営化収入のうち,約9億ドルが社会プログラム,学校,道路,その他の貧民コミュニティのインフラに使われた。それは主に大統領府によって行われたが,そのすべては直接フジモリに統制されていた。大統領府は92〜93年の中央政府予算のほぼ10％を占めていたが,明らかに政治的目的でそのプログラムは使われた。たとえば,93年の憲法レフェレンダム期にフジモリを支持しなかったコミュニティに使われた（McClintock 2013：221-222）。こうした物質的包摂の点で,すなわち,「従属諸集団の物質的条件」の改善の点で,フジモリの公共事業や貧民対策は大規模な「国家クライエンティズム」の展開といえる。

　政治的包摂の点で,フジモリの最も重要で持続的な運動は,政治における女性の領域にあった。90年以前,女性はペルーの政治システムの中でほとんど目立たなかった。80〜87年の間,閣僚ポストに女性は任命されず,議会に選出されたのも比較的僅かであった。フジモリの登場は,「ペルー政治の女性化」を引き起こした（Schmidt 2006：150）。フジモリのアウトサイダー同盟の一部として,多くの女性は90年以降,権力のポストへのアクセスを増大させた。たとえば,90年,「変革90」の下院議員の9.4％を,上院議員の14.3％を女性が代表していた。女性はまた,司法長官や大統領補佐,OAS大使を含めて,フジモリ政権の多くの主要なポストにも任命された。他の周辺的集団と違い,女性はフジモリ政権期を通じて政治的利益を得続けた（Schmidt 2006：153-155）。こうして,「ペルー政治の女性化」はフジモリ主義の持続的遺産でもある。

フジモリのポピュリスト的特徴は「象徴的」包摂の点にも現れた。彼は遠隔地の共同体にしばしば訪れた。そして高地でポンチョとアンデス・スタイルの帽子を身につけた。とくに注目すべきは公共事業の就任式であった。フジモリの最も重要で持続的な影響は，象徴的な包摂領域で確かである。それは排除された集団が共通の「われわれ」の一部となるプロセスとして定義される。フジモリ主義は明らかに歴史的に周辺化された集団にペルーの政治的扉を開いた。福音派や女性やメスティーソの政治家の可視化や威信はフジモリのもとで著しく増大した（Levitsky and J Loxton 2012：179）。90年以前，ペルーの最上層の政治家のほぼすべてが狭い社会経済的エリート出身の白人男性であったが，フジモリ以後，この状況は変わった。

　結局，フジモリの成功はペルー民衆の非合理的な選択の結果ではない。むしろ，彼は，如何なる有効な政治的プロジェクトを提示できず，信頼を失った政治階級の代替を示している。フジモリは周辺化した集団がアクセスできる「制度化された党派あるいはコーポラティズム的チャンネルをほとんど構築」（Roberts 1995：100）しなかった。多くのポピュリスト同様に，フジモリは制度の構築者ではなかったし，こうして民衆参加の新しいメカニズムを提起しなかった。フジモリ主義は，「政治の国民投票型転換」を含めて，ポピュリズムの否定的影響の多くの事例を示している（Levitsky and Loxton 2012：180-181）。

4　急進的ポピュリスト政権

（1）急進的ポピュリスト政権に共通する戦略

　まず，LA「新左派」の政治的特徴を見てみよう。チャベス（Hugo Chávez），モラレス（Evo Morales），コレア（Rafael Correa）は，いずれも新自由主義に反対する広範な民衆とそれを基盤とする社会運動の支持により政権を確保した。彼らは LA における初期のポピュリズムの示威行為や人民を寡頭制と対立させる二元論的言説を利用する点では共通している。多かれ少なかれ，彼らの言説は階級関係とエスニックの不平等を政治化し，それぞれの社会を分極化し，政治的・社会的諸問題を「道徳的」価値をめぐる闘争に転換する。選

挙や国民投票で一般の民衆を継続的に活性化させ，歴史の新しい時代に生きていることをこれらの政権の支持者たちが常に感じるように「人民」の名によってエリートを攻撃している。こうした政治環境は「人々を味方につけ，懐疑的な傍観者となる空間を減らしている。それは社会を対立する二つの陣営に分極化し，単純化する」(de la Torre and Arnson 2013 : 26)。

このため，チャベス，モラレス，コレアは「二つの戦略」を利用する。第一に，恒久的なキャンペーンと既成の制度的チャンネルを回避し，指導者と市民を結びつけるそれまでとは異なる他のコミュニケーション戦略である。第二に，クライアント型ネットワークのもとで，貧しい人々に直接譲渡される補助金をはじめとして様々な便宜を提供する「戦略」である (Montúfar 2013 ; López Maya and Panzarelli 2013)。

また，民主的説明責任や権力分立，チャック・アンド・バランスのメカニズムは二次的な位置を占めている。ベネズエラとエクアドルの急進的ポピュリストはメディアの統制を重視し，その内容を規制し民間所有の放送局を国有化した。メディアの自由はとりわけ知識層や中間層にとって重要性を持つ。メディアの自由な考えの流れを攻撃・規制することで「公共圏を統制しようとする露骨な試み」を示している (de la Torre and Arnson 2013 : 27)。同時に，それは民衆動員のために積極的に利用された。

以下，紙幅の都合でチャベス政権とコレア政権に限定して考察したい。[2]

（2）ベネズエラ・チャベス政権

チャベス政権は様々なプロジェクトにより社会と国家の鋭い分離に関する自由主義の古典的概念を拒否し，直接的な参加型民主主義を通じてそれを転換することを望んだ (Muhr 2012)。ボリバル型ベネズエラは代表制民主主義を維持している。だが，他方で，参加型民主主義は人民権力（地域住民委員会や各種の委員会）の導入と公式の国家諸機関により補完されている。ここで重要な点は，後者の主要な機能が主権を保持している人民権力の推進役として活動していることである (Cannon and Kirby 2012 : 193)。

人民権力行使の一つの基盤は，ボリバル政府によって設立された30余りの

ミッション（missions）である。それは社会的，政治的，文化的諸領域の広い地域に影響を及ぼし，共同責任を基盤に運営されている。それによって国家とコミュニティは憲法的・社会的諸機能の実施に等しく責任を負っている。それらは貧困と不平等の解消に向け基本的サービスを提供するのみならず，コミュニティが「社会的平等と解放に役立つ個人的（積極的な自己イメージ）集合的アイデンティティ」に達するための手段でもある。それは直接的で参加型の民主主義を達成するのに本質的なものである（Cannon and Kirby 2012：194）。

地域住民委員会は，都市地域において150から400家族で形成された草の根型組織である（農村地域では最低20家族）。それは国家機関の支持のもとにローカルな諸問題を取り組むためにつくられた。それらは地域の活動家からなる国家支援型組織であり，電力や道路建設，飲料水供給の事業のようなローカルな3万5000以上の組織が結成されている。伝統的なチェック・アンド・バランスに抵抗する強力なチャベス執行部の指導のもとで，こうした国家融資は地域住民委員会が執行部や政党支配の強化に利用されうる可能性を否定できない。

カメロンとシャープは，こうした政府とローカルな組織との関係を次のように指摘する。ローカルな地域住民委員会によって始められたプロジェクトに役立つために国家機関に与えられた権限は，それまで排除されていた市民への国家の応答性を増大し，こうした応答性に依拠するレジームの正統性そのものを構築する。さらに，そのプロジェクトを履行するためにローカルな協議会に賦与されている責任は，腐敗の危険性があるものの，参加やローカルな自治の空間を，さらに以前には多くの地域に存在していなかった意思決定のチャンスを促進している（Cameron and Sharpe 2012：238-239）。

地域住民委員会はコミュニティのガヴァナンス機関としての機能している。それは，チャベス政権がその革命の一部として構築しようとしている「社会の中の国家」構造の部分を形成している。ミクロ・レベルの参加が不可避的にマクロ・レベルの過程に関係するとすれば，それらがコントロールできないガヴァナンス体制における地域住民委員会の関わり合いの意味を深く考える必要がある。たとえば，一つの地域住民委員会プロジェクトはローカルなサービスの物質的条件を向上させることで，政治的エージェントとしてのインパクトを

与えることができる。逆に，地域住民委員会への参加拒否は，チャベスに反対する意図的な行動として考えることもできる。結局，地域住民委員会自身が政治的意味を孕んでいる事実を無視することはできないのである（McCarthy 2012：131）。

（3）エクアドルのコレア政権

　2006年11月，コレアはコーポラティズム型既得権の打破と国家再編成プロジェクトを掲げて大統領選勝利した。また，参加型民主主義は，コレアを政権につけた運動のモットーの一つであった。エクアドルの多くの市民も参加型民主主義を要求してきた。2006年選挙におけるコレアの政綱は，「積極的・急進的・熟議型の民主主義」の創出を掲げていた。それは「市民が権力を行使し，公的決定に参加し，その代表の活動を統制可能にする参加型モデル」の確立を目指していた（de la Torrre 2012：70）。

　コレア政権における市民参加の絶頂は，2008年の憲法草案の起草の時期に起こった。しかし，そこでの民主化提案は「反制度的立場」を基盤に展開した。コレアは議会の閉鎖を約束し，議会を憲法制定議会に置き換えることを約束した（Conaghan 2008）。選挙勝利後，コレア政府は57名の野党議会メンバーを排除した。その後，議会は「休会」を宣言され，すべての立法権力を制憲議会が掌握した。コレアは政党ではなく一つの運動を，すなわち祖国同盟（Alianza País：AP）を構築した。それは市民運動としてのイメージを通じて，市民革命の体現者としてのコレアのカリスマ形成に役立った（de la Torrre 2012：70）。

　憲法制定過程で市民の自律性とトップダウン型のポピュリスト動員との緊張は明らかであった。コレアの体制は，クライアント型ネットワークを越えて支持者の組織化を望まなかった。コレア政権は社会運動のリーダーシップを解体するため支持者をトップダウンで直接動員する組織の設立に向かった（de la Torrre 2012：72）。「市民の革命」という用語は，長期的変化をもたらすために既存の秩序との全面的な対立をすすめ，彼の体制を正当化することを可能にした。すなわち，その目標はまったく新しい体制を構築することにあるので，変化を実現するために手続きや法の支配を必ずしも必要としない口実とされ

た。そして,「革命」のもとに生きていることは,コレア政権の非合法な議会閉鎖や民間所有のメディアとの争い,以前の左派同盟の中傷,「コーポラティズム型の」社会運動組織への攻撃,これらは正当化されることになった (de la Torrre 2012：73)。

コレアは,彼の著者 *Ecuador：From Banana Republic to No Republic* (2009) で次のように説明しているが,これは彼の政治スタイルの一端を明らかにしている。

> 「社会的,制度的,文化的な資本が欠如しているとき,良い指導者たちは基本的である。……不幸にも,危機の間,ラテンアメリカは新自由主義の長く悲惨な夜を耐えてきた。多分,その最大のことはよい指導者たちの欠如であった。」(Correa 2009：195)

エクアドルは米州で最強の先住民運動の発祥地であった。エクアドル先住民連合 (CONAIE) は新自由主義政策への抵抗の最前線にいた。コレアは「社会組織の空白に必要とされるよい指導者の役割」を自分に当てはめている。「市民の革命」という用語は,新自由主義に反対し,参加型民主主義の確立を目指すプロジェクトとしてではなく,強い介入主義国家を基礎に,また石油ブームのオイル・ダラーによって実現されうる社会的配分政策を基礎にしたポスト新自由主義政策を表すためにもっぱら使われている。コレア政府は社会運動組織を迂回し,チムボラッソ (Chimborazo) 県のエクアドル人民組織同盟 (Union of Popular Organizations of Ecuador) やエクアドル先住民連合 (Federation of Ecuadorean Indians, FEI) のような彼に忠誠を尽くす組織をトップダウン的に創出してきた (de la Torrre 2012：74)。

5 社会運動とポピュリズム

多くの場合,立憲民主主義の代表制度は市民のニーズや不平に十分応答できず,それゆえ,ポピュリストは立憲民主主義の現実的活動への不満の正当な形態にしばしば乗じている。しかし,ポピュリストが依拠するポピュリズムの

論理は多くの重要な非民主的意味を持っている。ポピュリズムも民主主義もともに人民主権の構成理念に関係しているが，アブツとルーメンズが言うように「人民の意志は最終的決定を必ず回避する中間的で継続的な構築物でなければならないことを認識しているのは民主的論理のみである」。こうして，民主的論理は単純化できない多様性（irreducible diversity）に関連している。他方，「ポピュリズムの論理は，アイデンティティや人民の意志の実質的な同質性というフィクションを大事にし，それゆえ，多様性の抑圧や権力の空虚な場（empty locus of power）の閉鎖」を目的にする。「ポピュリズムは立憲民主主義の支柱の一つとつながる約束ではなく，むしろその民主的論理の不連続的退化を体現している」（Abts and Rummens 2007：419-420）。

このように，ポピュリズム運動の潜在的危険性を過小評価することはできない。だが，LAの新しい「新左派」政権の誕生やその性格と展開は，若干複雑な問題を孕んでいる。この場合，ポピュリズムと民主主義の緊張関係は，社会運動組織との関係で明らかになる。これまでもこの地域では実に様々な社会運動が出現し，衰退してきた長い歴史的経験を有している。しかし，グローバル化と新自由主義の歴史的コンテクストにおいて，この地域の社会運動は，国家に対する新たな社会的挑戦を突きつけ，同時に民主的実践を継続する意味では一定の責任を担保することになった。

21世紀の最初の10年における左派の劇的な権力掌握の背後には，社会正義と民主的諸権利の拡大を目指す社会運動があった。だが，選挙を通じて権力を掌握した左派政権と社会運動との関係は，各政権により複雑かつ多様である。

左派政府と社会運動との相互作用は，政府の取り込みに対する社会運動の自律性，政府主導部への参加と圧力，民衆との持続的協力関係，具体的な提案能力等など，多様な問題をつねに留意することが不可欠である。

コレアと社会運動組織との関係でも，ポピュリズムは既存の社会運動組織を迂回するか，あるいは取り込む傾向がある。コレアは政府の他の諸部門の独立を侵食し，執行部門に権力を集中し，ますます政治領域を人格化している。もしボリビアのモラレスの統治スタイルが強力な参加型要素を含んでいるとすれば，コレアのスタイルはトップダウン型であり，チャベスは中間であった（de la Torre and Arnson 2013：30)。

　社会運動はより公正で平等な社会構築に向けて果たすべき基軸的役割を今でも持っている。彼らは政府に如何に対応すべきか。この点に関して，エミール・サデールは政治的右派と伝統的なオリガキーや金融資本を利することなく，社会運動が政府に圧力を賭けるよう注意を促している (Sadir 2011)。

6　結　び　に

　LAにおける代表制メカニズムの失敗，とくに政党制の崩壊は民主的諸制度を攻撃し，あるいは弱体化していた政治的アウトサイダーが台頭する契機ともなり，民主制を掘り崩してきた。代表制のこの危機が民主制への多くの参加型アプローチを生み出すとともに，民衆の新自由主義政策への拒否とも結びついて，一方で，LAにおける左派政権を誕生させる契機となった。同時に，他方で，それは「ポピュリズムへの誘惑」を生み出し，それが政治空間に重要な位置を占める基本的な一要因となっている。

　今日，LAの民主制を考察するとき，選挙制度と政党制や立法府といった既存の制度の分析のみならず，参加型予算やコミュニティ協議会のようなローカルなイニシアティブがそこに含まれるべきであろう。したがって，民主制には多様な次元と領域があり，そこにおいて様々な参加型形態とそれを推進する多岐にわたる社会運動の考察が不可欠な要件になっている（松下 2012；2016)。

　しかし，社会運動の役割や機能は，ポピュリズム現象の基本的・不可欠な要素でもあり両義性を持っている。ポピュリズム空間の陥穽を回避し，「ポピュリズムを超える」民主的ガヴァナンス構築の可能性を切り開く課題に社会運動が如何に持続的に関われるか，この点が問われている。LAの左派政権と社会運動の関係は，動員・取り込み，支援・協力，対立・敵対を含む流動的な緊張関係を常に孕んでいる（直近のブラジルにおけるルセフ＝ルラ政権の内外政策を見よ)。

　結局，「社会運動の活動家にとっての課題は，自分自身の階級的利益と政治的課題を掘り崩すことなく，より応答的になるよう政府に圧力をかける方法を

学ぶこと」(Becker 2013：45) である。

【注】
1) 古典的ポピュリズムについて，とくにペロン政権，ヴァルガス政権，メキシコのカルデナス政権に関する考察は，松下 (1993) で論じた。
2) 新しい左派の台頭については，この三つの政権とブラジルやチリの左派政権を含めて，ポピュリズムのアプローチとは異なる「国家－社会」関係の視点から考察した（松下 2014, 参照）。

【参考文献】
高橋進・石田徹編（2013）『ポピュリズム時代のデモクラシー――ヨーロッパからの考察』法律文化社。
松下洌（1993）『現代ラテンアメリカの政治と社会』日本経済評論社。
―――（2003）「ラテンアメリカの政治文化――ポピュリズムと民衆」歴史学研究会編『国家像・社会像の変貌　現代歴史学の成果と課題1980-2000年Ⅱ』青木書店, 312-326頁。
―――（2001）「メキシコにおけるネオリベラリズムと市民社会の交差――全国連帯計画（PRONASOL）をめぐって」『立命館国際研究』14巻1号。
―――（2012）『グローバル・サウスにおける重層的ガヴァナンス構築――参加・民主主義・社会運動』ミネルヴァ書房。
―――（2014）「ラテンアメリカ「新左翼」はポピュリズムを超えられるか？（上）（中）――ポスト新自由主義に向けたガヴァナンス構築の視点から」『立命館国際研究』27巻1号, 2号。
―――（2016）「「南」から見たグローバル化と重層的ガヴァナンスの可能性」諸富徹編『岩波講座　現代3　資本主義経済システムの展望』岩波書店, 167-202頁。
村上勇介（2004）『フジモリ時代のペルー』平凡社。
Abts, Koen and Rummens, Stefan (2007) "Populism versus Democracy", *Political Studies*, Vol. 55, pp. 405-424.
Arditi, Benjamin (2003) "Populism or Politics at the Edges of Democracy", *Contemporary Politics*, 9 (1), pp. 17-31.
Becker, Marc (2013) "The Stormy Relations between Rafael Correa and Social Movements in Ecuador", *Latin American Perspectives*, Vol. 40, No. 3, May 2013, pp. 43-62.
Bobbio, Norberto (1987) *The future of democracy: A defence of the rules of the game*, Mineapolis: University of Minnesota Press.
Cameron, Maxwell A. and Sharpe, Kenneth E. (2012) "Institutionalized Voice in Latin American Democracies", *New Institutions for Participatory Democracy in Latin America: Voice and Consequence*, eds. Cameron, Maxwell A. *et al.*, Palgrave Macmillan, pp. 231-250.
Cammack, Paul (2000) "The Resurgent of Populism in Latin America", *Bulletin of Latin America Research*, 19 (2).

Cannon, Barry and Kirby, Peadar (2012) "Civil society-state relations in left-led Latin America: deepening democratization?", *Civil society and the state in left-led Latin America: challenges and limitations to democratization*, eds. Cannon, Barry and Kirby, Peadar, Zed Books, pp. 189-202.
Canovan, Margaret (1981) *Populism*, New York: Harcourt Brace Jovanovich.
——— (1999) "Trust the People! Populism and the Two Faces of Democracy", *Political Studies*, 47 (1), pp. 2-16.
——— (2002) "Taking Politics to the People: Populism as the Ideology of Democracy", *Democracies and the Populist Challenge*, eds. Mény, Y. and Surel, Y., New York: Palgrave, pp. 25-44.
——— (2005) *The People*, Cambridge: Polity Press.
Collier, Ruth Berins and Collier, David (1991) *Shaping the Political Arena*, Princeton, N. J.: Princeton University Press.
Conaghan, Catherine M. (2008) "Ecuador: Correa's plebiscitary predidency", *Journal of Democracy*, 19 (2), pp. 46-60.
Correa, Rafael (2009) *Ecuador: From Banana Republic to No Republic*. (*Ecuador: de Banana Republic a la No República*, DEBOLSILLO, 2012).
de la Torre, Carlos (2012) "Rafael Correa's government, social movements and civil society in Ecuador", *Civil society and the state in left-led Latin America: challenges and limitations to democratization*, eds. Cannon, Barry and Kirby, Peadar, Zed Books, pp. 63-77.
de la Torre, Carlos and Arnson, Cynthia J. eds. (2013) *Latin American Populism in the Twenty-First Century*, Woodrow Wilson Center Press and The Johns Hopkins University Press.
de la Torre, Carlos and Arnson, Cynthia J. (2013) "Introduction: The Evolution of Latin America Populism and the Debates Over Its Meaning", de la Torre and Arnson eds. (2013), pp. 1-35.
Di Tella, T. (1965) "Populism and Reform in Latin American", *Obstacles to Change in Latin America*, ed. Veliz, C., Oxford: Oxford University Press, pp. 47-74.
Germani, Gino (2003) *Autoritarisom, Fascismo y Populismo Nacional*, Buenos Aires: Temas.
Hayward, J. (1996) "The Populist Challenge to Elitist Democracy in Europe", *Elitism, Populism, and European Politics*, ed. Hayward, Oxford: Clarendon Press, pp. 10-32.
Ianni, Octavio (1975) *La Formación del Estado Populista en América Latina*, México D. F.: ERA.
Kazin, Michael (1995) *The Populist Persuasion: An American History*, New York: Basic Books.
Knight, Alan (1998) "Populism and Neo-Populism in Latin America, Especially Mexico", *Journal of Latin American Studies*, Vol. 30, pp. 223-248.
Laclau, Ernest (2005) *On Populist Reason*, London: Verso.

Lechner, Norbert (2002) *Las sonbras del mañana: La dimensión subjetiva de la política*, Santiago del Chile: LOM.

Levitsky, Steven and Loxton, James (2012) "Populism and competitive authoritarianism: the case of Fujimori's Peru", *Populism in Europe and the Americas: Threat or Corrective for Democracy?*, eds. Mudde, Cas and Kaltwasser, Cristóbal Rovira, Cambridge University Press, pp. 160-181.

López Maya, Margarita and Panzarelli, Alexandra (2013) "Populism, Rentierism, and Socialism in Twenty-First Century: The Case of Venezuela", de la Torre and Arnson eds. (2013), pp. 239-268.

López Rodríguez, D. (2008) "Evangelicals and Politics in Fujimori's Peru", *Evangelical Cristianity and Democracy in Latin America*, ed. Freston, P. New York: Oxford University Press, pp. 131-161.

McCarthy, Michael M. (2012) "The Possibilities and Limits of Politicized Participation: Community Council, Coproduction, and *Poder Popular* in Chávez's Venezuela", *New Institutions for Participatory Democracy in Latin America: Voice and Consequence*, eds. Cameron, Maxwell A. et al., Palgrave Macmillan, pp. 123-147.

McClintock, Cynthia (2013) "Populism in Peru: From APRA to Ollanta Humala", de la Torre and Arnson eds. (2013), pp. 203-237.

Mény, Y. and Surel, Y. (2002) "The Constitutive Ambiguity of Populism", *Democracy and the Populism Challenge*, eds. Mény and Surel, New York: Palgrave, pp. 1-24.

Montúfar, César (2013) "Rafael Correa and His plebiscitary Citizen' Revolution", de la Torre and Arnson eds. (2013), pp. 295-321.

Mudde, Cas (2004) "The Populism Zeitgeist", *Government and Opposition*, 39, No. 4, pp. 541-563.

Mudde, Cas and Kaltwasser, Cristóbal Rovira (2012) "Populism and (liberal)democracy: a framework for analysis", *Populism in Europe and the Americas: Threat or Corrective for Democracy?*, eds. Mudde, Cas and Kaltwasser, Cristóbal Rovira, Cambridge University Press, pp. 1-26.

Muhr, Thomas (2012) "Reconfiguring the state/society complex in Venezuela", *Civil society and the state in left-led Latin America: challenges and limitations to democratization*, eds. Cannon, Barry and Kirby, Peadar, Zed Books, pp. 19-33.

Panizza, Francisco (2000) "New wine in old bottle? Old and New Populism in Latin America", *Bulletin of Latin America Research*, 19 (2).

―――― (2013) "What Do We Mean When We Talk About Populism?", de la Torre and Arnson eds. (2013), pp. 85-115.

Peruzzotti, Enrique (2013) "Populism in Democratic Times: Populism, Representative Democracy, and the Debate on Democratic Deepening", de la Torre and Arnson eds. (2013), pp. 61-84.

Roberts, Kenneth M. (1995) "Neoliberalism and the Transformation of Populism in Latin

America: The Peruvian Case", World Politics, 48, pp. 82-116.
―――― (2013) "Parties and Populism in Latin America", de la Torre and Arnson eds. (2013), pp. 37-60.
Sadir, Emir (2011) *The New Model: Paths of the Latin American Left*, London: Verso Books.
Schamis, Hector E. (2013) "From the Perons to the Kirchners: "Populism" in Argentine Politics", de la Torre and Arnson eds. (2013), pp. 145-178.
Schmidt, G. D. (2006) "All the President's Women: Fujimori and Gender Equality in Peruvian Politics", *The Fujimori Legacy: The Rise of Electoral Authoritarianism in Peru*, ed. Carrión, J. F., University Park: The Pennsylvanian State University Press, pp. 150-177.
Solfrini, Giuseppe (2001) "Populism and Authoritarianism in Peru: An Old Vice in the Neoliberal Era", *Miraculous Metamorphoses: The Neoliberalization of Latin American Populism*, eds. Demmers, Jolle *et al.*, Zed Books, pp. 108-131.
Taggart, Paul (2000) *Populism*, Buckingham: Open University Press.
Taguieff, P. A. (1995) "Political Science Confronts Populism: From a Conceptual Mirage to a Real Problem", *Telos*, 103, pp. 9-43.
Tännsjö, T. (1992) *Populist Democracy: A Defence*, London: Routlege.
Tatagiba, Luciana (2002) "Os conselhos gestores e a democratizaçâo das políticas públucas no Brasil", *Sociedade civil e espaços públicos no Brasil*, ed. Dagnino, Evelina, São Paulo: Paz e Terra.
Weyland, Kurt (1996) "Neopopulism and Neoliberalism in Latin America: Unexpected Affinities", *Studies in Comparative International Development*, Vol. 35, No. 1, pp. 3-31.
―――― (2001) "Clarifying a Contested Concept: Populism in the Study of Latin American Politics", *Comparative Politics*, 34, No. 1, pp. 1-22.

第10章

東南アジアのポピュリズム
——フィリピンとタイにおけるポピュリズムと政治的包摂

山根　健至

1　東南アジアの民主化とポピュリズム

　1980年代後半以降に権威主義体制の民主化が進んだ東南アジアでは，90年代末頃からポピュリズムが注目され始めた[1]。その契機となったのが，98年のフィリピンのエストラダ大統領や，2001年のタイのタックシン首相の登場である。
　フィリピンでは86年にフェルディナンド・マルコスによる権威主義体制が市民の抗議行動などにより崩壊して民主化し，タイでは92年に権力に居座る軍に反対する市民の抗議行動に軍が発砲した事件をきっかけに民主化していた。それから間もなくして現れたエストラダとタックシンは，制度的な民主主義の定着が進む両国の政治において，ポピュリズム的なスタイルで民衆の支持を集めることに成功した。
　エストラダやタックシンをポピュリストと称することには議論の余地があるが，ポピュリズムの要素のいくつかが両者の政治スタイルにおいて見られたことや，両者の登場により東南アジア地域においてポピュリズムという現象に焦点が当てられるようになったことは確かである。ただし，ポピュリズムの諸要素は民主政治が行われている場所では多かれ少なかれ観察できることであり，そうした意味で，民主主義定着期のフィリピンとタイにポピュリズムが見られたことは不思議ではない。
　本章で取り上げるフィリピンとタイの政治では，ポピュリストが登場したとされる他の国々と同様に，「ポピュリズム」という言葉が「ばら撒き」や「大

衆迎合」などのようなネガティヴな意味合いで使用された。しかし，ポピュリズムには様々な属性が付随すると考えられている。例えば，ポピュリズムは民主主義に対して二面性を持つ。一方で，政治のポピュリズム的形態は，制度に埋没した人民が回帰するひとつの仕方であり，「人民の統治」というデモクラシーのある種の原型を体現しているとみなされる。しかし他方で，ポピュリズムが持つ極めて扇動的な側面は，デモクラシーを危機に晒すものとして警戒される（山本圭 2012：269-272）。

　フィリピンやタイでポピュリズムが現れた90年代末は，80年代後半から90年代にかけて民主化した両国の民主主義定着期であった。本章では，ポピュリズムが内包する両面性のうち民主主義の実質化の契機に注目し，両国の政治にポピュリズムがどのように位置づけられ，また，どのようなインパクトを与えたのかを検討したい。

2　ポピュリズムの両面性

　本章では，ポピュリズムを政治戦略や政治スタイルとして捉える。ウェイランドはポピュリズムを，指導者個人が，組織化されていない大勢の人びとからの直接的で非制度的な支持に基づき政治権力を追求あるいは行使する際の政治戦略であると定義する（Weyland 2003：1097）。また，大嶽によると，ポピュリズムとは，「普通の人々」と「エリート」，「善玉」と「悪玉」，「味方」と「敵」の二元論を前提として，リーダーが，「普通の人々」の一員であることを強調すると同時に，「普通の人々」の側に立って彼らをリードし，「敵」に向かって戦いを挑む「ヒーロー」の役割を演じてみせる，「劇場型」政治スタイルである。それは，社会運動を組織するのではなく，マスメディアを通じて上から政治的支持を調達する政治手法のひとつである（大嶽 2003：118-119）。こうした政治戦略やスタイルを駆使して権力奪取を図る政治指導者をポピュリストと呼ぶ。

　このような政治戦略や政治スタイルが活用される過程で，ポピュリズムは民主主義に脅威をもたらすこともあれば，民主主義に不可欠な機能を担うことも

ある。例えば，ポピュリズムの属性のひとつである極端な二項対立的図式は，ポピュリズムを実践する政治指導者らが自身の目的に応じて恣意的に確定することができ，そこでは新たな攻撃や排除の対象が際限なく生み出され得る。また，常に具体的な敵を想定することで正当性と求心力を担保するため，政治運営が排他的かつ敵対的になりやすく，様々な取引や妥協や討議の技術を要するコンセンサス型の政治が醸成されにくくなるといった問題も生じる（上谷 2011：24）。

他方で，ポピュリズムに内在する「平等化」と「包摂」のメカニズムは，これまでしばしば，それが生じた社会の政治・経済的な格差や不平等を是正する役割を担ってきただけでなく，従来そこから排除されてきた人びとの声や利害を代弁し，彼（女）らを新たに政治の場へと包摂する機能も果たしてきた（上谷 2011：23）。また，既存の権力構造を告発し，非難するという意味で民主主義において不可欠な批判の機能を担っているとも言える（吉田 2011：69）。つまり，ポピュリズムは民主主義の実質化に寄与することもある。

このようにポピュリズムは，対立を煽る極めて閉鎖的な政治を生み安定的な民主主義に危機をもたらす恐れがある一方で，民主主義の実質化に不可欠な機能を担っているとも言える。本章では，ポピュリズムが内包する民主主義の実質化機能のなかでも包摂の契機に注目し，それとの関連でフィリピンとタイの現象を検討する。

3　フィリピンとタイにおけるポピュリストの登場

（1）フィリピン：ジョセフ・エストラダ大統領

フィリピンでポピュリズムが注目されるようになったのは，1998年の大統領選挙でジョセフ・エストラダが当選したことが契機である。

エストラダは中上流層の家庭に生まれ私立のエリート高校に入学するが，大学を中退して映画俳優の道に進み，俳優として貧困層の間で絶大な人気を集める。しばらく映画俳優として活動した後，マルコス政権下の1969年にマニラ首都圏サンフアン町の町長になり政治家としてのキャリアをスタートした。マル

コス政権下で忠実にマルコスを支えたことから民主化後に職を解かれたが，87年に実施された選挙で上院議員に当選し，92年には副大統領に当選する。そして98年に実施された大統領選挙でついに大統領に当選する（Rocamora 2009：43）。

　エストラダは大統領選で，フィリピンで長らく続くエリート支配を批判して，「貧困と不平等を争点化」し「大衆」と「金持ち」との敵対的構図を構築する言説を用いた（日下 2013：131）。そして，自身をフィリピン政治の伝統と決別した改革者および下層・貧困層の盟友として投影して運動を展開し，貧困層のための新たな政治を実現すると約束した。国民の多数を占める下層・貧困層の住民に「貧者のためのエラップ」「大衆の父」「貧者の擁護者」といった言葉を投げかけ，国民に呼びかけるときには「大衆」との連帯感と同胞意識を表す「同郷者，同胞者」を用いた（De Castro 2007：941；日下 2013：133-134）。

　そうしたなかでエストラダは，自身の政治家としての人格を映画の登場人物と同一化しようと努めた。彼は俳優として出演した数々のアクション映画で，農民，ジープやタクシーの運転手，露天商，労働者，街角の不良少年などを演じ，「英雄エストラダ，大義を抱いた反逆者，彼の信じる社会の犠牲者のために，残酷で無情な世界を敵にまわして戦う」と評された（日下 2013：132）。腐敗したエリートに貧者のために立ち向かう虐げられたヒーローという映画の中で培ったイメージを現実の政治の場に転写し，自らを貧困層のために交渉する人物として形作り，選挙戦における大衆の支持調達に活用したのである（Thompson 2010：26；Rocamora 2009：46）。

　こうしたエストラダの政治スタイルは，まさにポピュリストのそれであったが，このような戦略は貧困層が人口の6〜7割を占めるフィリピンで有効であった。大統領選挙には7人の候補が出馬し票が分散されたにもかかわらず，エストラダは貧困層の票の過半数近くを獲得し，組織力と資金力で勝った与党候補に得票率で2倍近い差をつけ圧勝した。反エリートの言説を用いて特定の階層へアピールし支持を調達したという点で，エストラダの政治スタイルはフィリピンにそれまで見られないものであった（Abinales and Amoroso 2005：271）。

エストラダは貧困層の支持を集めて当選しただけに，大統領就任後，貧困層のための政策実施が期待された。エストラダが打ち出した貧困政策では失業者への職業訓練，貧困世帯への医療サービス提供など10大プロジェクトが謳われた。なかでも柱として位置づけられたのは，78州83都市のそれぞれで最も貧しい100世帯を対象に，食料・医療の援助，生計補助，住宅供給，水道サービス提供などを行うものである。そうしたサービスが提供された世帯数は1万6100に上ったが，しかしそれは全国の貧困世帯のわずか0.4％にすぎなかった。概してエストラダの手法は，フィリピンの貧困問題を構造的に解決するにはほど遠く，モノやサービスを提供する「ばら撒き型」の手法であったと言える（太田 2005：197-198；Balisacan 2001：99）。

　他方，一部のエリート層や中間層，テクノクラート，市民社会組織，学者，元共産主義者などが各々の思惑からエストラダを支持していたように，エストラダは貧困層のみならずイデオロギー的にも広範にわたる層から支持を得ていた（Abinales and Amoroso 2005：271-272；Rocamora 2009：44）。貧困層へのばら撒きが経済を歪めるのではないかとの財界の懸念に対しては，フィリピン大学の経済学者をブレーンに迎え，経済改革を継続すると主張した（日下 2013：135-136）。

　以上のように，エストラダは選挙戦でエリート支配を批判し，貧困層のための新たな政治を実現すると下層・貧困層に訴えるスタイルで大きな支持を得て当選した。また，当選後は「ばら撒き型」の手法で下層・貧困層向けの政策を実施した。こうしたことがエストラダがポピュリストと称される所以である。

　しかし，貧困層にアピールする一方で，彼の経済政策は市場を重視した新自由主義的なものであり，前任のフィデル・ラモス大統領が推し進めた自由化や規制緩和を継続するものであった（Thompson 2010：25；De Castro 2007：941）。新自由主義政策を推進する一方で限定的な貧困緩和政策や再分配政策を実施するという点で，エストラダは新自由主義に親近性のあるポピュリストであったと言える（Rocamora 2009：42）[2]。

（2）タイ：タックシン・チナワット首相

　タイでポピュリズムに注目が集まったのは，タックシン・チナワット首相の誕生が契機であった。タックシンはビジネスで成功した後，政界に進出し，1998年7月にタイ愛国党を結成する。彼は国民が当時のチュアン政権に失望するなか，アジア通貨危機後のIMFの緊縮プログラムとは対照的な国内の新興ビジネス・セクターの成長を促進する政策，および農民や貧困層の生活改善につながる政策を主張し，経済人，都市部の富裕層，地方の農民，貧困層から支持の獲得に成功した（Ockey 2003：673；Jayasuriya and Hewison 2006：170-172）。

　タイ愛国党は，2001年の総選挙でほぼ過半数に達する勝利をおさめて同年2月に連立政権を発足させると，直ちに公約の実施に乗り出した。医療保険の対象外である農民・自営業者・零細商人・主婦などを対象とした安価な医療サービスの提供，農民の負債返済猶予措置，全国7万5000の村落各々に100万バーツの開発基金創設などの大衆迎合的な政策が矢継ぎ早に実行に移された。タイ愛国党の政策は都市部や経済界に偏ることなく，農村部やインフォーマル部門にも目配りしていた。後者はそれまで軽視されてきた人びとであり，タイ愛国党の熱烈な支持者になっていく（玉田 2009：80-81；末廣 2009：161-163）。

　タックシンは有権者への直接的な訴えかけを重視し，毎週土曜日の朝にラジオで全国民に語りかけた。こうしたメディアの活用はタイの指導者としては前例がないもので，政府や与党のみならず，タックシン首相個人を宣伝する効果があった（玉田 2009：81；Pasuk and Baker 2008：65）。

　これらの結果タックシン人気は急上昇した。月毎の世論調査では，タックシン支持の割合が選挙前の2000年12月に30％だったのが，政権発足後の2001年5月には70％に上昇した（Pasuk and Baker 2008：66）。

　このようにタックシンは，経済危機の結果生じた既存の政治指導者に対する国民の不満に焦点を当てると同時に，農村部や貧困層への手厚い政策を実施することで政治権力を握ったのである。幅広い層の支持を得たタックシンの政策は，「タックシンのポピュリズム」と呼ばれた（Pasuk and Baker 2008）。

　しかし，小規模農家や都市貧困層などに恩恵のある政策を展開するにつれ，

タックシンは次第に既存の支配エリート層から反発を受け始める。その一方で，2005年の総選挙が近付くなか，タックシンはさらにポピュリスト的政治スタイルを強めていく。タックシンは投票日の1か月前に農村地帯の北部と東北部を訪れ，村落開発基金の延長，借地人への土地譲渡，新たな低金利貸付制度の整備，畜牛の無料配給，貧困層への学費支援などを含む広範な再分配的選挙公約を表明した（Pasuk and Baker 2008：67）。また，自身を人びとの意思を実現する唯一の人物であると示し，議会政治，司法制度，公開討論，そして反対する者を，彼の使命を妨害するものとして嘲った。タイ愛国党では「タイ愛国党の中心は人びと（people）である」がスローガンとなった。彼は，守旧派の官僚，政治家，知識人を「人びとのために尽くしてこなかった」と批判し，自身と彼らとを繰り返し区別するようになった（Pasuk and Baker 2012：88）。

そして2005年の総選挙で，タイ愛国党は500議席中377議席を占め圧勝した。これはタックシンが公約を実行したことや農村・貧困層向けの再分配的選挙公約が評価された結果である。2001年の首相就任後に展開した再分配的政策が支配エリート層からの反発を受けるなかで，タックシンは政治スタイルを一層農民や貧困層向けのアピールを重視するものへと変化させた。こうした変化により，タックシンは経済危機の渦中でビジネス・セクターを擁護する改革者から，貧困層を擁護するため支配エリート層に立ち向かうポピュリストへと変貌したと指摘される（Pasuk and Baker 2008：66）。

タックシンをポピュリストと呼ぶには異論があるが[3]，彼がタイ政治にもたらした大きな衝撃を説明する新しい表現が必要であり，彼の支持調達方法とその成果としての絶大な人気に着目すると，ポピュリズムという表現が適切と思われた（玉田 2009：80）。タックシンは，不安定な連立政権，首相の弱い指導力というそれまでの政党政治を一変させ，有権者がかつて見たことのない政治を演出した。これもタックシンをポピュリストと想起させる点のひとつである（玉田 2009：81）。

こうしたタックシンであるが，農民や貧困層といった低所得者向けの対策だけではなく，同時にビジネス・セクターの利益を代表した新自由主義的政策を推し進めた（Pye and Schaffar 2008：47）。フィリピンのエストラダと同様に，

タックシンも新自由主義に親近性のあるポピュリストであった。

4　ポピュリズムの背景――格差と政治的周縁化

　カノヴァンは，ポピュリズムは「既存の権力構造ならびに社会の支配的な観念や価値の両方に対抗して『人民』に訴えかける」(Canovan 1999：3) と指摘する。この指摘と同様に，前節で検討したエストラダやタックシンは，既存の政治構造では利益が媒介されてこなかった層に訴えかける政治スタイルでそうした層の人びとから支持を得た。本節では，彼らの政治スタイルが有効となった背景について，主に両国における政治的周縁化の構造と格差といった点から検討したい。

（1）フィリピン

　フィリピンの社会は二層構造と言われ，一方に少数の富裕エリート層や中間層がおり，他方に収入面のみならず社会的サービスや健康などの面からも大きく劣っている大多数の低所得層が存在する。2009年の統計で世帯所得を見ると，富裕・中間層である上位2割の世帯が所得全体の52％を享受している一方で，下位2割の世帯がわずか5％しか持たないという偏ったものとなっている。経済発展が進んでも所得分配の偏りが改善されることはなく，こうした傾向は統計が公表されるようになった1980年代半ば以降ほとんど変わっていない (鈴木 2012：14)。フィリピンでは二層社会構造のなかで貧困や格差が固定化しているのである。

　こうした社会構造の下，フィリピンでは「エリート民主主義」と称される，ごく少数の大土地所有一族や資本家階級を出自とする支配エリート層による寡占的な政治・経済支配が続いてきた。そこでは大多数の民衆が民主主義から事実上排除されていた (川中 1997)。エリート間の政治的競争の場である選挙では，全国レベルおよび州市町村レベルで利益配分と集票を行う組織的ネットワークが選挙の際のマシーンとして機能し，それがエリートと民衆の間の垂直的で固定化された恩顧主義の連鎖によって担保されていた。こうした構図は，

1946年の独立後からマルコス大統領が戒厳令を布告するまで民主政治の基盤となってきた。72年9月にマルコスが戒厳令を布告し権威主義体制を形成した時期は中断したが、86年2月の民主化以降、エリート民主主義の構図は復活した。

しかし、政治社会の変容とともに伝統的恩顧主義は徐々に侵食していく。80年代以降、都市化といった社会の流動化・大衆社会化、工業化、海外出稼ぎ労働の増加などにより伝統的な共同体が解体し政治社会が大きく変容する。工業化は農民を工場労働者やサービス産業従事者に変え、都市への移動を促すとともに従来のような地方ボスによる政治的、経済的支配や恩顧関係から離脱させる。また、海外労働による送金は、フィリピン国内の経済システムから切り離された人びとを出現させた。これらは政治の面から見れば、伝統的政治社会の垂直型政治動員関係からの離脱を可能にし、従来のような政治動員や選挙マシーンの有効性の低下を意味する。また、都市化に伴って現れた大衆社会においては、候補者個人のパーソナリティーや特定のイシューに対する単純なアピール、そしてムードなどが大きな意味を持つようになる（川中 1997：126-127；日下2013：1章1節）。

また、階級社会でありながら垂直的に政治動員が行われてきたため、労働者、農民、貧困層といった社会階層を基盤とし、その利益や要求を吸収して議会政治の場で代表する政党が発展してこなかった。そのため、上記のように伝統的な恩顧主義が弛緩している近年でも、そこから解き放たれた人びと、特に農民や貧困層の利益を集約・代表する有力な政党はない。

すなわちフィリピンでは、政治社会の変容とともに伝統的な恩顧主義が弛緩する一方で階級社会が孕む社会的な対立は依然として残った。そしてその対立を政党が制度内で調停するという民主制度の機能が発展していないか不全に陥っているのである。これがポピュリズムの土壌となる。

これに加えてメディアの普及である。90年代に入ると貧困層を含む国民の間にテレビが急速に普及した。こうした状況下で実施される選挙では、民衆はメディアの情報を元に投票先を検討するようになる。そのため利益供与だけではなくメディアを通じたシンプルなメッセージによる大衆への直接的アピールが

当選に効果を発揮するようになった（川中 1997：128；Thompson 2010：27-29）。

以上のような状況下で，エストラダが用いた「貧困層 vs. エリート支配」という対立関係の構築とアピールが有効性を発揮し，彼の大統領当選に寄与したのである。

（2）タイ

タイでは伝統的に王族・貴族，軍部，国家官僚，華人系資本家層といった伝統的エリート勢力が支配体制を形成してきた。こうしたなかで，社会経済的格差や政治的排除の構造が生み出されてきた。

1960年代以降，タイは着実に経済発展を遂げてきた。しかし，経済成長は貧困を削減したが所得の増加が富裕層に集中していたため，不平等は依然として高水準にとどまっている。2007年のデータでは所得上位の10％の世帯が富の51％を保有する一方で，下位の50％の世帯はわずか8.5％しか保有していない。また，都市部の発展が優先されるなかで農村部から都市部への労働力移動が起こったが，都市部は移住者を労働力として吸収できず巨大なインフォーマルセクターが形成された。このようなセクターの労働者は国家の福祉政策の外に取り残された。こうしたなかで下層階級の住民は，低賃金や単純労働から脱する道を閉ざされていた（Hewison 2015）。

80年代末頃からは，地方の新興勢力が議会制度を通して，またバンコクの中間層がメディアや街頭行動を通して政治に参加し始めた。他方で，インフォーマルな経済活動に関わる大衆は，課税，政府支出，政府の規制などに直接影響を受けていなかったため，国政に関与する動機は低かった。同時に大衆は非公式な恩顧主義政治に縛られ，地方の有力者が統括する集票システムに組み込まれていた（Pasuk and Baker 2008：72）。

こうしたなか，アジア通貨危機の惨状がタックシン政権誕生を後押しした。97年の経済危機は，農民や貧困層のみならず，経済成長の恩恵を受けてきた都市中間層にも不満を生じさせた。こうした不満を持つ各層の支持を上手く掬い取ったのがタックシンであった。経済危機により既存の政治エリートの信頼が失墜する状況下，国民は彼らを窮状から救い出し，彼らのプライドや願望を回

復してくれる誰かを探していた。このような状況が，既存の支配層とは異なることを強くアピールする政治指導者が台頭する舞台となった（Pasuk and Baker 2012：84）。とりわけ，収入減や失業といった形で経済的不況の矢面に立ち不満を蓄積させたのが，既存の構造では政治的に代表されてこなかった都市労働者や農民であった。

　上述したように，タックシンは2001年選挙で掲げた福祉政策色の濃いマニフェストを当選後に実行したが，それは歴代政権に放置され，かつ経済危機の影響を被ってきた農民や都市下層民に支援策として染み渡った。多くの農民や労働者がタックシンの政策の恩恵を受けた。2005年の選挙では，農村部住民や都市貧困層の利益増進をアピールして支持を固め圧勝した。タックシンは，それまでの政党政治では表出されなかった農村部住民の声を，新しい形の政党政治で代弁したのである（玉田 2009：80）。

　タックシンの台頭には選挙制度も関係している。当時の制度では下院議員が比例区と小選挙区から選出されるが，小選挙区選出議員が入閣した場合は議員資格を喪失する規定がある。そのため閣僚候補者は比例区で立候補する。その比例区は有権者が一つの政党を選ぶ全国区であり，各党は候補者名簿に入閣候補者となる党幹部を並べた。そして首相候補の党首は比例区候補者名簿第1位に据えるのが一般的となるなか，有権者は投票に際して，どの党首が首相にふさわしいかを判断していた。つまり，首相公選制に似通った仕組みになっており，首相は議院内閣制における下院の支持と大統領制のごとき国民の支持という二重の正当性を享受することができたのである（玉田 2009：81-82）。

5　包摂と覚醒——ポピュリズムの帰結と民主政治

（1）フィリピン：貧困層の包摂

　所得格差の解消を掲げたエストラダ大統領であったが，大した実績を上げられず貧困層の期待を裏切ることになった。一貫した開発政策はなく財政を圧迫するバラマキ以上のことはできなかった。エストラダ政権下で人口に占める貧困率は減少したが，削減率は年間1％以下にとどまり，人口増加を加味する

と，前政権末期の1997年よりも貧困人口は増えていた。年間の貧困削減率は85年から97年，とりわけラモス政権期の94年から97年の数字よりも低かった。また，主要なアジア諸国のなかでも，エストラダ政権の貧困削減の実績は極めて乏しいものであった（Balisacan 2001：110-111）。

　さらに，政権運営の問題や素行の悪さが明るみに出たのに加え，汚職疑惑を発端に反エストラダ運動が起こり，2001年1月に民衆の街頭抗議行動と国軍の離反などによって失脚した。この政権崩壊劇の過程で反エストラダ運動の中心となったのは，汚職疑惑発覚を契機にエストラダに対する不満を急激に強めた中間層・富裕層であった。結果的に，ポピュリスト的スタイルで下層・貧困層の大きな支持を得て当選した大統領を，中間層・富裕層が中心となって引きずり下ろした形になった。

　他方でエストラダを支持し続けた貧困層住民には，フィリピンの政治家が総じて汚職にまみれているなかで，エストラダは汚職に手を染めたためではなくエリート層の特権を脅かしたために失脚させられたとの思いがあった（Hutchison 2006：63）。貧困層住民の思いはエストラダ失脚後に就任したアロヨ大統領に反対する大規模デモへと展開し，一時的であれアロヨ政権を危機に陥れた。こうした行動を前にして，アロヨ大統領はエストラダのような貧困層向けのポピュリズム的政策を導入し，貧困対策に力を入れることを強調した（De Castro 2007：945-946）。

　選挙の際に候補者が貧困と不平等を争点化し既得権益層との敵対を貧困層にアピールするスタイルのポピュリズムは，エストラダの後も見られた。

　2004年の大統領選挙では，映画俳優でエストラダの親友でもあるフェルナンド・ポーが立候補し，貧困問題を最優先課題に掲げ貧困層に訴えるとともに，「エリートとは違って政治に不慣れだからこそ汚職にも慣れていない」と素人性もアピールした。結果的にアロヨに敗れ落選するが，アロヨ側に選挙不正がなければ当選したと言われるほどの僅差であった（日下 2013：182-185）。

　2010年の大統領選挙では，貧困層出身でありながらビジネスで成功し国内有数の資産家に上り詰めたマニュエル・ビリヤールが，「貧困に苦しむ同胞を助けるために大統領になる」「すべてのフィリピン人を貧困から救い出す我々の

夢の始まり」などとアピールした。加えて、ポピュリストの先駆けとなったエストラダ元大統領が根強い人気を背に再出馬し、「大衆の一人として支配階級と戦う革命を開始する」と主張した。彼は「支配階級によって私は大統領の座から追放された」「大衆に力を取り戻そう」などと訴え、98年の選挙と同様にエリート層と貧困層の敵対構図を前面に押し出した。結果、ビリヤールが得票率15.4％（3位）、エストラダが得票率26.3％（次点）で落選し、ベニグノ・アキノ3世が得票率42.1％で当選した（日下 2013：319-323）。民主化のシンボルであったコラソン・アキノの息子というアドバンテージを持ち国民各層から横断的に支持を集めたアキノ3世に及ばなかったが、エリートと貧困層の敵対的構図を持ち出すポピュリストの戦略は、エストラダとビリヤールの得票率を足すとかなり支持を集めたことになる。

　フィリピンで顕在化したポピュリズムは、同国の政治への影響という点からどのように捉えることができるのであろうか。エストラダ大統領の登場について言えば、大衆を政治へ包摂する契機となったと言えるが、その包摂のされ方についての評価は分かれている。

　ロカモラは次のように評価する。「貧者のためのエラップ」というスローガンの成功は支配的な政治言説を転覆・反転し大衆の政治参加を促進したような感覚を与える一方で、参加が象徴的なものになり政治を人格化した面もある。政治における国民の利害は分解されエストラダという一個人に移譲された。エストラダは大衆的な言葉を政治言説に取り込んだかもしれないが、国民を政治参加の公式な過程に取り込むことはなかった（Rocamora 2009：48）。こうした見方からすると、貧困層はポピュリストに操られる客体として政治へ包摂されているということになる。そこでは、貧困層は利用される対象であり、結局のところ無力化されている。そしてしばしばポピュリズムは、真の政治改革を妨げるものであるとみなされる。

　他方で、日下は、「貧困層はエストラダの呼びかけに応えて、選挙史上初めて階層としてまとまった投票行動をすることで、不平等の改善という重要な問題を自らの力で改めて争点化した」（傍点は引用者）と評価する。さらに、「ポピュリズムが構築する『大衆』は、ポピュリストにただ操られるのではなく、

しばしばその思惑や統制を超えつつ，不平等な社会経済構造の転換を希求する存在として捉えるべきである」と主張する（日下 2013：130-131）。貧困層は，ポピュリストを彼らの代表として主体的に支援することで，政治的要求や権利の主張を試みたのである。こうした見方では，大衆は客体ではなく主体として民主政治に包摂されていることになり，日下が指摘するように，ポピュリズムを民主主義や政治改革を蝕む病理と安易にみなすことはできない。

（2）タ イ：大衆の覚醒

　タックシン政権の経済パフォーマンスは悪くはなかった。GDP 成長率は，政権初年の2001年こそ1.9％であったが，2002年から2006年までの5年間の平均は5.5％であった。アジア通貨危機で年率10％を超えるマイナス成長を経験したタイ経済を成長軌道に再度乗せることに成功した。また，タックシンの施政期に最も貧しい東北地方の家計平均収入は40％増え，貧困人口も21.3％から11.3％にほぼ半減した（山本博史 2016：121）。債務の返済を猶予され，無担保で融資を受け，一村一品運動で新たな現金収入の道も得られるようになった地方農民は可処分所得が増加した（高橋徹 2015：133）。

　こうした実績を背景に，タックシンは農民や貧困層を中心として国民から絶大な支持を得ていくが，これは支配エリート層にとって脅威であった。タイの政治体制における支配エリート層の目的は既得権益の保護である。しかし，タックシンの登場で政党が有権者の利益となるマニフェストを掲げることで国家が再分配機能を持ち始め，支配体制を形成するエリート層の特権が侵食され始めた。[4]そのため，支配層を含む反タックシン派は，タックシンにポピュリストの烙印を押し攻撃したのであった（玉田 2009：83-84）。さらに，支配エリートは反タックシンの大衆政治運動と並行してタックシン排除に動き出し，国王の介入，裁判所の判決，軍のクーデタという手段で2006年9月，タックシンを失脚させた。その後2007年12月に実施された総選挙ではタックシン派が勝利し再び政権を奪取するが，反タックシン派組織の「黄シャツ（民主主義のための国民連合）」，裁判所，王室，軍，反タックシン派の民主党などによる「隠されたクーデタ」により反タックシン派政権が成立する（高橋正樹 2013：172）。

しかし，大衆は支配層が絡む非民主的な手段での権力奪取をもはや容認しない。2007年に，2006年のクーデタに反対する知識人や活動家によって「赤シャツ（反独裁民主戦線）」が結成され，国民の間に急速に支持者を増やした。選挙結果を軽視した2007年の政権交代に抗議して，赤シャツは民主党政権に対して繰り返し国会の解散と総選挙の実施を要求した。そうしたなか，デモや路上占拠で抗議する赤シャツに対し，軍が投入され掃討作戦が行われた。2009年4月には130名の負傷者，2010年4月から5月にかけては90名余りの死者と2000名近い負傷者を出した。しかしこの弾圧は，赤シャツを衰退させるどころか，むしろ増強することになった（玉田 2013：25-27）。

タックシンの登場をきっかけに，大衆は政治意識を変化させ政治的に覚醒していた。多くの有権者は，1990年代までは，どの政党やどの候補者に投票しても国政が変化することはなく，選挙は金品と票の交換や日頃の恩顧への返礼の機会にすぎないと考えていた。しかし，タックシン政権以後，選挙政治は生活を左右するようになったため，死活問題となった。総選挙の先送りや選挙結果を覆す軍事クーデタは他人事ではなく，断じて容認できないことになった（玉田 2013：21）。そして，これまで政府に無視され続けた大衆は，タックシンのマニフェスト選挙と福祉政策に基づいて投票することで，選挙の本来の意味を知り政治主体として覚醒していったのである（高橋正樹 2013：165-166）[5]。

2011年7月の総選挙では三度タックシン派が勝利を収める。今回はタックシンの実妹のインラックを党首としての勝利であった。しかし，支配層の反抗は続き，2014年5月に軍のクーデタが起こりタックシン派のインラック政権は崩壊した。以降，赤シャツ派への弾圧や言論統制が続いている。

90年代のタイにおける民主化は，タックシンというポピュリストの政治スタイルを用いる政治家を登場させた。タックシンの政治スタイルは，選挙マニフェストを実行したり大多数の大衆の利益に配慮したりした点，加えて大衆の政治参加を促進した点で，民主政治への包摂の機能を担ったと言える。さらに，ポピュリストの登場により既得権を脅かされた支配層が非民主的な手法で既得権の保護に動くと，これに反発する大衆は政治的に覚醒していった[6]。

6　ポピュリズムの遺産

　フィリピンとタイに登場したポピュリストは，汚職などの負の側面も観察されたが，その政治スタイルで，政治的に長らく周縁化されてきた人びとを新たな政治主体として民主政治に包摂する機能を担った。両者の意図するところではなかったであろうが，民主主義の実質化に多かれ少なかれ寄与する役割を担ったのである。では，ポピュリストの登場は両国の政治を構造的に変えたのであろうか。

　フィリピンでは，エストラダの失脚後も，貧困層の利益を「集約」し「代表」する役割を自任する大統領候補にポピュリスト的政治スタイルが用いられ，そうした候補者は選挙である程度の票を集めた。しかし，ポピュリストの登場やそれを通した大衆の民主政治への包摂によって，フィリピン政治に構造的な変化が生じエリート民主主義が大きく変容した様子はない。大衆の包摂は既存の政治構造の枠を揺るがすことなく行われた。また，2016年5月に大統領選挙の投票が実施されたが，今回は貧困層へのアピールを前面に打ち出した候補者の支持は伸びず，ばら撒き型ポピュリズムのマンネリ化が指摘されている（日下 2016）。

　他方タイでは，民主化に加えて，ポピュリストのスタイルを用いるタックシンの登場が政治を根本的に変えた。従来までは政治的な影響力を持つことがなかった貧困層や農民を含む大衆が，ポピュリストの登場を触媒として政治的に覚醒・台頭した。その結果，支配層や中間層の政治的影響力が相対的に低下し始めている。前者は民主主義の手続きである選挙を重視し，他方で少数派であり自らの特権的地位を維持したい後者は選挙を軽視するという綱引きがタイに政治的混乱を招いている（玉田 2013）。混乱の出口は依然見えていない。

【注】
1) 東南アジア諸国のポピュリズムを取り上げた研究としては（Mizuno and Phongpaichit eds. 2009）がある。
2) 新自由主義とポピュリストの親近性については（Weyland 2003）を参照。そもそも，

貧困政策に最も関連するセーフティ・ネットに関してエストラダが強調したのは自助努力の重要性であり，国家政策や社会への依存体質の助長をむしろ否定していた。つまり貧困解消は貧困者自身が取り組むべき課題であり，政府はそれを補完するにすぎないというスタンスであった（太田 2005：197-198）。
3) 玉田は，顔の見える指導者，周縁化を託つ人民への訴えかけ，既存のエリートへの挑戦，単純明快な対立図式による支持動員といった点をポピュリズムかどうかの判断において重要であるとする。そしてタックシンについては，エリートへの挑戦と対立図式の演出に関して明確ではなく異論の余地があると指摘する（玉田 2009：79-80）。
4) 「自分の一票が，教育のない低所得層と同じ一票であるはずがない」といった選民意識をぬぐえないエリート層には脅威であった（高橋徹 2015：133）。
5) 都市下層や農民層の政治的覚醒の背景には教育の普及や高学歴化もある。現在のタイでは，大学進学率は50％を超え，日本とほとんど変わらない。農民の子弟は大学に進学し，郷里に帰ったときに親類縁者にタイの社会状況や自分たちの置かれた状況の理不尽さを説明するのである（山本博史 2016：122）。
6) 玉田が指摘するように，タイ政治の支配的勢力を脅威に晒したのは，タックシンのポピュリズムや大衆動員ではなく，民主化であるとも考えられる。タックシンは，民主化の効果を増幅し民主化の実践者となることによって，支配勢力の怒りと反発を招いたのであった（玉田 2009：92-93）。

【参考文献】

上谷直克（2011）「『民主政治の試金石』としてのポピュリズム」『アジ研ワールド・トレンド』No. 190, アジア経済研究所, 21-24頁。
太田和宏（2005）「未完の社会改革――民主化と自由化の対抗」川中豪『ポスト・エドサ期のフィリピン』アジア経済研究所, 167-216頁。
大嶽秀夫（2003）『日本型ポピュリズム――政治への期待と幻滅』中央公論新社。
川中豪（1997）「フィリピン――『寡頭支配の民主主義』その形成と変容」岩崎育夫編『アジアと民主主義』アジア経済研究所, 103-140頁。
日下渉（2013）『反市民の政治学――フィリピンの民主主義と道徳』法政大学出版局。
―――（2016）「フィリピン大統領選挙――なぜ，『家父長の鉄拳』が求められたのか？」『SYNODOS』2016年5月19日。(http://synodos.jp/international/17124/2, last visited, 19 August 2016)
末廣昭（2009）『タイ 中進国の模索』岩波書店。
鈴木有理佳（2012）「フィリピン――少数の中間・富裕層と多数の低所得層で成り立つ社会」『アジ研ワールド・トレンド』No. 204, アジア経済研究所, 14-15頁。
高橋徹（2015）『タイ 混迷からの脱出――繰り返すクーデター・迫る中進国の罠』日本経済新聞出版社。
高橋正樹（2013）「タクシンとタイ政治――平等化の政治プロセスとしての紛争と和解」松尾秀哉・臼井陽一郎編『紛争と和解の政治学』ナカニシヤ出版, 160-178頁。
玉田芳史（2009）「タイのポピュリズムと民主化――タックシン政権の衆望と汚名」島田幸

典・木村幹編著『ポピュリズム・民主主義・政治指導——制度的変動期の比較政治学』ミネルヴァ書房，75-96頁。
——（2013）「民主化と抵抗——新局面に入ったタイの政治」『国際問題』No. 625, 18-30頁。
山本圭（2012）「ポピュリズムの民主主義的効用——ラディカル・デモクラシー論の知見から」日本政治学会編『現代日本の団体政治』年報政治学2012-Ⅱ，木鐸社，267-287頁。
山本博史（2016）「タイ経済——経済発展と民主化」トラン・ヴァン・トゥ編著『ASEAN経済新時代と日本——各国経済と地域の新展開』文真堂，104-128頁。
吉田徹（2011）『ポピュリズムを考える——民主主義への再入門』NHK 出版。
Abinales, Patricio N. and Amoroso, Donna J. (2005) *State and Society in the Philippines*, Rowman & Littlefield Publishers Inc.
Balisacan, Arsenio (2001) "Did the Estrada Administration Benefit the Poor?", *Between Fires: Fifteen Perspectives on the Estrada Crisis*, ed. Doronila, Amando, Anvil Publishing.
Canovan, Margaret (1999) "Trust the People! Populism and the Two Faces of Democracy", *Political Studies*, 47 (1), pp. 2-16.
De Castro, Renato C. (2007) "The 1997 Asian Financial Crisis and the Revival of Populism/Neo-Populism in 21st Century Philippine Politics", *Asian survey*, 47 (6), University of California, pp. 930-951.
Hewison, Kevin (2015) "Inequality and Politics in Thailand", *Kyoto Review of Southeast Asia*, Issue 17, March 2015. (http://kyotoreview.org/issue-17/inequality-and-politics-in-thailand-2/, last visited, 28 April 2016)
Hutchison, Jane (2006) "Poverty of Politics in the Philippines", *The Political Economy of South-East Asia: markets, power and contestation*, eds. Rodan, Garry et al., Oxford University Press, pp. 39-73.
Jayasuriya, Kanishka, and Hewison, Kevin (2006) "The Antipolitics of Good Governance: From Global Social Policy to a Global Populism?", *Neoliberalism and Conflict in Asia after 9/11*, eds. Rodan, Garry and Hewison, Kevin, Routledge, pp. 161-179.
Mizuno, Kosuke and Phongpaichit, Pasuk eds. (2009) *Populism in Asia*, National University of Singapore.
Ockey, James (2003) "Change and Continuity in the Thai Political Party System", *Asian Survey*, Vol. 43, No. 4, pp. 663-680.
Pasuk, Phongpaichit and Baker, Chris (2008) "Thaksin's Populism," *Journal of Contemporary Asia*, Vol. 38, No. 1, pp. 62-83.
—— (2012) "Populist Challenge to the Establishment: Thaksin Shinawatra and the Transformation of Thai Politics", *Routledge Handbook of Southeast Asian Politics*, ed. Robison, Richard, Routledge, pp. 83-96.
Pye, Oliver and Schaffar, Wolfram (2008) "The 2006 Anti-Thaksin Movement in Thailand: an Analysis," *Journal of Contemporary Asia*, Vol. 38, No. 1, pp. 38-61.

Rocamora, Joel (2009) "Estrada and the Populist Temptation in the Philippines", *Populism in Asia*, eds. Mizuno, Kosuke and Phongpaichit, Pasuk, National University of Singapore, pp. 41-65.

Thompson, Mark R. (2010) "After Populism: Winning the 'War' for Bourgeois Democracy in the Philippines", *The Politics of Change in the Philippines*, eds. Kasuya, Yuko and Quimpo, Nathan Gilbert, Anvil Publishing Inc., pp. 21-46.

Tolentino, Roland B. (2010) "Masses, Power, and Gangsterism in the Films of Joseph 'Erap' Estrada", *Kasarinlan*, 25 (1-2), pp. 67-94.

Weyland, Kurt (2003) "Neopopulism and Neoliberalism in Latin America: how much affinity?", *Third World Quarterly*, Vol. 24, No. 6, pp. 1095-1115.

第11章

復活する地方アイデンティティ：統合と分離
——インドネシア・バリ州におけるポピュリズムの考察

井澤　友美

1　「ポピュリズムの王女」メガワティ・スカルノ・プトゥリ

　本章で扱うインドネシアのバリ州では，メガワティ・スカルノ・プトゥリ率いる闘争民主党（Partai Demokrasi Indonesia Perjuangan, PDI-P）が長年根強い人気を誇ってきた。インドネシア共和国初代大統領スカルノを父にもち，スカルノの母がバリ人であったことが重要な理由の一つであるが，民主化後に広がったアジェグ・バリ運動をはじめとする地域主義の高まりとの連動も見逃せない。「ポピュリズムの王女」とも呼ばれる彼女の支持はどのように形成され，バリの地域政治にいかなる影響をもたらしているのか。それは，地方主義の高まりとどのように関連しているのか。本章ではこれらの問いに答えるために，以下ではまずポピュリズムの概念を整理し，定義する。続けて，メガワティ人気を理解するために，スハルト権威主義時代（1966-98）におけるバリの観光開発の特徴を確認する。次に，民主化後の報道の自由化に伴うアジェグ・バリ運動に焦点を当て，高まる地域主義の実態を明確にし，最後に PDI-P の躍進とアジェグ・バリ運動が地元の政治や社会に与えた影響を明らかにする。

（1）ポピュリズムの特徴と定義

　ポピュリズムという言葉は，ラテン語で「人々」を意味するポプルス（populus）が語源である。それは「大衆迎合」や「衆愚政治」といった消極的な意味で使用され，特定の政治家，政党の政治手法，スタイル，そしてその政

策的な一貫性の欠如が批判の対象になることが多い。しかし，ポピュリズムが「人民支配（人民 demos＋支配 kratein）」を示す「デモクラシー」と同じく，「人々」という存在に価値を置き，その人民主権に基づく政体の出す政策が国民や世論から支持されるなら，必ずしもそれが悪であるとは言い切れず，「反デモクラシー」の立場に立つものでもない。では，ポピュリズムとはどのような概念なのであろうか。

　1967年にロンドン経済政治学院（LSE）で開かれた国際会議では，先進国，途上国，民主主義国，社会主義国など政治体制を問わずにポピュリズムを広範囲で観察し，普遍的な政治現象として理解することが試みられた。当会議に出席し，*Populism*（1969）の編者でもあるギータ・イオネスクとアーネスト・ゲルナーによれば，以下に挙げる6つの主要な論点がポピュリズムに当てはまるという。

　まず，ポピュリズムはイデオロギーであり，運動であり，ときにその両方となって現れる。次に，それは歴史的，地理的条件を超えて繰り返し起こる心理作用であり，中間層の社会的役割の弱体化とともに生じる。第3に，ポピュリズムは政治的心理作用であるが，その根底には植民地支配者や外国人といった未知なる外部勢力に対する不安があり，政治的迫害の要素を強く帯びている。そこから派生して，ポピュリズムが否定の対象を求めることが第4の特徴である。その一方でポピュリズムは「人々（people）」を重視する。ただし，この「人々」は，人民（demos）という誇り高いものではない。むしろ社会的地位が低く，抑圧されてきた「人々」を指す。そして最後に，ポピュリズムという繰り返し現れる心理作用は，いずれ社会主義やナショナリズム，農業主義といったより上位の政治体制やイデオロギーに回収される（Ionescu and Gellner 1969：1-4）。

　上記のなかでも「人々」の概念は特筆に値する。この「人々」の概念は固定されたものではない。その範囲や構成員は，政治的，経済的，社会的状況のなかで変化する。それは，ときには抑圧下にある「民族」や「地域住人」であり，ときには搾取される「階級」である。つまり，否定の対象となる「敵」が設置されて初めてそれと対峙する「人々」の範囲が決定されるのである。よっ

てポピュリストという語句は，革命的であったり，保守的であったり，左翼的，右翼的，権威的，そして自由主義的など，幅広いイデオロギーや運動の指導者を指すために使用される。タガートはこのように不完全であり，柔軟性を備えるポピュリズムをカメレオン的と表現している（Taggart 2004：275）。

「民意」を体現するポピュリストは人々の感情に直接訴えつつ，人々の政治的心理から活力を得る。そして，「人々」が元来有するはずの権利や利益の奪回を目指す動きへ導く。そこでは国民との直接的な対話や結びつきが重んじられる。よって，ポピュリストはそれを可能にするメディアを重要視する傾向にある。ウンベルト・エーコは，このメディアを介して人々に直接訴えることをメディア・ポピュリズムと定義し，その危険性を訴えている。メディアに精通する政治家は議会の介在を排除し，政事の方向性を議会の外で決定することができ，そこでは人々の直感的で素朴な感情が重視され，視聴者によいアクターとして映るかどうかが要となる。その結果，専門家による政策を軸とする議論は軽視されてしまうのである（The New York Times Magazine, 25 Nov. 2007）。

上記を踏まえて，本章ではポピュリズムを「我々と他者，正義と不正義といった二項対立図式を形成し，本来，権利や権限を有するにもかかわらず従属的な立場にある人々を賛美し，その権利や権限回復を訴えつつ想定される敵に立ち向かい，既存の支配構造を打破しようするイデオロギーであり，政治運動であり，ときにその両方として現れるもの」と定義する。

（2）メガワティとバリ

1997年にアジアを襲った通貨危機はインドネシアにも波及し，翌年5月には32年間続いたスハルト権威主義体制を崩壊させるまでに至った。スハルト退陣以後，インドネシアでは汚職の廃絶や国軍の政治や行政への介入の拒否，自由な選挙，表現の自由など，民主化に向けた「改革（レフォルマシ）」が進められた。地方分権化もその一環として実施され，中央政府から地方政府への権限や財源の委譲，地方首長の選出と罷免に関する地方議会の権限強化，中央政府と地方政府の階層的関係から水平的関係への転換などがその骨子であった。地方分権への制度転換は，それまでの強権的な政治体制のもとで抑圧されてきた地

方政府や地方住民に自由裁量を与え，地域社会の固有性に根ざした社会秩序の復活につながった（佐藤 2002：24-26）。

バリにおいても地方自治の強化に向けた条例の制定が進められた。そのなかでも2001年地方条例第3号慣習村法（Peraturan Daerah Propinsi Bali No. 3 Tahun 2001 tentang Desa Pakraman）は，慣習系村落の権限を保障し，かつ慣習村の地域色を濃くするものであった。例えば，慣習村を意味する「デサ・アダット（Desa Adat）」は「デサ・パクラマン（Desa Pakraman）」に改称された。アラビア語起源でかつオランダ植民地時代に導入された「アダット」に代わってサンスクリット語起源の「パクラマン」が採用されたのである。民主化後のデサ・パクラマンの権限拡大は，地元の文化やバリ人としてのアイデンティティを強化した。

その一方で，依然としてバリは政治的，経済的に弱い立場にあり，観光利益を十分に享受できていないという声が体制移行後も多数を占めている。メガワティは民主化後のインドネシア社会に関して，限られた一部の者のみが利益を享受し，多くの人々はその傍観者にすぎないと訴えてきた。彼女は自由民主主義が社会正義をもたらすものではないと批判する一方で，スカルノの造語であり，「民衆」を示すマルハエニズムを援用しつつ小さな民衆（wong cilik）への献身と共同体の重要性を強調する（Inside Indonesia 99, Jan.-Mar. 2010）。民主化後もインドネシアにおける政治家の汚職や腐敗は深刻であり，バリでメガワティの訴えは広く社会の共感を得ている。

メガワティは，1987年の総選挙で初めて国会議員に選出されたにもかかわらず，92年の総選挙にて PDI-P の前進である民主党の躍進に大きく貢献した。87年，92年の総選挙ではジョグジャカルタ，メダン，スラバヤなどの地方都市で数十万の人々を動員し，ジャカルタの集会では100万の聴衆を集めた。93年にはスハルト権威主義体制の反対工作を押し切り，民主党総裁に選出された。バリにおける圧倒的なメガワティ人気は，99年の総選挙にも表れている。他の州における PDI-P の獲得票率が45％以下であったなか，バリでは約80％にも上った（Ananta *et al.* 2004：252, 263）。さらに，スハルト退陣後にメガワティ大統領の実現という期待が高まっていたバリでは，彼女が大統領候補選で敗れ

た際に混乱が生じた。デンパサール市の都市機能は麻痺し，主要道路は倒木で封鎖され，公共物や公共施設，警察署などが破壊および放火の対象になった。[1] 99年と比較して得票率は落ちるものの，2004年の総選挙では51％，2009年には35％で PDI-P が他の党よりも多くの票を獲得している（Bali Post, 11 April 2011）。

　なぜメガワティはバリでこれほどの人気を誇るのか。まず，メガワティの父が初代大統領スカルノであり，スカルノの母親がバリ人であることが指摘できる。先述の「マルハエニズム（Marhaenism）」は，スカルノが20歳のときにマルハエンという貧しい農民と会い，得た着想である。貧しいなかでも「小さな民衆（wong cilik）」，すなわち，農民，労働者，交易商人，船乗りといったインドネシア社会の主要な構成員は黙々と働いており，それは長期にわたる帝国主義支配下に見出された人民の社会主義モデルであると考えられた（長谷川監修 2009：1135）。メガワティは，このマルハエニズムを援用することでスカルノに対する人々の思い入れを呼び起こし，同時に民衆への献身的な態度をアピールしている（Ziv 2001：75）。また，スカルノは1965年の9月30日事件で大統領の地位を追われ，その後スハルト権威主義時代が始まる。メガワティにとっての悲劇は，スカルノの失脚から96年7月の民主党本部襲撃事件[2]へと続く。その過程で彼女を表象する言葉として「忍耐」や「抵抗」という言葉が頻繁に使用され，やがて対スハルト政権に立脚するポピュリストとしての地位を確立していくのである（Ziv 2001：76）。

　次に，バリの宗教，すなわちバリ・ヒンドゥーが国内で少数派であり，危機的意識を常に共有してきた点が指摘できる。イスラム教徒が約9割を占めるインドネシアにおいて，バリ・ヒンドゥーの地位はインドネシア共和国独立当初から低く，50年代初期には宗教として公認すらされていなかった。その後の約10年にわたる中央政府に対する宗教公認要求運動や，90年代に展開されたブサキ寺院の世界遺産登録をめぐる3度の大きな反対運動（Hitchcock and Darma Putra 2007：95-106），そして1998年10月14日のサエフディン（A. M. Saefuddin）元食料担当国務相による，メガワティがヒンドゥー寺院を参拝したことから大統領候補として不適格であるという発言に伴う暴動（Tempo, 27 Oct.-2 Nov.

1998）などからその根深さがわかる。

　さらにメガワティがバリの伝統的自警団であるプチャラン（Pecalang：自警団）の再評価と役割の強化に貢献したことが挙げられる。スハルト政権崩壊後初めて開催された民主党メガワティ派の党大会では，中央集権体制下で多くの権益を牛耳り，地域住民の信頼が急落していた軍や警察ではなく，プチャランを護衛役として抜擢した。プチャランは，バンジャール（バリの最末端社会組織）から選出された人員で構成され，その本来の役割は宗教儀礼に際する警備活動である。党大会が無事に終了したことからその評価は急上昇し，先述の2001年地方条例第3号慣習村法にてバンジャール・アダットおよびデサ・パクラマンにおける治安維持の一端をプチャランが担うことが規定され，その制度はバリ全土に広げられた。

（3）重なるバリとメガワティの悲劇と希望

　ポピュリストのイデオロギーや政策は文脈依存的である。タガートが指摘するようにその柔軟に変化するカメレオン的性格から，ポピュリストの政策や提言，特徴を理解するためには各地域の歴史的背景に着目することが求められる。以下では，メガワティの人気を紐解くため，観光開発が本格化したスハルト権威主義時代に焦点を当てつつバリの観光開発をめぐる中央・地方の関係を確認する。

　スハルト大統領就任以降，インドネシアはスカルノ政権が失敗した社会主義的経済体制から国家の課題を「開発」とする資本主義体制へと移行した。国家開発企画庁（BAPENAS）が打ち立てた1969年の第1次5カ年計画にて，観光開発は雇用促進や外貨獲得を目的に重要な産業として位置づけられ，オランダ植民地時代から外国人観光客に人気であったバリは，国際観光地域に指定された。その背景には，82年および86年の石油価格暴落を受け，石油依存型経済から脱却を図るうえで，観光開発がそれに代わる外貨獲得の手段として着目されたことがあった。観光ビザの免除に加えて，海外投資や貿易に関する規制緩和，ガルーダ・インドネシア航空の路線拡大や最新型機体の投入など，国際観光を活発にする戦略が取られた（Picard 1996：54, 55）。加えて80年代には，政

第11章　復活する地方アイデンティティ：統合と分離

府が独占していた電子通信事業，発電，金融部門といった重要な経済セクターへの民間企業の参入や規制緩和を進めた。ただし，その自由化は極めて限定的であった。権威主義体制のもと，許認可権をもつ国家が特定企業への介入を強め養成し，一体となって経済政策を遂行した。その過程でスハルトの親族企業や華人系コングロマリット，クローニー企業など，政治的経済的オリガキーが膨大な個人資産を蓄積し[3]，政治に影響力を行使する経済権力を備えていったのである（Hadiz and Robison 2010：220-225）。では，バリではどのような事態が生じていたのか。

　バリはインドネシアを代表する国際観光地として発展したものの，開発の過程で得た利益よりも被った弊害の方が大きいと指摘される。その大きな理由の一つが，観光開発が中央政府によって推進され，その過程で観光収益の多くがスハルト家やジャカルタに流出する構造が出来上がったことにある。それは，アディットジョンドロの「バリのジャカルタによる植民地化」という批判からもわかる（Aditjondro 1995）。観光開発のためのマスター・プランは，71年に世界銀行（World Bank）の勧告と国連開発計画（UNDP）の財政援助のもとで，インドネシア政府が委託したフランスのコンサルタント会社スケトー（SCETO）によって作成されたが，その時点ですでにバリへの配慮はほとんどなかった[4]。それは，マスター・プランの作成過程で，バリ当局側の参加が数名のアドバイザーにとどまり，社会学者や人類学者などの参加がなかったことからも明らかである（Picard 1996：46）。

　マスター・プランに基づいて進められたヌサ・ドゥア地区の開発は，バリ観光開発公社（BTDC）の管轄のもとで着手され，観光開発の主導権は中央政府にあった。BTDCの管轄内の土地は中央政府によって買い上げられ，そこに建設された多くの外資系高級ホテルから得られる地代は中央政府に流れた。加えて，外資系高級ホテルの利権は，スハルトの4人の子どもたちが握った。ロンボク・フェリーやバリ・インターナショナル・コンベンション・センター，バリ・ゴルフ・カントリー・クラブなど主要な観光権益も独占され，30年間でスハルト家がホテル・観光から築き上げた資産は，22億米ドルとも試算されている（Time Asia, 24 May 1999）。スハルト家に加えて，バリ島で創出される多

くの観光収入は，商才に長けたジャカルタの投資家が享受した。

　さらに90年代には，イダ・バグス・オカ（Ida Bagus Oka）州知事（1988-98）のもと，15の地域が新たに観光開発地として指定された。オカがミスター・オッケーと揶揄されたことが示すように，熱心にジャカルタを拠点とする投資家が誘致された。地元では無計画な開発と，それに伴う環境問題や文化への悪影響を懸念する声が高まった。例えば，バドゥン県のジンバラン地区で進められたガルーダ・ウィシュヌ・ケンチャナ・カルチュラル・パーク大型開発プロジェクトは，資金難を理由に事業が度々延期され，バリにおける乱開発の象徴として非難された。タバナン県にてジャカルタを拠点とするバクリー・グループの融資で進められたバリ・ニルワナ・リゾート開発は，宗教倫理の観点から批判が巻き起こった。しかし，権威主義体制のもと，反対の声は受け入れられず，中央政府と軍の介入を伴い「解決」された（Picard 1996：190-195；Shulte Nordholt 2007：8, 9）。スランガン島におけるバリ・タートル・アイランド開発では，埋め立て工事が盛んに行われた。マングローブ林と珊瑚礁の多くが死滅し，生物多様性の崩壊を招いた。漁民の生活までもが破壊され，餓死者まで出した（Lewis and Lewis 2009：43）。

　2003年に行われた調査報告によれば，当時のバリでは1200件以上のホテルや90件のレストラン，371店舗の観光代理店などが営業されていた。その観光資産は推定150兆ルピア（約1兆5千億円）にものぼる。重要な点は，その資産の約85％がバリ島外部の投資家によって所有されている点である（Bali Post, 2 June 2004）。このようなバリにおける観光開発の過程から，地元住民は中央政府や外部投資家，職を求めて流入する国内移住者への不満や危機感を蓄積していったのである。

2　民主化とメディアの自由化

　1998年のスハルト権威主義体制崩壊以降，インドネシアでは急速に民主化が進められた。スハルト時代に蓄積された中央政府や外部投資家，国内移住者に対する不満や危機感は地域主義の高まりと呼応し拡大を見せ，スハルト時代の

権力エリートを否定し，バリの伝統や文化，アイデンティティを重視する市民社会組織や地域コミュニティの政治参加が促進された。その一翼を担ったのが地元の最大手メディア企業，すなわちバリ・ポスト・グループであった。以下ではバリ・ポストとアジェグ・バリに焦点を当て，メディアの自由化とバリにおけるアイデンティティの復活と強化の過程を確認する。

（1）バリ・ポスト・グループとアジェグ・バリ

1998年6月にそれまで情報相に与えられてきた出版物発行許可権の廃止決定が下った。以降，権威主義体制のもとで封じ込められてきた中央政府やその開発に対する批判がバリでもメディアを通して自由に行えるようになった。[5] 情報統制の廃止は，外国人観光客のバリに対する意識調査とそれに対する自由な議論を可能にし，地元最大新聞社であるバリ・ポスト・グループの勢力が強まった。バリ・ポストの創設者ケトゥッ・ナダ（Ketut Nadha）の息子であるサトリア・ナラダ（Satria Naradha）は，地元のメディア事業をバリ島外に拡大させ，さらには電子，携帯電話，中小企業に対する教育事業にも参入するなど，盤石な地位を築いた（Ida 2011：19-21）。

2002年5月にナラダはアジェグ・バリを打ち出した。アジェグとはバリ語で「強い」や「まっすぐな」を意味する。アジェグ・バリ運動は，バリ人のアイデンティティの基礎となるバリ性，バリらしさ（kebalian）を形成するもの，すなわちバリ・ヒンドゥーに基づく伝統文化や価値認識の保全や強化を求める運動である。バリ・ポスト・グループは，地元メディアを通じて積極的にその特異性や重要性を報道している。当初は，イスラム教やグローバル化に伴う消費主義や商業主義が共同性を重んじるバリ社会に与える影響が懸念されたほか，バリ島外部からの資本家，国内労働移住者，そして観光客がバリ人の文化やアイデンティティを脆弱なものにするという恐れが指摘された。つまり，観光がもたらした負の部分を「悪」とみなし，それを排除する運動がアジェグ・バリ運動の始まりであった。

ただし，ピカールによればこの「バリ人」としてのアイデンティティはオランダ植民地時代に形成されたものである。オランダ植民地政府が1910年代に実

施したカースト制度の固定化と制度化，20年代の「バリの「バリ化」」政策，そして外国人芸術家や官吏などとの交流を経て，その文化およびバリ・ヒンドゥーの希少性と価値を再発見し，慣習に基づく特異な「バリ人」としての民族性を意識し始めたのである。その過程で，元来バリ語に存在しない「宗教」や「慣習」，「文化」「芸術」といった言葉をアラビア語やオランダ語などの外国語を取り入れつつ，「宗教」や「慣習」，「文化」などがバリ人のアイデンティティを形成する要素になった（Picard 2009：114-117)。つまり，このアイデンティティの核となるバリ性が観光活動を通して保全され，地方自治の時代において強化されたのである。民主化後に実施されたメディアの自由化がバリ人としてのアイデンティティの強化，または再構築に大きな役割を果たしたことは明らかである。

（2）アジェグ・バリの広がりと矛盾

2002年に国内労働移住者に対する地元住人の圧力が急速に高まる事件が起きた。すなわち10月12日に発生した同時爆弾テロ事件である。爆弾テロの対象とされたのは，デンパサール市のアメリカ総領事館と，クタ地区のサリ・ナイトクラブおよびパディズ・バー・レストランであった。デンパサール市での爆発による被害は小さかったが，サリ・ナイトクラブ付近で起こった爆発の威力は凄まじく，202人が犠牲となった。事件以前には1日に約5千人から6千人を記録していた観光客数は，事件直後には約600人にまで減少した（Bali Travel News (BTN)，13-26 Dec. 2002；BTN，10-23 Jan. 2003)。高級ホテルが立ち並ぶヌサ・ドゥア地区にいたっては，通常約80％を占める客室占有率が10％以下にまで下がった（BTN 15-28 Nov. 2002)。多くの観光施設で従業員の解雇や短時間労働契約への切り替えが実施されたほか，絵画や彫刻，シルバーアクセサリー，陶芸品などの工芸家や，それを販売する土産店，タクシーの運転手など，幅広い業種の人々が影響を被った。バリ全体で推定3万人以上が失職した（International Crisis Group (ICG) 2003：9)。

テロ事件の発生場所が寺院といった伝統文化財を保有する地域から離れており，被害者の多くがオーストラリア人やイギリス人といった外国人であり，犠

牲者にクタ地区出身者のものはおらず，その標的がバリ人ではないことは明らかであった。そのため大きな衝突にはつながらなかったが，国内移住者と地域住民間の緊張が高まったことは事実である。スハルト時代から治安の悪化や人口過密，そして環境劣化などの観点から批判の対象となってきた流入者は，地域住民の雇用確保の面からも住人の圧力を受けることになった。事件直後には，州政府がプチャランを動員して流入者に対する身分証明書の確認を実施した。[6] 退去命令のほかに，違反者に対しては5万ルピアから10万ルピア（500円から千円）の罰金を科した。その金額は，2，3日分の稼ぎに相当するものであったが，拒否すれば流入者の多くが携わる屋台引きはその村全体の顧客を無くすことになった（ICG 2003：8）。治安維持活動には，デンパサール市を拠点に活動するギャング組織のデンパサール保護フォーラム（FPD, Forum Peduli Denpasar）も積極的に関与した。この結果，2002年11月上旬には約8千人のジャワ島出身者が帰郷している（Kompas, 4 Dec. 2002）。

　爆弾テロに加えて，イラク戦争，SARS（重症急性呼吸器症候群）などの問題が観光セクターにも波及するなかで，バリ・ポスト・グループはアジェグ・バリを強調した。2003年にバリ・ポスト発刊55年を記念して開催した「アジェグ・バリに向けた戦略（Strategi Menuju Ajeg Bali）」セミナーでは，宗教や伝統，文化などを軽視し，グローバル化に伴う消費主義，商業主義への傾斜を見せる地域住民にもバリが災難に見舞われる責任があるとして文化再興を訴えた（Picard 2009：112, 113）。

　2006年以降，観光セクターは再興の兆しを見せ，それに伴い国内移住者の流入は再び盛んになっている。2008年の調査では，バリ州における総人口は約360万人であったが，その後の約2年間で推定400万人にまで増加した。この伸びは流入者数の増加に起因すると考えられており（Kompas, 30 May 2012），特にバドゥン県やデンパサール市における人口増加の75％は国内移住者の流入に依るものであると推測されている（Bali Post, 1 April 2011）。治安維持のために流入者の数や生活実態を把握し，管理するシステム構築の必要性は長年訴えられてはいるものの，未だにその整備は進んでいない。バリ島外からの投資家や低労働賃金者の流入を厳しく制限すれば，バリの経済が成り立たないというジ

233

レンマもその理由の1つである。

3 アイデンティティの強化に見る統合と分離

　ポピュリズムとアジェグ・バリ運動は，自民族中心主義に立脚しつつ排他的な特徴をもつ点で類似している。アジェグ・バリはテロ事件以後，観光政策や環境および文化保全など，至るところで強調されることになった。選挙活動をはじめとする政治活動も例外ではない。アジェグ・バリやポピュリスト・メガワティへの期待にも示される地域主義の高まりは地元政治にどのような変化をもたらしたのか。果たして，長年弱い立場にあったバリの「人々」の権利や権限を回復させるものなのか。そしてそれはバリ社会にどのような影響を与えているのだろうか。

（1）地元アイデンティティの強化とプレマンの増加

　すでに確認したように，その長い観光開発の歴史にもかかわらず，バリは長年開発を主導する立場になかった。民主化はその構造を打破し，バリの地域住民の福利を追求する転機になると期待された。加えて，民主化の深化に向けてメガワティ政権下（2001-2004）にて新地方行政法（法律2004年32号）と新中央・地方財政均衡法（法律2004年33号）が制定され，それぞれが1999年制定の地方分権化2法に取って代わった。新地方行政法の大きな特徴は，地方自治体首長の直接選挙の導入である。以降，地方自治体の首長候補者にとってバンジャールや寺院，スバックといった慣習系組織の動員力は州および県の首長候補者にとって軽視できないものになる。地元勢力の台頭は法律によっても促進され，アジェグ・バリが経済，文化，政治面のどの分野においてもキーワードとして浸透していった。

　政治活動において，アジェグ・バリおよびその発起社であるバリ・ポスト・グループは最重要視される存在である。有力候補者はグループ傘下のバリ・テレビ（Bali TV）への訪問を欠かさず，ナラダに迎えられる。その様子は地元最大手メディア企業を通して地域住人に報道されるのである[7]（Macrae and Darma

第11章　復活する地方アイデンティティ：統合と分離

Putra 2007：175)。選挙の候補者が一致してアジェグ・バリを支持するなかで，親族がバリ島出身であることは，メガワティがその州で支持を集めるのに依然として十分な強みとなっている。加えて，上記で確認した通りスハルト時代に容赦のない弾圧に耐え，反スハルトのシンボルとなっていたメガワティの姿は，バリが長年観光開発の利益を十分に享受することなく，弊害に悩んできたという歴史的経緯とも一致する。それはスハルト退陣後の1999年総選挙にて，全国的に PDI-P が圧勝したなかでもバリにおけるその得票率がその他の州を圧倒的に引き離した要因でもある。

　この選挙をもって PDI-P は当時の政権与党になったが，ここで重要なことは，行政機構はゴルカル党によってスハルト時代に築き上げられたネットワークが依然として強かったことである。行政経験の乏しい PDI-P は行政機構の活用に苦戦した。そこで行政運営を助けたのが地元ギャング組織（プレマン）であった。以降，政治とプレマンの親密な関係の構築がバリ全土で促進されていく。バリの PDI-P の牙城であるタバナン県では，2000年にアディ・ウィリャタマ（Adi Wiryatama）が県知事に選出されて以降，PDI-P がプレマンと連携しながら地位の盤石化を図った。2004年にはプレマンがゴルカル党員を襲撃する事件が起こったが，同県知事が警察に介入し，容疑者は釈放されている（Wilson 2010：205, 206）。さらに，2009年の議会選挙では25％前後の無効票がタバナン県下のどの郡にも見られたなか，唯一それが存在せず，PDI-P の候補者が100％の得票率を得た郡が存在した。それは，当時の郡長と密接な関係をもつ地元プレマン組織（Tabanan Communication Forum）の功績であり，その見返りとして，予算を自由に操作できる村長のポストに組織の構成員を送り出すための資金援助がなされた（Wilson 2010：206）。このように，PDI-P の台頭は地方ギャング組織の台頭と勢力拡大につながった。

（2）2003年州知事選とバリ・ポスト

　スハルト退陣後における PDI-P の躍進とメディアの自由化がもたらしたアジェグ・バリの浸透であるが，2003年の州知事選ではその関係性に対する懸案が露呈した。2003年，バリにおける州知事選では，PDI-P からはチョコルダ・

235

ラトマディ（Cokorda Ratmadi）が，そしてゴルカル党からはデワ・マデ・ブラタ（Dewa Made Beratha）が候補として擁立された。重要な点は，PDI-P 本部がPDI-P バリ支部の意思に反して，現職のマデ・ブラタの再選を望んだことであった。マデ・ブラタは，1998年のPDI-P 党大会開催に貢献した実績があり，メガワティに忠誠を誓う人物として期待された。さらに，マデ・ブラタを推し，ゴルカルの支持を得ることは，2004年に大統領選挙を控えたメガワティの支持基盤の盤石化に必要だと考えられた。PDI-P 党本部が地元推薦のチョコルダ・ラトマディを推さないという噂は2003年5月にバリに広がり，地元の政治団体はパニックに陥った。当分の間はマデ・ブラタとチョコルダ・ラトマディの双方を支持することで合意されたものの，その後も党本部からはマデ・ブラタに投票するよう通達があり，メガワティもチョコルダ・ラトマディに対して退陣するよう勧告した。一連の圧力行為に対して，バリでは暴動が起こったものの，結局7月下旬にチョコルダ・ラトマディは自らの候補を取り消した（Bali Post, 30 July 2003 ; Shulte Nordholt 2007 : 62, 63）。

　注目すべき点は，バリ・ポスト・グループが問題の解決に向けて仲介役を担ったことである。バリ・ポストでは，チョコルダ・ラトマディの推薦取り消しは強調されず，むしろ彼を「強く統一されたバリのヒーロー（Sang Phlawan Ajeg Bali）」としてアピールした。つまり，チョコルダ・ラトマディは，個人の利益よりも高次の公の目標を優先したというのである。さらにバリ・ポストのオーナーであるナラダは，8月2日にセレモニーを開催した。その様子は，バリ・テレビで報道されたほか，翌日にはバリ・ポストの一面を飾った（Bali Post, 3 August 2003）。セレモニーでは，マデ・ブラタとサトリア王家間の平和的関係が強調され，どの政党もアジェグ・バリを支持することが確認された。

　PDI-P の地元支持者はマデ・ブラタに対して抗議を展開したが，大規模の暴動は起きなかった。その後，マデ・ブラタは州知事に再選され，バリ・ポストは「アジェグ・バリの勝利」として報道した。他のメディア会社は，選挙の前後にわたるPDI-P メンバーの贈収賄疑惑に関して報じたものの，バリ・ポストは詳しくは言及せず，州の議員が賄賂の授受を拒否した件を報じている（Bali Post, 20 June 2003）。2人のPDI-P メンバーがPDI-P 本部から5

千万ルピア（約50万円）を受け取ったこと，選挙後にさらに1億ルピア（約100万円）が送金される予定であったことを認めた際には，バリ汚職ウォッチ（Bali Corruption Watch）やバリ・ヒンドゥー青年団（Pemuda Hindu Bali）などがさらなる調査の必要性を訴えたものの，バリ・ポスト・グループは何も答えず，裁判所も申し立てを退けた。マデ・ブラタの就任式は2003年8月28日に開かれた。州議会が使用した建物は，警察や軍隊，PDI-Pの警備隊によって厳重に守られ，無事に終わった（Shulte Nordholt 2007：63, 64）。

なぜバリ・ポスト・グループはこの件に関してマデ・ブラタ寄りとも言える報道を行ったのか。その要因としてグループ傘下のバリ・テレビが地元テレビの報道に関する新法が実施された2002年以前から開局していたことが指摘できる。ジャカルタにパイプをもつマデ・ブラタに問題処理の仲介役となることが期待されたのである。つまり，違法行為が明るみになり，閉局に陥ることを防ぐという狙いがバリ・ポスト側にはあった（Shulte Nordholt 2007：63）。バリ・ポスト・グループに限らず，インドネシアのメディア会社は政党や事業家とのつながりが深い。特に地元で起こる緊張状態や抗争に関する問題を理解しようとする場合は，その報道に対する注意が求められる。

4　おわりに——ポピュリズムとアジェグ・バリを越えて

権威主義体制時代の「略奪による蓄積」と国民の「合意」に基づく開発は，民主化および地方分権化により地域の意向を反映したものに変わると期待された。しかし，依然としてバリの観光開発は中央政府やバリ島外部の資本家に大きく依存している。地元にルーツをもち，スハルト政権下で弱い立場にあったメガワティの姿は，バリのイメージと重なる部分が多い。ここに，民主化以降のアジェグ・バリ運動が加わる。ポピュリズムおよびアジェグ・バリに共通した二項対立的視点や排他的性格が地元社会に浸透し，外部アクターへの不安を増長させる役割を担った。加えて，タガートが指摘するポピュリズムのカメレオン的性格はアジェグ・バリにも当てはまる。マクレイとダルマ・プトラによれば，アジェグ・バリは広くバリ社会に広がったものの，実のところその定義

は明らかではない（Macrae and Darma Putra 2007：177）。アジェグ・バリの支持者やポピュリストが批判する対象は，ときに中央政府であり，ときにバリ島外からの資本家であり，その文脈によって変化する。外国人観光客や国内移住労働者，グローバル化が対峙されることも多い。しかし，実際にはバリの観光セクターは，それらのアクターなしに成り立たず，経済成長も見込めないのが実情である。

　さらに見過ごせないことは，PDI-P の躍進に伴う情勢不安と汚職の拡大に従事するのは地元のアクターであり，バリは他の地域と比べても特に状況が深刻だという点である。治安維持の課題は，観光に依存するバリにとって死活問題である。長年，流入者にその問題の原因があると批判されてきたが，実のところは地元のアクターに起因するケースが多々見られる。二項対立的視点や排他的性格をもつポピュリズムおよびアジェグ・バリは，それら地元に基づく問題を非可視化させる機能をもつ。よって，その根本的な問題解決を阻んでしまう可能性が高い。この課題をどのように乗り越えていくのか。自己批判の機能なしにその解決は可能なのか。外部のみに批判の対象を求めることは，どこまで「人々」に約束した理想を実現化するのか。民主化後15年を経て，地方自治の真価が問われている。

【注】
1) 1999年6月の総選挙で，バリでは PDI-P が79.5％を獲得した一方でゴルカル党の獲得票率は10.5％にまで急落した。さらに，このメガワティへの高い支持は，1999年10月にメガワティではなく，イスラム教指導者であるアブドゥルラフマン・ワヒド（Abdurrahman Wahid）氏が大統領に指名された後，暴動となって現れた。ジュンブラナ県のヌガラ地区，デンパサール市，ブレレン県のシンガラジャ地区を中心に多くの庁舎ならびにゴルカル党系首長の住宅が放火の被害に遭った。この暴動は，メガワティが21日に副大統領として選出された直後に収まった（Schulte Nordholt 2007：14-17）。
2) 反スハルト体制のシンボルであったメガワティの支持者たちが立て籠るインドネシア民主党本部に国軍・警察が押し入り，強制的に立ち退かせた。5人が死亡，149名が重軽傷を負い，136人が拘束され，23名が行方不明となった。HistoriA のウェブサイト（http://historia.id/modern/komnas-ham-peristiwa-27-juli-1996-adalah-pelanggaran-ham, last visited, 6 January 2017）参照。
3) 新自由主義の分析で最も著名なデヴィッド・ハーヴェイは，新自由主義化と階級権力を論じる過程で，インドネシアのサリム・グループの蓄財を取り上げている。新自由主義と

第11章　復活する地方アイデンティティ：統合と分離

は「強力な私有的所有権，自由市場，自由貿易を特徴とする制度的枠組みの範囲内で個々人の企業活動の自由とその能力とが無制約に発揮されることによって人類の富と福利が最も増大する。」と主張する政治経済的実践の理論であり，小さな政府，民営化，市場原理主義などを訴え，その思想と実践の両方においての新自由主義への転換が世界各国で1970年代以降に生じた（ハーヴェイ 2007：10,11,49）。ただし，インドネシアにて新自由主義の政策が本格化したのは，アジア通貨危機に伴う IMF の要求を受け入れてからであり，サリム・グループをはじめとする一部の企業がスハルト時代に蓄積に成功したのは，許認可権をもつ国家が特定企業へ介入し，養成したためである。スハルト時代にも自由化に向けた国際的・国内的圧力は確かにあったが，インドネシアでは極めて限定的な自由化が実施されるに止まった（Hadiz and Robinson 2010：223-225）。

4) スケトーが作成したマスター・プランのなかには，観光客がバリ文化にもたらす悪影響を考慮する記述がある（SCETO 1971：17）。しかし，これは観光客が抱く「神々の島」という美しい伝統文化のイメージを守るための配慮であり，地域住民の生活環境の変化や観光利益を考えたものではなかった。

5) バリ・トラベル・ニュース元編集長へのインタビュー（2010年3月30日）。

6) 2003年第153号バリにおける州知事ならびに全県知事および市長による共同合意（Kesepakatana Bersama Gubenur Bali dengan Bupati/Walikota seBali No. 153 Tahun 2003 tentang Pelakusanaan Tertib Administrasi Kependudukan di Propinsi Bali.）によって，国内移住者に対するキプン発行手数料がバリ全土において5万ルピアに統一され，半年毎の延長が義務づけられた。一時滞在者の身分を証明するキプンであるが，その発行や延長に要する費用は，地域によって大きく異なっていた。さらに他県出身のバリ人に対するキプンの支払いを命じる地域も出現したことで，一律なキプン発行および延長手数料の設定が求められた。バリ州内の他県の出身者には，その発行料として5千ルピア（約50円）が設定された。国内移住者と同様に半年毎の延長が義務づけられている（ICG 2003：10）。バリ人であれども，他県から転入してきたものは非地元民（Krama Tamiu）と呼ばれ，先祖代々その地に住む地元民（Krama Ngarep）と区別される。父親や祖父が慣習村のメンバーでない限り，その慣習村が出生地であっても非地元民である。一方，慣習村に居住していなくとも，父親が慣習村のメンバーである限り，慣習村の正式なメンバーとして義務と権利を有する。慣習村のメンバーになる要件が，慣習村の領域内に居住することではなく，祖先祭祀や死者供養のための儀礼や行事を実施する信徒集団に属することによる（永野 2009：153,154）。

7) 例えば2004年の大統領選では，メガワティとその支持者は彼女のルーツがバリにあることを強調し，アジェグ・バリに則って地元を支持することをアピールした。メガワティの対抗馬であったユドヨノ（Susilo Bambang Yudhoyono）・カラ（Jusuf Kalla）正副大統領候補者もまたアジェグ・バリを選挙キャンペーンのスローガンとして採用した。

【参考文献】

佐藤百合（2002）「インドネシア史における「改革の時代」」佐藤百合編『民主化時代のインドネシア——政治経済変動と制度改革』アジア経済研究所，3-31頁。

永野由紀子 (2009)「エスニシティと移住者」倉沢愛子・吉原直樹編『変わるバリ 変わらないバリ』勉誠出版, 146-165頁.

長谷川啓之監修 (2009)『現代アジア事典』文眞堂.

ハーヴェイ, デヴィッド (2007) 渡辺治監訳『新自由主義——その歴史的展開と現在』作品社.

Aditjondro, George J. (1995) "Bali Jakarta's Colony: Social and Ecological Impacts of Jakarta-based Conglomerates in Bali's Tourism Industry", *Working Paper*, No. 58, Murdoch University.

Ananta, Aris et al. (2004) "Results of the 1999 Election: National and Provincial Votes", *Indonesian Electoral Behavior: A Statistical Perspective*, Indonesia's Pupulation Series No. 2, Singapore: ISEAS, pp. 249-283.

—— (2005) "Political Parties at the Provincial Level: A Colourful Landscape", *Emerging Democracy in Indonesia*, Singapore: ISEAS, pp. 39-66.

Hadiz, Vedi and Robison, Richard (2010) "Neo-liberal Reforms and Illiberal Consolidations: The Indonesian Paradox", *The Journal of Development Studies*, Vol. 41, No. 2, pp. 220-241.

Hitchcock, Michael and Darma Putra, I Nyoman (2007) "World Heritage as Globalization", *Tourism, Development and Terrorism in Bali*, Hitchcock, Michael and Darma Putra, I Nyoman, Aldershot: Ashgate, pp. 95-106.

Ida, Rachman (2011) "Reorganisation of Media Power in Post-authoritarian Indonesia: Ownership, Power and Influence of Local Media Entrepreneurs", *Politics and the Media in Twenty-first Century Indonesia: Decade of Democracy*, eds. Sen, Krishna and Hill, David T., Abingdon: Routledge, pp. 13-25.

International Crisis Group (2003) "The Perils of Private Security in Indonesia: Guards and Militias on Bali and Lombok", *ICG Asia Report*, No. 67.

Ionescu, Ghita and Gellner, Ernest (1969) "Introduction", *Populism: Its Meaning and National Characteristics*, eds. Ionescu, Ghita and Gellner, Ernest, London: the Macmillan Company, pp. 1-5.

Lewis, Jeff and Lewis, Belinda (2009) *Bali's Silent Crisis: Desire, Tragedy, and Transition*, Lanham: Lexinton Books.

Macrae, Graeme and Darma Putra, I Nyoman (2007) "A New Theatre-state in Bali? Aristocracies, the Media and Cultural Revival in the 2005 Local Elections", *Asian Studies Review*, Vol. 31, pp. 171-189.

Picard, Michel (1996) *Bali: Cultural Tourism and Touristic Culture*, Trans, Darling, Diana, Singapore: Archipelago Press.

—— (2009) "From 'Kebalian' to 'Ajeg Bali': Tourism and Balinese Identity in the Aftermath of the Kuta Bombing", *Tourism in Southeast Asia: Challenges and New Directions*, eds. Hitchcock, Michael et al., Honolulu: University of Hawai'i Press, pp. 99-131.

SCETO (1971) *Bali Tourism Study*, Vol. 1: The Planned Development of Tourism on the Island of Bali, SCETO.
Schulte Nordholt, Henk (2007) *Bali An Open Fortress, 1995-2005: Regional Autonomy, Electoral Democracy and Entrenched Identities*, Singapore: NUS Press.
Taggart, Paul (2004) "Populism and Representative Politics in Contemporary Europe", *Journal of Political Ideologies*, Vol. 9, No. 3, pp. 269-288.
Wilson, Ian (2010) "The Rise and Fall of Political Gangsters in Indonesian Democracy", *Problems of Democratisation in Indonesia*, eds. Aspinall, Edward and Mietzner, Marcus, Singapore: ISEAS, pp. 199-218.
Ziv, Daniel (2001) "Populist Perceptions and Perceptions of Populism in Indonesia: The Case of Megawati Soekarnoputri", *South East Asia Research*, Vol. 9, No. 1 pp. 73-88.

［新聞／雑誌／タブロイド記事］
"The Family Firm", *Time Asia*, 24 May 1999.
"Grieving on Bali", *Bali Travel News*, Vol. 4, No. 22, 25 October 2002-14 November 2002.
"International Security Systems", *Bali Travel News*, Vol. 4, No. 23, 15-28 November 2002.
"2003 Security System in Bali", *Bali Travel News*, Vol. 5, No. 1, 13-26 December 2002.
"Lebih dari 8000 Pendatang di Bali Dipulangkan ke Jawa", *Kompas*, 4 December 2002.
"Optimistic Tourism in Bali will Return to Normal", *Bali Travel News*, Vol. 5, No. 3, 10-23 January 2003.
"Anggota DPRD Bali Soal Pilgub (1) "Money Politics" Jelas Ditolak", *Bali Post*, 30 June 2003.
"Satu Jam", *Bali Post*, 30 July 2003.
"Dewa Beratha, Ratmadi dan Puspayoga Bersatu demi Ajeg Bali", *Bali Post*, 3 August 2003.
"Socio-Cultural Conflicts as an Illustration", *Bali Travel News*, Vol. 6, No. 24, 26 November -9 December 2004.
""Guide" Liar Jangan Biarkan Makin Liar", *Bali Post*, 23 July 2007.
"Media Studies", *The New York Times Magazine*, 25 November 2007.
"Princess of Populism", *Inside Indonesia* 99, Jan.-Mar. 2010.
"Serangan Setelah Reklamasi", *Bali Post*, 23 May 2010.
"Lima Tahun", *Bali Post*, 1 April 2011.
"Analisis Pasca-pemilu di Bali", *Bali Post*, 11 April 2011.
"Penduduk Bali Bertambah 400.000 Orang", *Kompas*, 30 May 2012.
"Komnas HAM: Peristiwa 27 Juli 1996 adalah Pelanggaran HAM", *HistoriA*, 27 July 2016.

コラム❷ 創られたダーイシュ現象とポピュリズムとの乖離

鈴木　規夫

　2017年1月，米国にトランプ政権が誕生した。*Brexit* の英国での展開，フランス大統領選におけるマリーヌ・ル・ペンやオーストリア大統領選挙における極右候補ノルベルト・ホーファーへの支持層拡張現象などとともに，ポピュリズムは現代世界の一種の *norm* になりつつあるという。ポピュリズムと呼ばれる現象の起源はアメリカ特有のものであり（John Judis, *The Populist Explosion: How the Great Recession Transformed American and European Politics*, Columbia Global Reports, 2016)，むろん，そこには〈リベラル・エリートへの不信と批判あるいは復讐〉といったニュアンスが確実に存在する。

　現代世界におけるポピュリズムにはそれぞれの政治社会における歴史的文脈がある。その意味にも自ずと差異がある。プーチンがスターリンではないのと同様に，トランプがそのままヒトラーになることはない。安倍政権の反動化を支えているのは，社会全体の右傾化というより，日本会議のようなごく一握りの人々が継続してきた市民運動であろう。残念なことに，世界各地で起こっている同じような政治現象を〈ポピュリズム〉という一つのカテゴリーで一様に説けるほど政治理論が緻密に整備されてきたわけではない。

　たとえば，ダーイシュ（いわゆる IS）はイラク，シリア地域のアラブ・スンニー派ムスリム社会に起こったポピュリズム現象と言えるのであろうか？

　たしかに，ムスリム社会におけるポピュリズムといった現象は存在する。支配エリートが大衆動員をかけ，人心を一時的に盛り上げ，利益誘導の幻想を振り撒いて支配統治に活用する場合や，またその逆に，支配エリートたちへの怨嗟や復讐に依拠しながら体制崩壊を導く手法も，いわゆる中東地域（現在ではその地域的存在性は実に希薄であるが）では繰り返し用いられてきた。ダーイシュの登場の前提には，サッダーム・フセイン後のイラク統治やいわゆる「アラブの春」のように，さまざまな各国インテリジェンスの絡み合った大衆動員手法の顕著に用いられた時期がある。

　その一方で，ダーイシュをワッハービズムやマフディー運動などとの連関における極端なイスラーム原理主義の表出として分析できるかのように「専門家」が解説し，イスラーム社会特有のネガティヴなポピュリズム・イメージがそこに嵌められてきたことも事実である。それによって，秩序不安定な地域社会に浮遊する大衆を

コラム2　創られたダーイシュ現象とポピュリズムとの乖離

金で傭兵のように掻き集めることによって構築された恐怖支配を，もっともらしく意味づけるわけである。すなわち，タクフィール（不信仰者宣告）の教義のもとでアブドゥル・ワッハーブと彼の追随者たちは，何であれ絶対の権威を侵害するような活動に携わったムスリムを不信仰者とみなし，死者，聖人，天使をあがめたムスリムすべてを非難し，そのような感情がアッラーにのみ示されるべき完全な服従を損なうと考えることによって，聖人や亡くなった人に祈ることや，墓や特別なモスクへの巡礼，聖人をたたえる祭事，預言者ムハンマドの誕生日を祝うこと，死者を葬る際に墓石を使用することさえ禁じて，その考えに従わない者は殺され，その妻や娘たちは犯され，その財産は没収されるべきだと説いた……と「解説」しつつ，ダーイシュが現にやっていることは，そうしたアラブ・ムスリム社会の歴史に由来すると言う言説を「専門家」が創り出していくことになる。

　ダーイシュの残虐性や無道さは，そうしたもっともらしい過去の事例や「教義」に依拠しているというより，実際は，アブグレイブやグアンタナモなどで使われているオレンジ色の囚人服を自分たちの人質に着用させて公開処刑を行うなどに顕著なように，むしろ欧米帝国主義が中東で繰り返してきた残虐性や無道さの単純な反復としてあり，そこにはオリエンタリズムが見え隠れする。

　オリエンタリズム言説は一種の隠蔽システムである。ダーイシュ現象を巡るそれは一体何を隠そうとしているのであろうか？

　ダーイシュそれ自体の具体的な出自に他ならない。誰がダーイシュを作ったのか？　アラブ・ムスリム社会の民衆ではない。ダーイシュの形成過程は，ターリバーンやアルカーイダなどと同じく，そもそも大衆性や民衆性とは無縁で，むしろ，「民主化」の名の下に動員的大衆操作が困難になり，混乱を拡大した後に都合よく戦争状況を継続するために作られた，ある種のシステムであると考えた方が合理的であろう。それはポピュリズムそれ自体とはすでに異なる位相の現象である。

　いずれにせよ，ダーイシュの機能はトランプ大統領の登場とともにその性格を変えるはずであり，ホメイニ師のようになることはけしてないバグダーディーが，ビン・ラーディンの運命を辿るのは間も無くであろう。

終 章

日本のポピュリズム
――政治的基層

中谷　義和

1　はじめに――「グローバル・ポピュリズム」への視点

(1) 再帰性と遍在性

「経済の新自由主義的グローバル化」とは，国際的再生産システムの市場原理主義的再編過程のことであって，この過程において「領域」規模の社会経済関係の"脱領域化"が深化し，生産関係が再編成される方向を強くした。こうした変化は経済アクターの活動に発しているだけでなく，「国家」間の調整や「国際機関」の企図とイニシアティブにも負っている。グローバル化は地政学的変容を呼ぶことになっただけでなく，社会経済関係と統治機構の組織的再編を求めることで新しい政治・社会運動を浮上させることにもなった。方向と形態を多様にしているにせよ，「ネオポピュリズム (neopopulism)」と呼ばれるグローバルな現象はこうした変動期の現代を背景としている。

ポピュリズムが「人民」を修辞としているかぎり，その運動には起伏の局面はあるし，様態を多様にするにせよ，再帰性を宿さざるを得ない。というのも，この言葉は「人民主権 (popular sovereignty)」論の嚮導概念である「人民」を基底に据えているからである。少なくとも近代の西欧政治理念史からすると，所与の「領域」における政治的正統性は「人民」という政治的「主体」に依拠せざるを得なかったし，現況でもある。すると，「人民（民衆）」を標榜する理念（「ポピュリズム」）は「国民」と「民族」の運動に底流していて，移行期や転換期には顕在化せざるを得ないことになる。

ポピュリズムと呼ばれる運動がラ米諸国のみならず西欧諸国においても再燃し，さらには，アフリカにも波及することで「徴（症）候群」化しているとされている。この状況に鑑みると，「新自由主義」の「イデオロギー効果」とその波及力を看過するわけにはいかなくなる。というのも，社会経済秩序の再編は何らかの政治経済的企図と言説に媒介され，社会的呼応と対応のなかで政治「運動」として潮流化するからである。これは，レーガン共和党政権（米）やサッチャー政権（英）の自由市場型経済原理と社会的保守主義を媒介とする「強力国家」の構築論に（「権威主義的ポピュリズム」），あるいは，中曽根政権の行革論（「良きガヴァナンス」論）にも認め得ることである。だが，「政治企図」が政策化することで一定の定着をみるにせよ，その反発も浮上せざるを得ない。この視点からすると，現代のポピュリズム（ネオポピュリズム）は，「新自由主義」と結びついた政治家の「ポピュリスト的政治戦略」と民衆の呼応と反発という「民衆のポピュリズム」との二面性を帯びた複合的現象として浮上していることになる。[1] 政治現象に一般的なことではあるが，ポピュリズムも自生的であるとは言えず，新自由主義という社会経済の再編の企図がポピュリズムという政治の理念と運動を触発したことになる。

　ポピュリズムの運動がグローバルに"噴出"するなかで，位置づけを異にしつつも多くの「ネオポピュリズム」論が残されることになったのも，"ポピュリズム"に「権威主義」化と政治疎外の克服という対立的契機が読み取られてきたからである。これは，「民主主義」の運動といっても，「包摂と反撥」という，あるいは「保守と革新」というベクトルを異にする政治力学を宿しているだけに，ポピュリズムにおける民衆の政治動員と「代表（議会）制民主政」との連関が問われたことによる。さらには，「ポピュリズム」という言葉で一般化しているにせよ，その発現形態が欧米とラ米とでは類型を異にしているだけに，「比較国家（政治体制）」論の視座から，その質的差異と類似性の分析が求められたことにもよる。こうした状況を踏まえると，現代の「ポピュリズム」は政治の動態と理念という点で，政治学に新しい視座の設定を求めたことになる。

　新自由主義的経済原理のグローバル化とは商品市場と金融の「脱国民国家」

化の過程であって，資本主義的市場原理による国際的再生産システムの再編を求めることになった。それだけに，この過程に対する反応もグローバル化せざるを得ない。また，生産システムの国際的再編過程は所与の「国家存在〔ステイトフッド〕」を構成している政治的・社会経済的諸関係の再編を求めることになるし，それが「社会化」し得るためには「政治企図」とその実践を媒介とせざるを得ない。この企図に対する「民衆」の動員と反撥は「グローバル・ポピュリズム」という，あるいは，グローバル規模の「ポピュリズム化（populistisation）」という言葉で表現されている。だが，その発現形態は「国家」を組成している諸関係の接合様式と政治文化を異に多形化せざるを得ないだけでなく，その分析には規範性を不可避とするだけに，解釈は両義性や背反性を帯びることにもなる。

　現代の「グローバル化」状況においても，「国際経済」は「国民経済」を基本的単位としている。これは市場と商品の国際的優位をめぐる競合関係を内在していることを意味するだけに，国家の「競争国家」化を呼び，再生産関係と雇用形態の再編を求めることになる。[2]だが，「国家形態」の変容は自生的現象ではなく，少なくとも，政治的には，「国家企図」や政治家の"戦略"を媒介とせざるを得ない。また，それが社会的誘意性を帯び得るためには，一定の合理化の言説を不可避とせざるを得ない（「戦略の選択性」）。この視点からすると，「国家」を組成している諸関係は"変容"しているにせよ，それ自体が"衰退"の過程を辿っているわけではなく，「政府」は相対的自律（立）的機能をもって社会経済関係の「脱規制」型再規制策を敷いていることになる。

　政治的・社会経済的諸勢力の「傾向と対抗傾向」や「順行と逆行」という相反的運動には，イデオロギーや政治との「共振動」が随伴する。転換期や移行期には社会的不安や不満が増大するので，この運動は既存体制をめぐる対抗関係を強めることにもなる。すると，その体制内包摂の力学が作動するだけでなく，政治戦線の再編が迫られることにもなる。これは，とりわけ，前世紀末からの間欠的金融危機を，また，権威主義国家の冒険主義的軍事行動や国際テロ組織の暗躍と蛮行のなかで内攻化した不満や不安をインパクトとする政治力学の反作用と対応に認め得ることである。グローバル化の現代世界は世界秩序の再編と新秩序の模索過程であるだけに，その経路や行路をめぐる戦略と言説が

交錯し，民衆の運動と重畳化することで複雑化せざるを得ない。「ネオポピュリズム」はこうした状況を反映している。

「ポピュリズムのグローバル化」が越境規模の遍在的現象であるにせよ，その形態は「国民国家」の構成の差異に発して個別性を帯びざるを得ない。いわゆる「途上諸国」ないし「新興経済諸国」の「開発独裁」型社会経済体制や権威主義的国家資本主義体制は別としても，先進資本主義諸国は「自由民主政」原理を正統的統治の基軸的編成原理としている。だが，政治文化や社会経済関係の分節形態を異に「自由民主政」の制度化は形態を異にしているだけに，ポピュリズムの発現形態も異ならざるを得ない。これは，「自由民主政」という一般的原理の制度化は時空間を異に多形化せざるを得なかったし，現況でもあることによる。これはポピュリズムと呼ばれる現象にも妥当することであって，「人民（国民）」という政治的言説とナショナリズムという精神的紐帯を共通にしつつも，「国民」規模の政治的代表制度やナショナリズムの構成要素の差異はポピュリズム現象に個別の特性を刻印する。換言すれば，「資本主義国家」という類型を共通にしつつも，その政治的形態は歴史的背景を異にしているだけに「国民性」の基層ともいうべき政治風土を異に多形化していることになる。

（2）ネオポピュリズムの契機

政党間対抗政治においては，何らかの"改革"がスローガンとされるが，「国民－人民」という修辞が標榜される場合が多い。これは，この標徴が包括性を帯びているだけに広範な訴求力を帯び得ることによる。だが，社会的カテゴリーが「集団」を類別するための概念であるのにたいし，「人民」という言葉は政治主体の包括的抽象概念であって「領域」内住民が一体的に表象されるという点では政治的言説である。この言葉によって何が表象されるかとなると，「未規定性」を留めた，いわば"バーチャル・イメージ"にほかならず，"可塑性"や作意性に服しているという点では「象徴効果」を帯び得る政治の言説である。だが，この言説によって多様な社会カテゴリーを「政治システム」に条溝化し，「国民」の意思として擬制化することで体制の政治的エネル

ギーが保存される。これは,「人民」という言説が民主政の標徴とされるだけに, 統治の修辞とならざるを得ないことを意味する。すると,「改革」の社会的要求が強い局面においては, 保守政党にはその要求を体制化のエネルギーに転化することが求められるし, 対抗政党といえども, 政権の座につき, その運用を迫られると, 体制の保守に傾くかぎり「穏健」化せざるを得ないことになる。だが, 社会的不満を索敵心理と結びつけ「大衆運動」として組織化されると, ポピュリズム運動はラディカル化する。

　移行期には社会の不満や不安が高まることで政治的改革の期待も強まる。政治的リーダー層は, 退行的であれ革新的であれ, こうした「改革」要求を一定の方向に誘導しようとするし, あるいは, 所与の価値体系の枠内において要求の緩和を期そうとする。また, この局面においては, 社会的期待を糾合しようとする「投機的(カリスマ的)リーダー」の台頭を呼ぶことにもなる。[3]「宗教カリスマ」が祭祀権力の自立化であるとすると,「ポピュリスト型政治家」は「政治カリスマ」であって, カタルシス作用とも結びついて民衆の熱狂的同調心を喚起し得ることになる。そして,「改革」要求は体制の変革と保守という対抗関係を強くするし,「安住」志向は心理的「保守主義」を基調として経済的「改良主義」の方向を強くすることにもなる。それだけに, 改革の要求は体制の変革と結びつくというより, 保守のエネルギーを増幅させ, 既存の価値体系において閉塞感の突破が期されがちとなる。したがって, 潜在的要求が実現されないと, 不満は鬱積し, カリスマ的リーダーによる民衆意思の直接的代表に期待が寄せられがちとなるだけでなく,「権力核」はプレビシット型政治決済に訴えようとする傾向を強くする。「ネオポピュリズム」の台頭が, こうした状況を反映しているにせよ, それが訴求力を持ち得るためには「民主政」の原理と制度に依拠せざるを得ない。換言すれば, 自由民主政とナショナリズムという「国民」統合の制度的・情緒的契機の複合化が「国民(的)国家」の構成要素であるだけに, ポピュリズムの運動と修辞はこの要件に制約されざるを得ないことになる。

　「自由民主政」体制は「自由主義(リベラリズム)」と「民主政(主義)(デモクラシー)」という原義と理念を異にする概念の複合原理に依拠している。「古典的自由主義(リベラリズム)」は近代の「自然

権」思想に依拠することで「国家」による「拘束と強制」からの"自由"（解放）を理念とし，「法の自律性」において「立憲主義（constitutionalism）」と結合することで少数派の保護や権力分立型「抑制と均衡(チェック・アンド・バランス)」論が唱道されることになった。他方，「民主主義」は「人民主権」の原理と結合することで「人民の支配（権力）」を強調する。「自由主義」と「民主政」との緊張関係は不安定な妥協のなかで，あるいは，「人民」と「国民」とを同視し，「国民」の意思という擬制において「立憲民主政（constitutional democracy）」を体制原理として制度化している。また，「法の自律性」の原理は資本主義の社会経済原理と一体化することで支配的利益や支配的イデオロギーの隅石の位置に据えられている。そして，資本主義の政治社会システムは歴史の脈絡において「自由主義(リベラリズム)」の内実を修正することで「民主政」との接合形態を変えるという可鍛性を発揮し，持続的展開の軌道を辿り得たことになる。換言すれば，資本主義は「自由民主政」原理を不断に鋳直すことで自らの維持原理とし得たことになる。すると，ポピュリズムが自己規定性を欠いた「イズム」であるだけに，自由主義や民主主義という他の相対的に自立的な伝統的イデオロギーと結びつくことで自らの有意性を主張せざるを得ないことになる。これは，ポピュリズムの発現形態が「国民統合」の精神的基体であるナショナリズムと政治主体である「人民」の概念との複合的修辞に依拠していることにもうかがい得ることである。

2　日本のポピュリズムの特性

（1）視点と論点

　イデオロギーとは社会的観念形態であって，固有の自立性を帯びることで特有の運動法則に服しつつも，所与の社会経済的関係を反映せざるを得ない。理念と体制とは固有の相関性において接合し「国家性（stateness）」を組成する。近・現代の西欧の政治理念史からすると，「国家」とは，存在論的には関係論的実体の抽象であって，「人民」と「ナショナリズム」を基底概念とし，「自由民主政」の理念と原理を政治体制の構成原理としている。これは「領域」規模の住民が自らの共同体の存在を過去の"回顧"と未来への"投企"において現

「存在」を自覚することで「国民(ネーション)」の意識が共有されるとともに，「人民(ピープル)」の概念をもって所与の共同体の政治形態を審問し，自らの存在を同定していることになる。換言すれば，ネーションの概念は超時間性(オーバータイム)を帯びていて，歴史の記憶やシンボルを共有し得ることで成立する住民の共同体意識であるのにたいし，"ピープル"の概念は「領域」規模の政治空間を同時代的に共有しているとする意識に発する「国民国家」の政治的構成の「主体」概念である。こうした「人民」観は「人民主権」論と結びつき，「国家」の究極的権限が「人民」に帰属すると見なされることになった。

　西欧政治理念史からすると，社会の「秩序」化の原理を超越的存在に求めるというより，「人民（国民）」を嚮導概念とすることで「人民主権」論を導き，この主権的人格に訴えることでナショナリズムが（再）発見されてきた。この脈絡に鑑みると，「人民（国民）主権」論とナショナリズムとは相関性を帯びていて，「国民」の政治的結合原理を「人民（国民）主権」に求めるとともに，その基軸的構成原理として「民主」の契機が措定されたことになる。すると，政治の正統性は「人民」に発するとされたことになるから，「政治戦略」の言説は政府のみならず，政党や政治リーダーも「人民」と「民主」を標徴とせざるを得ないし，権威主義体制といえども両者を修辞とせざるを得ないことにもなる。

　粗略的であれ，このようにイデオロギーの政治的性格を規定すると，「ポピュリズム」とは「民衆」に潜在的な政治意識の趨勢化のことであって，ひとつの表象空間であることになる。だが，その標徴は願望や展望の点で体系性や組織性を帯びた理念や学説というより，「人民（国民）」を修辞とする「政治戦略」という性格が強い。それだけに，「改革」と「反動」という"逆説"性を帯び得ることにもなる。「ピープル」の概念が社会的「誘意性」を帯び，訴求力を発揮し得るのは，政治的には，「国民国家」の政治的構成が「人民」の人為的創造に負うと理解されているだけでなく，その社会的カテゴリーとして「民衆」が想起されることにもよる。また，「人民」と「国民」とが互換性を帯び，"ピープル"の概念をもってネーションが表象されるとき，社会経済的断層線の遮蔽機能を帯び，「国民」の所与性が強い同調心を喚起するだけでな

く，対外的には「民族」の概念と結びついて，その"自立性"の主張の論拠とされる。そして，理論的にも実践的にも，「民主政」が「国民（的）国家」という政治的・社会経済的関係の分節的総体を前提としているだけに，「民主主義」という言葉は「民衆主義」と結びついて政治的誘意性を発揮し得ることにもなる。すると，ナショナリズムと政治主体との接合形態が政治の"基層"を構成していることに鑑みると，この政治的地平から日本のポピュリズムの固有性にアプローチすべきことになる。

（2）「人民」の理念なき"ポピュリズム"

「日本国憲法」において，「人民」という表現は見当たらず，英文との対訳において「人民 (people)」という言葉はすべて「国民」で表記されていて，両者の区別がつけられているわけではない。これは，独語において「フォルク (Volk)」をもって「民衆 (populace)」や「国民 (nation)」という「国家」における人的集合体が表象されていることに類することである。政治的主体の概念を欠くと，「国家」の「住民（人々）」は「国民，民族」に包括されて，「代表（制）民主政 (representative democracy)」の理念は委任型の「民衆的代表 (popular representation)」の観念にかたむく傾向を強くする。というのも，「国民主権」論を形式的理念としつつも，「人民」が政治の主体であるとする社会的認識が相対的に脆弱化せざるを得ないからである。戦後「日本」は「立憲主義的自由民主政」を憲政原理としているにせよ，戦前の「擬似立憲主義」的天皇制絶対主義体制から決別することで戦前体制との決定的断絶を経たわけではない。というのも，「天皇」を「国民統合 (the unity of the people)」の"象徴 (symbol)"とすることで共和主義との妥協的国家形態が導入されることになったからである（"象徴"化による天皇制の温存）。この「憲法」の規定において「人民」が「国民」に翻案されていることに鑑みると，また，「天皇」を「国民統合」の人格的"象徴"としているだけに，この憲政においては「人民」という政治「主体」の自覚化は希薄化せざるを得ない。そして，政治的統合のシンボル操作という次元からすると，「国旗」と「国歌」という可視的・情緒的契機には戦前の遺制を認め得るし，「戦没者」追悼儀礼が「国家」への"献身"と

して心象化すると，日清・日露戦争以来の国民的経験は復古主義的「国家主義」の精神的土壌となる。すると，日本の政治意識においては「国民存在」（ネーションフッド）が所与とされるとともに，「人民」という政治的作為の主体の契機が弱いという性格を帯びていることになる。

確かに，「人民（people, peuple, popòlo）」とは何かとなると，政治学における「神学論争」を呼ばざるを得ない難問であるにせよ，「国民，民族（nation）」の概念が「エスニシティ」を共通にする社会集団を含意しているのにたいし，「人民」という言葉は貶下の意味は別として，政治的人格を表象する抽象概念であって，この政治的抽象を媒介とすることで「国民的共同体」は「人民的政治共同体」（ナショナル）に転成する。これは，次元を異にするエスニックな契機と政治的契機とが「領域」規模の「国家」に包括され，互換性を帯びることで一方をもって他方が表象されるという点でシンボル操作の対象ともなり得ることを意味する。さらには，両者が「国家」の概念に包括されるので「国民（人民）国家」として表象され，その自律性（独立）の主張は「民族主義」となって現れる。この政治的構成において，「人民」を「国民」に解消してしまうと，「政治的主体」の認識の脆弱化を呼び，住民は政治の「客体」として受動化することになる。また，ナショナリズムは「基層文化」の慣習化と伝習において習慣化するとともに情緒性を帯びることにもなるし，慣習に内在する価値が習慣化し，内面化することで国民性に沈積する。これは，ナショナリズムが政治文化として強い土着性を帯び，原基性を留め続けることで所与の体制の精神的・情緒的受容器や培養器となることを意味する。その生成は「他者」性の認識を媒介とし，「国民」の凝集性の潜勢力として底流し続けるだけに，外的インパクトが強力に自覚されると自律性の意識を覚醒するだけでなく「排外主義」に転化する可能性を内在していることにもなる。

比較政治体制（国家）論からすると，日本の「国民形成」（ネーション・ビルディング）が政治権力によって「上から」形成されただけに，「下から」の「人民形成」（ピープル・ビルディング）の歴史を欠くことになった。これは，江戸幕藩体制下の地域型セクショナリズムを天皇制絶対主義の原理と体制において「国民」に統合したことに認め得ることである。この体制において，「天皇」は無上の"天"の人格的顕現とされ「臣民」（サブジェクト）は「善良な

る臣民」として「従者」化することでのみ「主体(サブジェクト)」化し得た。これは，社会の「秩序」化の契機を作為の論理に求めるというより，「神聖」な超越的契機に依拠していたことを意味する。確かに，理念と運動や組織の点で一色ではなかったし，「自由民権運動」を源流とする「民主化」の波は底流していたと言えようが，こうした民衆の運動も天皇制絶対主義に圧倒されていた。また，戦後体制の選択は，基本的には他律的であっただけでなく，戦前の政治的・文化的遺制を残基に留めることにもなった。戦後日本の社会経済秩序は，制度論的にはシヴィックな契機に依拠しつつも，「基層文化」においては戦前の遺制を残基として留めている。これは，家族的人格関係が「会社主義」に引照されることで経済発展の精神的駆動力となったことに，また，「国家主義」によって「競争国家」化状況に対応しようとする政治路線にもうかがい得ることである。そして，「人民」というより「国民」という表徴に訴えられがちであるだけに，「庶民(コモン・マン)」や「民衆(ポピュラス)」の「反エリート」感が政治的リーダーの修辞によって権威主義的追随主義に反転し得るだけでなく，「権力」内関係の改変の路線や企図に民衆の支持を糾合しようとする「政治戦略」とも結びつき得る。

　「国民」とは「領域」内住民の人的集合体を総称する概念であるが，関係論的視点からすると，多様な社会経済的存在の総称である。ポピュリズムが社会的誘意性を帯び得るのは，"庶民"(「民衆」)の不満や「改革」要求の琴線に触れ得るからである。また，具体的有用労働を"聖化"する「生産者主義(producerism)」の労働倫理に訴えることで不生産的エリートや遊休労働者の，あるいは，金融資本の寄生性を批判する心理的・政治的触媒となり得るからでもある。この戦略は，また，「公共圏」を"私化"することで福祉の縮減や行政の効率的再編論という新自由主義政策と呼応し得ることにもなる。

　日本のナショナリズムは「人民」という自立的な政治的人格の概念というより，「領域」内住民の総体を表象する「国民」の概念に依拠し，「"人民"なきポピュリスト型政治」と結びつく。これは，「人民」とは「国家」の構成主体を政治的に措定するための擬制的人格であるにせよ，「自立的個人」像を前提としているだけに，社会関係は目的団体型結合関係となって現れる。これにたいし，日本の社会関係は家父長的・慈恵主義的社会観を根強く留めているし，

民主政の機能的基体とも言うべき「公共善」の認識は自然的共同体観に依拠し，ナショナリズムがその土壌ともなっている。

「国益 (national interest)」という言説が強い誘意性を帯び得るのは，社会経済関係の人的結合が「国民存在〔ネーションフッド〕」の鋳型となり，"容器"化することで一体感の基体となるからである。すると，この鋳型を組成している諸関係の内在的価値が日常的実践の基底価値となり，所与の関係の解体は"存在"の消失を意味するとともに，その強化と自らの繁栄が同視されることにもなる。それだけに，「国益」の修辞は，経済的には，"滴下と均霑化"の期待とも結びついて「競争国家」化や「強力国家」化の牽引力ともなる。

日本の政治文化は「国民国家」観を基層とし，伝統的な「恩顧－庇護」関係が共同体的「互助」感とも結びついて支配的秩序観として慣習化している。こうした社会経済関係において，自己利益の実現の"場"が"地元"や会社と団体の利益に引照されることから，「恩顧－庇護」関係が集票機能を果たし，"保守"のバネとして作動し得ることにもなる。日本のポピュリズムは権力批判に発しつつ，こうした社会経済的諸条件を背景としている。

日本の「国民国家」が「国家権力」によって"上から"創出されたことで，少なくとも民衆のレベルでは権力と社会との関係を相対化するという契機を欠き，両者の緊張関係の認識を弱くせざるを得ないという政治文化を生むことになった。また，戦後の「国家」システムにおいて，経済的「自由」の観念が資本主義的経済活動の支配的秩序原理となったにせよ，この体制には固有の残基と文化が土着化している。さらには，「日本国憲法」は戦争の「悔恨」と「民主化」の希望の表現でもあるだけに，その保守が「革新」の，その改訂が「保守」の理念として現れるという特異な対抗関係を帯びざるを得ないことにもなった。すると，ダール (R. A. Dahl, 1915-2014) の「ポリアーキー (polyarchy)」の民主的構成要件からすると，日本の政治体制は固有の特徴を帯びているので，ポピュリズムの発現形態も他とは性格を異にせざるを得ないことになる。

3　日本型ポリアーキーとポピュリズム

　ダールは現実の民主的政治体制と民主的政治理念とを区別し，政治体制の記述的分析装置として「ポリアーキー」の概念を提示している。「ポリアーキー」とは「自由化（公的異議申し立て）」と「参加（包括性）」という縦横の軸から民主的政治体制を比較分析するための政治学的視座であって，両者を指標と尺度とすることで「自由民主政」の成熟度を比較している。この分析モデルに鑑みると，日本の政治体制は政治情報へのアクセスや選挙制度の平等性という点で難点を留めているし，政治イデオロギーをめぐる「公的異議申し立て」の社会的基盤は脆弱であるにせよ，形式的には「ポリアーキー」の範疇に属することになる。これは，日本の政治体制が「閉鎖的抑圧体制」から最も遠い位置にあることを意味するが，「公的異議申し立て」への「参加」の基盤と様態は，なお，脆弱である。すると，政治体制の比較には「政治文化」の視座や政治勢力の配置状況を視野に収めることが求められることになる。

　日本の政治体制がポリアーキーの形式的要件を備えていると言えるにせよ，ポリアーキー型「立憲主義的自由民主主義」体制における凝集化の要素が「国民」と「国益」である。「周辺集団」（マージナル・グループ）や貧困層を糾合する動員型包括性を特徴とするラ米型ポピュリズムや移民の排除をスローガンとする西欧型「ラディカル右翼ポピュリズム」の国内的条件と比較すると，ヘイト・スピーチに認め得るように少数民族集団に対する排外主義的運動は根強く存在しているにせよ，それが「国民」的規模に及んでいるわけではない。これは社会的規模の動員型「排除」の契機が潜在しているにせよ，民族的同質性が相対的に高い社会条件にあり「民族」間対立として噴出することがないだけに，「国益」やナショナリズムを表徴とすることで統合を期し得ることを意味する。すると，多民族型「国家構成」における"統合と分離"の緊張関係の理解を欠きがちとなるのみならず，国内の民族的少数派に対する関心を弱くせざるを得ないことにもなる。

　他方で，日本のポピュリズムが「人民」概念に内在する"庶民"（民衆）の契機を起動力とし，その不安や不満が「国家企図」や政治家のアピールと結び

ついて顕在化するかぎりでは欧米のポピュリズムと現象を共通にしている。これは，新自由主義的社会経済関係の再編策と既成体制の改革要求とが「保守的改革」への期待と結びついたことに認め得ることである。

（1）代表制と政党制

「代表制民主政（representative democracy）」は選挙を回路とし，代表者（議員と首相ないし大統領を含む首長）は被代表者（選挙民）の信任を基本的要件としている。この回路における主要な制度的媒介項が政党と議員である。それだけに，政党は自らの「政治企図」を政策化しようとすると，「選挙民」の合意の導出と形成を不断に求められることになる。また，社会集団（利益集団，マスメディアなど）の活動と機能が代表制民主政の形態と動態に大きな影響を与え，統治の社会的橋頭堡ともなるだけに，支配政党にとってはその動向が重大な関心事とならざるを得ず，管理の対象となりかねないことにもなる。

政党の集票機能は「利益（圧力）団体」や強い支持層のみならず，"多数派"を構成している「無党派層」に依拠せざるを得ないだけに，いわゆる浮動票が選挙制度とも結びついて政党制の構造を左右する。この点で，「代表されてはいない」という「代表制の"赤字"感覚」（代表と被代表との照応性の欠如感）は政治の"劇場化"も結びついて，ポピュリスト型政治家のスタイルが訴求力を持ち得る要因ともなる。

日本の「ポピュリズム現象」が巷談となり，マスコミをにぎわせたのは，「大阪維新の会」や名古屋の「減税日本」の躍進をインパクトしていた。両者の躍進は既存政党や既成体制に対する"挑戦"という修辞が訴求力を帯びていたし，小泉政権や石原都政は「政治家のポピュリズム」という範疇に含め得る。また，出版界における"角栄ブーム"もポピュリズムの反映であると見なし得るであろう。こうした政治家の言動が「ポピュリスト型パフォーマンス」として民衆の耳目を引き得たのは，マスコミの視聴率と政治家の知名（人気）度の上昇期待との複合効果によるのみならず「改革」の修辞が誘意性を帯び，それに期待が寄せられたことによる。これは，「反エスタブリッシュメント」という「反権力」感と現状"改革"の要求とが呼応し得るという点ではポピュ

リズムの一般的性格を共有しつつも，保守政党の支持基盤と政治風土を発条として，既成政党による「改革的保守主義」に吸引され，その強化を呼ぶことになったという点では日本のポピュリズムの特徴を示してもいる。

（2）ネオリベラリズムのインパクト

資本主義的経済原理は「政治的人間(ホモ・ポリティカス)」の「経済的人間(ホモ・エコノミカス)」化を求め，政治の「商品」化は政治家と政党の「販売者」像と選挙民の「購買者」像と結びつくことにもなる（「エリート選択型民主政」論）。ネオポピュリズムの台頭は社会経済関係の新自由主義的再編の企図を背景とし，ネオリベラリズムがその触媒の役割を果たすことになった。というのも，戦後「黄金期」の「埋め込まれた自由主義」とも呼ばれている「ケインズ主義的・フォード主義的福祉国家」体制は，新自由主義的「国家企図」において経済社会関係のみならず，行政の効率化と公民協力型ガヴァナンスの再構築を求めることにもなったからである。これは，中曽根・橋本政権期の行革と民営化の路線に顕在化したことである。こうした「国家企図」が訴求力を持ち得るのは，資本主義の基底原理が「イデオロギー効果」を帯び，"庶民（民衆）"がこれに呼応するという政治におけるヘゲモニー機能による。

日本の「ポピュリズム」の保守的起動力は，"庶民"の「反エリーティズム」感が「官僚制的権威主義（bureaucratic authoritarianism）」と「体制保守主義」という逆説的心性と結びつくことに発している。保守政党がそのエネルギーを吸収し得るのは，政治的・社会経済的「改革」を先唱し，「民衆」がこの路線に呼応し得たからである。これは，経済成長路線と利益誘導型政治経済政策が人々の経済生活の向上意欲を喚起し，これに対応し得たことに，また，ポピュリスト型政治指導者が新自由主義的「改革」の修辞に訴えることで政府組織の再編と「競争国家」化の路線を敷いたことに認め得ることである。さらには，外敵の脅威論が「国益」感を喚起することで民衆の共感を呼ぶことにもなった。それだけに，「対抗イデオロギー」も作動していることは，憲法の改正が現実味を帯びるなかで，これをめぐる論争が浮上していることにもうかがい得ることである。

4 結　び

　「議会（代議）制民主政」の政治機能は選挙民の意向を集約し「国民の意思」として収約することにある。この点で，「ポピュリズム」は社会心理学的には，「民衆」の不満と不安という心的エネルギーのカタルシス効果に政治家のポピュリスト型修辞が複合するという構造にあるにせよ，「改革」の期待の反映でもある。これは，相対的多数党が議席の点では絶対多数党として政権を掌握しているという状況にも表れている。また，保守的野党の「多党化」状況は日本のポピュリズムの改革的保守主義の政治的基調を反映していると言える。こうした状況は，選挙民の日常的慣行に負うだけでなく，地縁や同業組合レベルで掘り起こされていることにもよる。すると，野党といえども与党の政策の枠内にとどまる限り，政権は保守政党間の政権交代のサイクル化として現れざるを得ないことにもなる。

　グローバル化のなかで内／外関係が相互依存性を深め，その関係が複雑化するなかで首相（首長）の一元的政治決済に依存するという傾向が強まっている。こうした状況は小選挙区制による政党内派閥力学の解体と首相の解散権との複合的制度において，首相の権力が強化されていることにもよる。さらには，新自由主義のグローバル化のなかで社会経済関係の変容過程に IS に代表されるような国際テロ組織の跋扈の不安が重畳化してもいる。自民党の「日本国憲法改正草案」（2012〔平成24〕年4月決定）はこうした事情を反映し，「競争国家」の強化を志向しつつも，その基軸原理は国家主義的国際主義の傾向を強く帯びている。それだけに，「日本国憲法」の理念が「対抗イデオロギー」として根強い持続的訴求力を保持していて，政党制が両翼化する可能性を宿している。

　関係論的視点からすると，「国家」とは「領域」規模の政治的・社会経済的諸関係の総体であり，この関係の人的構成体が「国民」である。こうした「国民国家」は関係の接合様式の個別性から固有の形態を帯びるが（「国家性」ステイトネスの概念），関係論的実在を捨象し「国家」が理念化されると，「国家主義」スタティズムが浮上す

る。日本のポピュリズムが「国民国家」型ナショナリズムに依拠しているだけに,「国家主義」と「自民族中心主義」に転化する可能性を宿している。また,ポピュリズムには民衆の政治的改革要求と政治家の糾合志向との,さらには,国民（民族）の自立性の要求と排外的「国益」観との複合的契機を認めることができるが,こうしたポピュリズムのネオポピュリズム化の運動とイデオロギーは社会経済関係の再編と国際秩序の再構成というグローバル化の過程の反映であるし,政治過程における「傾向と対抗傾向」の表現でもある。

　「議会（代議）制民主政」が「委託（任）型代表制（delegative representative system)」観を強くすると行政部と首相（首長）の権限の強化に傾くということ,これは一般的傾向であって,「主権意思」の議会による"代行"観から行政部の専断へと移行しかねないことを意味し,議会が自律的機能を失うことになる。これは議院内閣制に内在しがちな趨勢であるし,首長制においては議会との対抗関係が強まるとプレビシット型決裁に訴えられがちともなるだけに,議会制民主政の積極的意味が問われざるを得ないことになる。というのも,議会は選挙民の意向を表現することで被代表者（選挙民）が広範なレベルの利害（関心）の多様性を認識するとともに,議会が個別の局面の変化と世論に対応しつつ決定の高次化を期すことで代表機能を果たし得るからである。換言すれば,代表制の政治機能は「人民」の政治的正統性とその社会的多様性の表出と緊張関係を軸とする不断の弁証法的綜合過程にほかならないからである。ポピュリズムの積極的発現形態が能動的市民運動と代表者の相対化を媒介とする政治運動に求め得るとすると,ポピュリズムの消極的傾向を積極的方向に転換し,民衆の受動的「ポピュリスト化（populistisation)」ではなく,ポピュリズムの理念と運動の「民主化（democratization)」を期すべきことになる。

【注】
1) Peter Bloom, *Authoritarian Capitalism in the Age of Capitalism*, Edward Elgar, 2016, pp. 122.
2) P. G. Cerny, "Paradoxes of the Competition State: The dynamics of political globalization," *Government and Opposition*, 32 (2), 1997, pp. 251-274; id., *Rethinking World Politics: A Theory of Transnational Neopluralism*, Oxford University Press, 2010, chap. 8.
3) 高畠通敏『政治学への道案内〔改訂増補版〕』三一書房,1980年。

あ と が き

　本書は立命館大学「人文科学研究所」付置の「グローバル化とポピュリズム研究会」を基礎としている。このチームは，2011年10月に岡山大学で開かれた「日本政治学会」の折に，別の研究会のテーマとなった「ポピュリズム」をめぐる議論から，その研究を深めるべきであるとする意見が浮上したことを端緒としている。その後，この研究会は「社会統合の比較分析研究会」に継承され，定期的とは言えないにせよ，主として，京都と中京地区の在住研究者を中心に研究会を重ねることになった。本書は，こうした積年の研究会の成果である。

　「ポピュリズム」という言葉で包括されているにせよ，その理念史と運動の水脈は深くて長い。また，今日のポピュリズムの規模はグローバルに及び，発現形態も個別「国家」を異に多様である。それだけに，この研究会における論点は多岐にわたり，議論も錯綜せざるを得ない場合も多かった。この点は本書の論述にもうかがい得ることである。だが，「ポピュリズム」と呼ばれる現象が越境規模でシンドローム化し，民主主義に新しい課題を提起しているという点については意見を共有することができた。これは，ポピュリズムが民主主義の理念と運動について考察すべき論点を内包していることによる。本書に『ポピュリズムのグローバル化を問う──揺らぐ民主主義のゆくえ』という表題を付したのは，こうした認識を反映している。

　本書は主要には，政治学と国際関係論サイドからのポピュリズム研究である。それだけに，別の分野の視点からポピュリズム研究の豊富化を期すべきであると言えるにせよ，ひとつの共同研究の成果として公刊することにした。この編書に結びつくにあたっては多大の援助を受けてもいる。とりわけ，加藤雅俊准教授と川村仁子准教授（いずれも立命館大学）は事務局の労を取ってくださった。また，寄稿いただけなかったにせよ，研究会において議論を活発化してくださった研究者も多かった。

最後になったが，本書が立命館大学の出版助成を得るにあたっては，「人文科学研究所」所長と運営委員会の配慮を受けたことに感謝の意を表する。また，学術出版の困難な折に，今回も本書の出版を快諾くださったことについては，法律文化社の田靡社長をはじめ，同社の皆様に深く感謝する。

　　2017年1月20日

編者一同

事項・人名索引

【事項索引】

あ 行

愛国党(タイ)　209, 210
アジェグ・バリ運動　223, 231-234
アメリカの移民法　140-142
イタリア社会運動　57
5つ星運動　60, 64-70
移民(労働)問題　124, 126-127, 129, 140-141
EU 離脱　81, 249, 260
ウクライナ危機　165, 171-174
右翼ポピュリズム　139
エフモント協定　108

か 行

カリスマ　19, 89, 132
観光開発　228-230
キリスト教民主党(イタリア)　56
クリミア編入　171
グローバル化と反グローバル化　9, 30, 33
グローバル市民社会　40-41
権威主義　19, 186, 204, 230
合意型民主主義　102
国家主義　259
国境管理政策　141
国民国家　5, 20, 29
国民戦線　43, 81
国民党(デンマーク)　119, 123

さ 行

左翼ポピュリズム　54, 139, 185
シェンゲン協定　82
シャルリ・エブト社事件　86
自由党(ベルギー)　111
シリザ　54, 71-73
新自由主義(ネオリベラリズム)　38, 62, 181-182, 188-191
人種プロファイリング　145

新フランデレン同盟(N-VA)　103, 109
進歩党(ノルウェー)　119, 125
人民(国民)主権　11, 78, 84, 184, 245
人民(の)党(ポピュリスト党)　3, 29, 139
世界システム　48

た 行

タンデム(双頭)体制　164
提案187号　143
代表(立法)民主政　9, 10, 20, 35, 250
地域住民委員会　195
ティーパーティ(党)運動　11, 139, 153
同化主義　96
闘争民主党(PID-P)　223, 226, 235
独立党(英)　81
トロイカ支配(ペルー)　191-192

な 行

ナショナリズム　9, 10, 21, 36, 168, 250, 251
ネイティヴィズム　143, 148, 150-151, 153

は 行

ハートランド　22, 55
バリ・ポスト・グループ　231, 233, 236
反エスタブリッシュメント　10, 160, 257
反エリーティズム　15, 21, 29, 55, 184, 208
非合法移民　141, 145, 148
ヒスパニック　149, 150-151
フォルツァ・イタリア　57-58
福祉排外主義　132
プジャーディズム　18, 88
フランデレン民族　103, 108-110, 114
プレビシット　10, 249, 260
ペロン主義　3, 178, 180
包摂と排除　10, 15, 23, 55, 77, 84, 105, 140, 153-154, 192, 206
北部同盟　61-64
ポピュリズム(ネオポピュリズム)

263

――の政治空間　第1章
――の両義性　27, 187, 205
アメリカの――　第7章
イタリアの――　56
インドネシア・バリ州の――　第11章
急進的――　180-181
グローバル・――　第2章
古典的――　193-197
スウェーデンの――　128-131
スペインの――　74-75
タイの――　213-214, 217-218
デンマークの――　122-125
東南アジアの――　第10章，第11章
南欧の――　第3章
日本の――　終章
ノルウェーの――　125-128
フィリピンの――　211-212, 214-215
フランスの――　第4章
ベルギーの――　第5章
北欧の――　第6章
ラテンアメリカの――　第9章
ロシアの――　第8章
ポピュリズム政党（FN）　87-93
ポリアーキー　255

　ま　行
マルハエニズム　226
ミニットマン・プロジェクト　144, 147-148
民主党（スウェーデン）　119, 129, 131

　や　行
ユーロ懐疑主義　9
輸入代替工業化　180

　ら　行
ラディカル右翼　256
ランゲの党　125-126, 131
利益（圧力）集団　257
（ネオ）リベラリズム　9, 13, 74
レコンキスタ　150-151
レフェレンダム　192

　わ　行
ワロン民族　108-110

【人名索引】

　ア　行
アブツとルーメンズ　184, 185, 188, 198
アロヨ（政権）　215
イェンセン，S.　127
イオネスクとゲルナー　53, 224
ウェイランド，K.　205
ウォレス，G.　17, 139
エストラダ（政権）　204, 206-208, 214
エリツィン（政権）　161-162, 166-167
オーケソン，A.　130, 133
大嶽秀夫　205
オバマ（政権）　142, 147

　カ　行
カノヴァン，M.　4, 28, 54, 160, 184, 211
カント，I.　34
グリストルプ，M.　122-123
ケアスゴー，P.　123-124, 133
コレア（政権）　193-194

　サ　行
サリナース（政権）　178
サルコジ（政権）　86
シェイス，A. E. J.　14, 36
ジェルマーニ，G.　7, 180
シュミット，C.　21
シラク（政権）　85
シリネッリ，J＝F.　87
スティガー，M. B.　37-38
スハルト　225, 230
スミス，A.　38
シラク（政権）　85

　タ　行
ダール，R. A.　25
タガート，P.　55, 120, 225
タックシン（政権）　204, 209-211, 217-218
田中拓道　96

チナワット（政権）　209
チプラス（政権）　73-74
チャベス（政権）　194-196
ディ・ルポ（政権）　110
デウィンテル，F.　109
デ・ウェヴェール，B.　110
デスハウアー，K.　106
デ・ラ・トーレとアルンソン　178, 183
トッド，E.　94
トランプ（政権）　11, 153

ナ　行
中野裕二　95
ナラダ，S.　231
西川長夫　95
野田省吾　83

ハ　行
ハーゲン，C. E.　126, 133
ハートとネグリ　40
パパドプーロス，Y.　105
ハイダー，J.　104
プーチン（政権）　159, 162-163, 165, 170-172
フジモリ（政権）　178, 188-193
ファラージ　81
ブッシュ，G. W.　142
ブライアン，W. J.　29
プラタ，D. M.　235-237
ヘルドとマッグルー　37

ベルルスコーニ（政権）　57-61
ホイジンガ，J.　27
ホッブズ，T.　12

マ　行
マルコス（政権）　204, 206-207
水島治郎　105
ミッテラン（政権）　90
ミュデ，C.　53, 76, 186
ムフ，C.　54, 76
メガワティ　223, 225-228, 235
メニ，Y.　120
メネム（政権）　178
モンティ（内閣）　60, 65

ヤ　行
吉田徹　82, 120
ヤンソン，M.　130

ラ　行
ラクラウ，E.　83, 179
リースマン，D.　8
ルーマン，N.　31-33
ルソー，J. J.　13, 36
ルペン，M.　43, 82, 91
レーガン（政権）　139, 246
レモニエ，L.　29
ロカモラ，J.　216

執筆者紹介

中谷 義和（なかたに よしかず）	立命館大学名誉教授・同大学人文科学研究所上席研究員	編者，第1章，終章
川村 仁子（かわむら さとこ）	立命館大学国際関係学部准教授	編者，第2章
山下 範久（やました のりひさ）	立命館大学国際関係学部教授	コラム1
高橋 進（たかはし すすむ）	龍谷大学法学部教授	編者，第3章
國廣 敏文（くにひろ としふみ）	立命館大学特別任用教授	第4章
松尾 秀哉（まつお ひでや）	北海学園大学法学部教授	第5章
渡辺 博明（わたなべ ひろあき）	龍谷大学法学部教授	第6章
南川 文里（みなみかわ ふみのり）	立命館大学国際関係学部教授	第7章
溝口 修平（みぞぐち しゅうへい）	中京大学国際教養学部准教授	第8章
松下 冽（まつした きよし）	立命館大学特別任用教授	編者，第9章
山根 健至（やまね たけし）	福岡女子大学国際文理学部講師	第10章
井澤 友美（いざわ ともみ）	立命館大学国際関係学部助教	第11章
鈴木 規夫（すずき のりお）	愛知大学国際コミュニケーション学部教授	コラム2

立命館大学人文科学研究所研究叢書21輯

ポピュリズムのグローバル化を問う
―― 揺らぐ民主主義のゆくえ

2017年3月25日　初版第1刷発行

編　者	中谷義和・川村仁子
	高橋　進・松下　冽
発行者	田靡純子
発行所	株式会社 法律文化社

〒603-8053
京都市北区上賀茂岩ヶ垣内町71
電話 075(791)7131　FAX 075(721)8400
http://www.hou-bun.com/

＊乱丁など不良本がありましたら、ご連絡ください。
　お取り替えいたします。

印刷：㈱冨山房インターナショナル／製本：㈱藤沢製本
装幀：谷本天志
ISBN 978-4-589-03839-5
©2017 Y. Nakatani, S. Kawamura, S. Takahashi,
K. Matsushita　Printed in Japan

JCOPY　〈(社)出版者著作権管理機構　委託出版物〉

本書の無断複写は著作権法上での例外を除き禁じられています。複写される場合は、そのつど事前に、(社)出版者著作権管理機構(電話 03-3513-6969、FAX 03-3513-6979、e-mail: info@jcopy.or.jp)の許諾を得てください。

高橋 進・石田 徹編
「再国民化」に揺らぐヨーロッパ
――新たなナショナリズムの隆盛と移民排斥のゆくえ――
A5判・240頁・3800円

ナショナリズムの隆盛をふまえ，国家や国民の再編・再定義が進む西欧各国における「再国民化」の諸相を分析。西欧デモクラシーの問題点と課題を提示し，現代デモクラシーとナショナリズムを考えるうえで新たな視座を提供する。

高橋 進・石田 徹編
ポピュリズム時代のデモクラシー
――ヨーロッパからの考察――
A5判・246頁・3500円

ポピュリズム的問題状況が先行しているヨーロッパを対象として取り上げ，理論面と実証面から多角的に分析し，問題状況の整理と論点の抽出を試みた。同様の問題状況が現れつつある日本政治の分析にとって多くの示唆を与える。

岡部みどり編
人の国際移動とEU
――地域統合は「国境」をどのように変えるのか？――
A5判・202頁・2500円

欧州は難民・移民危機にどう立ち向かうのか。難民・移民への対応にかかわる出入国管理・労働力移動・安全保障など，EUの諸政策の法的・政治的・経済的問題を実証的かつ包括的に考察する。

ガイ・スタンディング著／岡野内 正監訳
プレカリアート
――不平等社会が生み出す危険な階級――
A5判・310頁・3000円

不安定で危険な階級「プレカリアート」。底辺に追いやられ，生きづらさを抱えている彼／彼女らの実態を考察し，不平等社会の根源的問題を考える。不安定化する社会の変革の方法と将来展望を提起する。

中谷義和・朱 恩佑・張 振江編
新自由主義的グローバル化と東アジア
――連携と反発の動態分析――
A5判・324頁・7000円

新自由主義的グローバル化を展開軸として相互依存が高まるなか，東アジアにおける国家と社会の変容を理論的かつ実証的に分析する。連携と反発の動態を考察した日中韓による国際的・学際的な共同研究の成果。

広島市立大学広島平和研究所監修／吉川 元・水本和実編
なぜ核はなくならないのかⅡ
――「核なき世界」への視座と展望――
A5判・240頁・2000円

核廃絶が進展しない複合的な要因について国際安全保障環境を実証的かつ包括的に分析し，「核なき世界」へ向けての法的枠組みや条件を探究するとともに，被爆国・日本の役割を提起する。

――法律文化社――

表示価格は本体（税別）価格です